我的皇帝学生

〔英〕庄士敦 著

江城 译

台海出版社

图书在版编目（CIP）数据

我的皇帝学生 /（英）庄士敦著；江城译 . -- 北京：
台海出版社 , 2021.2

ISBN 978-7-5168-2700-0

Ⅰ .①我… Ⅱ .①庄… ②江… Ⅲ .①爱新觉罗·溥
仪（1906–1967）—生平事迹②中国历史—史料—清后期
Ⅳ .① K827=7 ② K252.06

中国版本图书馆 CIP 数据核字 (2020) 第 159528 号

我的皇帝学生

著　　者：〔英〕庄士敦　　译　者：江　城

出 版 人：蔡　旭　　　　　封面设计：许愿树
责任编辑：曹任云

出版发行：台海出版社
地　　址：北京市东城区景山东街 20 号　邮政编码：100009
电　　话：010-64041652（发行，邮购）
传　　真：010-84045799（总编室）
网　　址：www.taimeng.org.cn/thcbs/default.htm
E - mail：thcbs@126.com

经　　销：全国各地新华书店
印　　刷：北京中科印刷有限公司
本书如有破损、缺页、装订错误，请与本社联系调换

开　　本：880 毫米 ×1230 毫米　　1/32
字　　数：220 千字　　　　　　　印　张：11.25
版　　次：2020 年 2 月第 1 版　　印　次：2020 年 3 月第 1 次印刷
书　　号：ISBN 978-7-5168-2700-0

定　　价：58.00 元

溥仪（清朝末代皇帝，1906年2月7日－1967年10月17日）

童年溥仪

1917年，张勋复辟时十二岁的溥仪

十七岁的溥仪

溥仪和婉容

庄士敦（左一）、溥杰、润麒和溥仪（右一）在御花园

溥仪被驱逐出宫当天，乾清宫被军警查封

在天津，郑孝胥(左一)陪同溥仪(第一排右二)会见英国王子(第一排右一)

1946年8月，溥仪在苏联远东国际军事法庭作证

目 录

第一章　最后的挣扎

19世纪，全世界兴起工业革命，此刻的清朝却由盛转衰。

内忧外患，使得封建王朝的根基被动摇，大清王朝的"崩溃"正式拉开了序幕。

我的朋友查尔斯·贝斯福勋爵，在1899年出版了他的著作《中国的崩溃》，他认为用"崩溃"一词十分贴切。

1894年，闭关锁国的大清王朝被一直藐视的小岛国日本打败。这不是大清第一次遭受如此打击，也不是最后一次。台湾从此被割让给日本。当时在德、法、俄三国的干涉下，日本人虽未能如愿占领中国东北的辽东半岛，但三年后，这些地方却被一直怀有虎狼之心的俄国据为己有。

那个黑暗时期，西方列强在中国强占港口和沿海租借地，并划分"势力范围"。青岛在内的胶州地区，在1897年被德国所占有；近300平方英里①的威海卫地区则在1898年被英国租借32年；香港被英国租借99年；广州南部沿海的广州湾地区被法国

————————
① 1英里约等于1.6094米。

"租借"。

一开始，西方国家认为瓜分中国是一件简单且容易的事，愚昧的清政府根本无从反抗，但他们忽视了中国人民的力量。

中国民族丰富，人口众多，统辖土地亦十分辽阔。一直以来，中国人都十分骄傲和敏感，他们无法接受自己的国家落后于世界发展的事实，更不愿意接受自己的国家被诸多东西方小国管制。于是，中国的一些有识之士开始思考国家和民族的现状，他们想找到国家生病的症结，以求救国。

这一时期，一个改革派便应运而生，并且很快地分裂成了两个派系。右派主张循序渐进地调整清廷治国之方，反对改朝换代的彻底变革；左派则坚持从根源着手，彻底推翻腐化堕落的清政府，建立一个新的国家。

对于这批改革人士，我想先写写这个人，他的名字叫康有为。

康有为是那个时代最杰出的维新改良派领袖。他是广东省广州府南海县人士，所以大家都叫他"康南海"。由于他给光绪皇帝呈上的奏折直接导致了"百日维新"，而被当时的大多数官员认为是乱政的恐怖分子。康有为和他的思想让清政府又恨又怕，这就好像中世纪的欧洲人对异教徒和巫术、现在欧洲人对法西斯的态度一样。我觉得可以用一个不太恰当的比喻来让欧美更理解康有为当时在中国的定位——1898年中国的"布尔什维克党头子"。

康有为

在被举荐给光绪皇帝之前，康有为就一直在倡导政治改革、社会改革，他在自己的家乡广东省享有极高的威望。当时"古文学派"的领袖是章太炎，"今文学派"的领袖就是康有为。

到了1898年时，康有为的名声已经从广东传到了全国，弟子门生无数。他的名气甚至引起了很多大清高官的注意，例如当时的湖南巡抚陈宝箴、翰林学士兼监察御史许景澄以及帝师翁同龢。

我想写的第二个人是翁同龢。他是光绪皇帝的老师，也是将康有为推荐给皇帝的人。

翁同龢，江苏常熟人，是集学者、诗人、书法家为一身的著名学者。他先后教导了同治和光绪两位皇帝。两代帝师生涯使得翁同龢的学者地位达到了顶峰，同时也赋予了翁同龢两项特权：一是可以私下觐见皇帝，二是在皇帝面前可以不拘礼仪。

翁同龢

1898年年初，翁同龢将康有为推荐给了光绪皇帝。作为帝师，翁同龢比任何人都更了解光绪的性格和能力，他知道光绪理解政治改革的必要性，也渴望改变国家现有的状况，于是在他的引荐下，康有为第一次见到了光绪皇帝。

多年以后，我曾与康有为谈到当年初见光绪皇帝的事，他语气中带着尊敬，对光绪皇帝赞赏有加。

当年曾有改革派认为大清气数已尽，为了国家前途，应该清除大清政府这个障碍。康有为本可加入改革派的行列，实施他的改革大计。但在见过光绪皇帝以后，康有为抛弃了这种想法。因为他发现，年轻的皇帝不仅同意和支持国家改革，而且迫切希望自己能参与其中，爱国之情迫切而真诚。这种精神影响康有为一生，让他终生不渝追随光绪。

虽然康有为与光绪皇帝仅仅见过几次，但光绪皇帝却授予了他一项特权——可私下呈递奏折，这让康有为深感圣恩，也让其他人误以为康有为成了帝师。

1898年6月，光绪皇帝颁布诏书，"百日维新"正式开始。这次的维新运动让中国的保守派感到震惊，也让改革派振奋不已。

但后来，康有为和光绪皇帝的维新运动以失败而告终。

很多人认为康有为的理论过于草率，脱离了中国当时的政治环境。康有为在多年后也承认自己当年的某些主张是错误的。而在我看来，康有为大部分观点还是颇具合理性的，维新运动的失败原因有很多。对此，我将在后面的章节里一一阐述。

第二章 转瞬即逝的百日维新

在进行历史理论研究的时候，历史学家们通常会从纵横两个方向着手进行，通过相似事物的异同对比，总结其中失败的主要原因，以便能够更好地洞察该事物的本质。而对于那场轰轰烈烈的百日维新运动亦是如此，只有先找出其中失败的原因，再结合人伦、道德、法律相关理论内容进行分析，才能够更好地厘清其中的头绪。

其实，提起百日维新，可能很多人心中都会有相同的疑惑。那就是，光绪皇帝作为一心为民、殚精竭虑的改革派，明明想法是极好的，却为什么没能得到大多数人的支持？哪怕是那些平日对清廷极为忠诚的人，也没能站在他这边，这又是为什么呢？

其实答案很简单，只有两个字：皇权。

在讲究皇权至上的封建社会里，无论是谁，只要真正掌握了权力，都可以成为他人命运的主宰。遗憾的是，这个人并非表面上的"九五之尊"光绪皇帝，而是隐藏在他身后那个黄色布幔中的慈禧太后。

光绪皇帝

光绪皇帝（1871—1908年）在位时间总共三十三年，他自五岁登基直到三十八岁去世，整个朝廷始终把持在慈禧太后的手里。

慈禧是咸丰皇帝（1850—1861年）的妃子，也是同治皇帝（1861—1875年）的生母。

同治登基后，住在西六宫之储秀宫的慈禧，被人称为"西太后"。而一直住在东六宫之钟粹宫的咸丰皇帝的正宫皇后慈安，则被人称为"东太后"。

慈安早逝，慈禧逐渐掌握了整个朝政大权。人们为取悦她，对她的称呼也从"西太后"变成了"老佛爷"。

光绪皇帝在位期间，手握重权的慈禧太后实际上间接扮演了摄政王的角色。由于在封建社会，女子不得上朝干政。故此，野心勃勃的她便选择了聪明且低调地坐在帘子的后面，听取大臣们每日上报的奏疏。

严格说起来，慈禧太后只能算作帘幕听政的使用者，而并非发明人。这种方式最早可追溯到战国时期，根据当时的宫廷规定，如果皇帝驾崩、太子年幼，就由其母辅政。但朝中官员不得直接观看和接触皇太后。所以，辅政的皇太后一般坐在皇帝理政厅堂侧面的房间里，在房间和厅堂之间挂一个帘子，听取官员们与皇帝谈论政务。于是，这种由母亲帮助皇帝辅政的制度，就被人们形象地称为"垂帘听政"。

唐朝的武则天在称帝前，就进行过垂帘听政。后又经过宋辽的不断演变，方才到了慈禧这里。而也正是由于这一特殊的方式，当太后或皇后放弃手中权力时，则被称为"撤帘"或是"归政"。

慈禧太后通过垂帘听政的方式，曾经颁布过许多直接影响清廷走向的命令。

1888年，清政府颁布了两条皇令。其一，光绪皇帝即将大婚。其二，太后将在转年的二月正式向皇帝交还自己手中的权力。同时，朝廷还发布了颐和园即将完工的消息。如果将这几条消息连起来看，那就是：慈禧太后这么多年累了，懒得再操心打理朝廷政务，准备退休养老了。

1889年，十九岁的光绪皇帝风光大婚，但他的皇后并不是心之所向，而是慈禧所欲。中选的女子是慈禧太后哥哥的女儿。老谋深算的慈禧太后希望能够通过这次政治联姻使自己如虎添翼，巩固自己的地位。

依据清廷惯例，慈禧太后还为光绪皇帝选定了一些妃嫔。其中，礼部左侍郎长叙的两个女儿分别被立为了瑾嫔和珍嫔（也就是后来著名的瑾妃和珍妃）。十七岁的姐姐被封为瑾嫔，1924年去世时谥号温靖端康。十四岁的妹妹则是珍嫔。珍嫔二十五岁便香消玉殒，我在后面将对这件事进行详细讲述。

婚礼大典结束后，光绪皇帝举行了"亲政"仪式，昭告天下，正式收回了实权。

对于光绪皇帝的亲政，慈禧太后并没有表现出任何异样。在第二次垂帘听政结束后，她很快便交出了皇权。并且依照宫中的条例，从慈宁宫移居到了宁寿宫①。

慈禧太后这么做也是有先例可循的。

1796年，时年八十六岁的乾隆皇帝在结束了长达六十一年的帝王统治后，将皇帝之位交给了儿子嘉庆，自己则安安心心地做了太上皇。当时，他在交接权力后也曾更换过寝宫。现在，慈禧太后如法炮制，就是要通过这样的方式告诉大家，她已完完全全地将皇权交还给光绪。

而事实上，退位对于乾隆皇帝或是慈禧太后来说，也并没有

---

① 慈禧从未住过慈宁宫，原著有误。

造成太大的影响。作为"太上皇"或是"太后"，他们依然具有"一言九鼎"的权力和威望。例如乾隆退位后，还要在所有颁布的诏书上，先写上他的名号，其次才是嘉庆皇帝的，这无一不在向世人宣告，他才是朝中地位最高的那一个。他依然可以随时介入政事，裁定朝中的相关事宜，并得到官员们的追随。

慈禧太后

慈禧太后的绝对权力虽然无法跟乾隆皇帝并提，但比光绪皇帝还是高出不少，即便她不再参与政事，凭借着自己在皇族中的辈分也享有着比光绪皇帝更高的地位及更多的话语权。而随着皇权的更迭、下一个皇帝的继位，这样的尊荣还将会越来越大。

事实也的确如此，后来宣统皇帝即位，慈禧太后被奉为了太皇太后。她去世后，也是以这一身份入驻皇陵的。

咱们不能用简单的"咸丰皇帝的遗孀"几个字来给慈禧太后

的身份进行定义。因为一些不明内里的人肯定会有疑问，一个"遗孀"怎么会有这么大的权力？那是因为，当时清廷内的地位等级决定了一切。在世的太后所享有的权力不但高于离世的先帝，甚至还高于在位的皇帝。皇帝和皇后不但要每日去太后的寝宫请安，在没有得到太后允许的情况下，皇帝和皇后甚至不能随意坐下。

所以说，"老佛爷"这个称谓更加适合慈禧太后，也更贴近她的能力和性格。

不只是慈禧太后，宫里其他的太妃也享有这样高的礼遇。

有几次，我跟随宣统皇帝去拜见端康太妃（即光绪皇帝的瑾妃），每次宣统都十分恭谨有礼。到了拜见慈禧太后时，他则更甚，用紧张或者害怕来形容他的状态也不为过。1898年9月之后（戊戌变法失败后），慈禧以羞辱皇帝为乐，她把对光绪的憎恶还延续到了宣统身上，每次见到宣统必然奚落一番。

但并不是每一个太后或者太妃都有这样的权力。

敢于羞辱皇帝，是慈禧一个人的特权。

当时的大清，慈禧的地位早已高于皇帝，在有突发状况时，慈禧甚至可以暂时或者彻底收回皇帝的权力，取而代之。当然，这一切都是建立在慈禧已经得到朝中重臣的拥护的基础上。

说得再通俗一点，慈禧和英国上议院所发挥的作用相同。她可以直接颁布一些法令，她所掌管的权力以及对当时的中国的影响是不可估量的。

这也就是为什么维新运动后，即便少数朝臣在心里对光绪有所同情，但却仍跟大多数人一起站在慈禧太后这边的原因。在他们看来，真正能够代表皇权的人是慈禧而不是光绪。

我常常和我的中国朋友谈论这个话题，在他们看来，效忠皇权比什么都重要，他们并不会在乎这么做是否正确。康有为和他的支持者发现，对于皇权，很多中国人都不太理解其真正的含义。

在中国，太后的地位在皇帝之上，西方人对此感到不理解，但是如果你把这种现象与中国长久以来的道德标准合起来看，自然就明白了。

将孝道摆在第一位，是中国人的传统。晚辈必须尊重长辈，听从长辈的意见，皇室更需要做出这样的榜样，教化百姓。清朝历史上最伟大的君主莫过于康熙皇帝，而他曾颁布过的所有旨意都是经过太皇太后的首肯的，如此便显示出皇帝本人的孝悌之道。

关于太后拥有的权力和地位，我们可以看一个例子：道光二年（1822年）十一月份，皇帝颁发谕令，根据太后的意旨，册封佟佳氏为后。

即使是皇家内部的事宜，譬如一个妃子的等级确立都要由太后确定，而并非皇帝。并且，只有太后故去，皇帝才能够有权决定自己妃子地位的变更事宜。皇帝本身的婚姻确立也是太后决定的，例如选择皇后、完婚的时间等。

由此，我们就不难理解，慈禧为什么还可以重新继续执掌朝政，同时也能夺回皇帝的权力，并让维新派面临困境、不知所措。

西方有人曾这样评价，如果单从慈禧太后和光绪皇帝在维新运动的表现来看，太后十分强势、握有实权。相比之下，皇帝毫无办法。

美国人马士在他写的《中华帝国对外关系史》中说道：光绪皇帝和康有为只是毫无经验的胆小鬼和热情的空想家。

这种评价并不公平。

原因是太后所拥有的权力和地位及影响力，远超光绪皇帝。当时掌管清廷实权的保守派一致支持慈禧。而那些保守派的人之所以维护她，不是因为她在政治理论和领导方法方面有卓越的建树，她也没有将国家治理好的才华，仅仅是因为慈禧和保守派有着一致的治国理念。他们都对于康有为的变革深恶痛绝。

面对危机，保守派通过支持太后彻底地阻止了维新变法。

变革失败，还有一个重要原因，就是光绪和康有为误判了慈禧的态度。

他们二人都单纯地觉得太后更喜爱的是颐和园而非权力斗

争。慈禧太后对于诗歌和艺术非常热爱，在颐和园内她可以自由自在地野餐，随时观看戏剧。此外，她对佛祖也十分虔诚，她还兴致勃勃地布置优雅宁静的新宫殿，在那里摆放着自己喜爱的物件。她在颐和园中过着多姿多彩的退位生活。

可是，在威胁到皇权贵胄们的切身利益之时，慈禧太后果断地选择反对改革。摒弃表面的行为，她更感兴趣的不仅是颐和园，而是大权在握的感觉。例如她曾将瑾妃和珍妃二人在1894年贬为贵人，其理由就是两人的生活不知勤俭。

1897年，载漪亲王被慈禧关入宗人府，并下旨罢黜职位。在打了八十大板之余，还责令永远圈禁。而之所以这样做，是因为此人忤逆了她的想法。

光绪皇帝在位期间，慈禧曾多次凭借皇族法律和大清律法越过皇帝直接处理一些事情。赞同维新运动的翁同龢的官职，就是她直接下旨免除的，而这仅是慈禧太后干政的一小部分。

光绪皇帝一直希望慈禧太后不要再干预国家大事，她应该安分于后宫，做好后宫管理即可。

百日维新开始后，光绪皇帝迅速削减了很多机构，并精简相关人员，这样武断的做法让大清官员惊讶和害怕。这些官员为求自保，立刻组成统一战线，一起到天津与执掌北洋军队的荣禄会面，让他出面请求慈禧太后重新管理朝政。

满洲贵族出身的荣禄是清廷官员中一位不可多得的明智之

人，他表面上站在保守派一方，但内心却深知只有推行改革才能救国家于危难之中，所以荣禄一直处于观望状态。

深知保守派的势力强大和难以动摇，光绪皇帝认为维新运动必须尽早尽快地开展，如果改革按部就班地进行，保守派就会得到有利时机进行反扑。光绪皇帝也料到那些保守派一定会请太后干预。

慈禧太后是一个目光短浅、迷信，喜欢阿谀奉承的人。她对外国人很不喜欢，对于朝廷推行新政的主张也持反感态度。虽然太后已多年不理朝政，但她高于光绪皇帝的权力却依然保留着。她能够直接罢免帝师翁同龢，就证明她还是拥有无上的权力。

虽然对于当前的改革政令，太后还没有表明态度。但是只要她对推行改革持反对态度，那么这些政令将随时可以废止。若要确保改革运动顺利实施，不被慈禧太后阻挠，只能采取一些行动，阻止太后。

光绪皇帝认为，只要有一个在朝中拥有很高地位、手握兵权的人的支持和拥护他的改革，就能够震慑住其他反对的人。这个人要支持维新运动，效忠于皇帝，要拥有长远的政治眼光，是一个坚定不移的行动派。这个人就是表面上拥护光绪、实则效忠太后的袁世凯。

我们不能责怪年轻的光绪看不透袁世凯的本来面目，事实上，又有谁能够想到这个表面忠诚的人会是中国最大的叛变者呢？又有谁会想到他不仅在维新运动中对皇帝失信，还在1911年对整个皇族进行了出卖，更为令人发指的是，最后在1916年背叛了整个中华民国政府。

为了顺利实施改革措施，光绪皇帝单独召见了袁世凯，并且将阻止慈禧太后重新掌权的重任托付给他。据说光绪皇帝召见袁世凯的过程是这样的：1898年9月，袁世凯收到觐见光绪皇帝的秘密旨意。可皇帝本人却没有见他，他见到的是负责传递皇帝意旨的人。

皇帝打算让手握兵权的袁世凯，阻断保守派和慈禧太后之间的联系，让慈禧太后孤掌难鸣，从而无法对改革的政令进行干预。

结果，袁世凯将同光绪皇帝见面的事告诉了荣禄，然后又立刻派信使赶往颐和园，向慈禧太后做了详细的报告。

能够想象到的是，这封夸大其词的密信令慈禧太后震惊不已。她意识到了光绪皇帝和维新派如果掌握了实权，自己的处境将十分不妙。她极有可能蒙受羞辱、被罢黜太后之位，并被打入冷宫凄惨而死。

慈禧太后决定马上收回皇权。

那是9月份的一个早晨，天气很好。慈禧太后从颐和园的乐寿堂出发回到了紫禁城。这一切都毫无征兆。

盛怒中的慈禧太后面对处在恐惧无助中的光绪皇帝高声地申

斥。指责他要置自己于死地，是一个不知道感恩、没有良心的人。

随即，慈禧太后将光绪皇帝软禁在紫禁城附近的瀛台岛上，同时收回了皇帝手中的权力。并且她还以朝廷的名义昭告天下，对皇帝进行了羞辱。大概的意思是，光绪皇帝认识到自己没有治理天下的能力，再三请求太后重新理政，而且皇帝皆其子民们对于慈禧太后能重登政坛感到万分感谢。

另外，清廷还颁发了另外一个非常恶毒的旨意。诏令的内容言简意赅：帝遇疾，皇太后复训政。

第三章 清王朝与义和团

皇城根下的老百姓最初不知道宫里的那些事。但皇诏一出，大家都读出了皇上有难。

华佗再世这次也难救圣上了。

因为这不是病。

坊间传，光绪皇帝也想过自救。那时他知西太后由颐和园杀回来，已在11公里开外。光绪皇帝当即换了一身粗布衣裳，躲到英国使馆去了。又传说，英使并不给面子，把光绪皇帝软禁并带回太后面前，任由太后处罚。还有人添油加醋地说，当时英国使者非常用力地把使馆大门关上了，简直可以用恶狠狠来形容。这种事，稍作推敲便知不实，英国一直倡导的绅士风度去哪里了？况且，那么大的皇城帝都，又不是只有一间大使馆，这间吃了闭门羹，还有别处呢。

最有可能的是，弱不禁风的少年光绪皇帝的确想逃，宫中太监软硬兼施地给拦下了。有太监曾在我面前极力证实此事的真

切。据他们描述：紫禁城太监三千，他们恨光绪支持维新，恨得
咬牙切齿，这是要革他们的命啊。他们舍了命根子才成了皇宫里
的人，这场革命关系他们切身利益，这是要把他们的命根子再切
一次。因为太监精神上的命根子，已经长在这皇宫了。所以他们
仰仗着皇族的鼻息而活。所以他们拿慈禧当佛爷供着。慈禧在，
皇宫便在，他们的生活也就能继续维持现状。所以一定要二选
一，当然是选太后，而不是那个"蠢人"皇帝。

维新人士合照，梁启超（第一排左一）、谭嗣同（右一）

　　光绪皇帝人虽懦弱却还义气，自顾不暇却惦记朋友。当他深
知自己无力支持维新派时，便拼尽最后的力气给康有为发了封密
信，告之太后再度掌权恐对相关者不利。幸而康有为和得意门生
梁启超彼时已脱离慈禧的掌控范围。康有为逃到香港后不久，他
的弟弟、密友以及相关拥护者都受到牵连而遇难。

这场革命，保守派、顽固派取得了胜利。

维新派败北后，其支持者少有像康、梁之幸者。他们要么被斩首，要么被终身监禁。力荐康有为的徐致靖，身为御史，也被定罪。湖南巡抚陈宝箴被免职；同样被免官职并永不被朝廷录为官的是宋伯鲁御史。皇帝的老师翁同龢，太后不敢下手太重，罢职后找了眼线看着。人们等着太后和光绪皇帝都登了极乐，才敢怀念一代帝师，这已是十一年之后了。宣统即位，立即就给翁帝师昭雪平反，追谥"文恭"。

太后的冷血与铁腕也用在了戊戌六君子身上，他们很快被定了死罪。刑部上书要求审判，西太后直接否了：即刻处死。

对于叛逆者，她不给任何机会。让我们记住那六君子的名字：谭嗣同、杨深秀、林旭、刘光第、杨锐、康广仁（康有为的弟弟）。

光绪皇帝有维新的心，却没有与六君子共死的勇气。所以他继续看着太后的脸色过活，这是他自己选择的命运。很快宫中传出皇帝病危的消息，并有皇宫中人各地遍寻名医。谣言说得多了，渐成事实。最后的关键已不是寻名医，而是要找继位者。这件事，如皇帝的新衣般，知道真相的权臣没有勇气说实话，不管光绪境遇几何，全当他病危了吧。

政治家舞文弄墨起来。荣禄总督收到两江总督刘坤的谏书，抗议的声音一直都有，呼声还很高。不过敢高声抗议者，多是身在海外的华人或商人。他们在洋人的领地做买卖，所以他们不怕。例如文人徐元善，眼看着朝廷将对自己不利，马上从上海逃到澳门，向葡萄牙寻找保护伞。

与此同时，康有为也没忘了他的皇帝朋友，他在海外拉队伍抗议，为此还建议"保皇党"在有华人之地都设了分部。他们不惧皇权，勇敢发声。在这样的压力下，太后和她的团队只好取消废帝计划，暂留光绪一条命。

六十四岁的西太后再度名正言顺掌皇权，重回皇宫的她敏捷而强势。二十八岁的光绪皇帝被强制软禁，早已没了帝皇之风。日日不过紧随太后的步伐，从紫禁城到颐和园。

1989年的秋天之始①，时间在细细碎碎中慢慢消磨掉。对于光绪皇帝而言，他内心已冷。在哪个地方都一样，他都是一只囚鸟。再美好的风景之于光绪皇帝都没有意义。无论是颐和园的玉澜堂，还是紫禁城的瀛台小岛瀛洲。就算风景如画，就算里面住着神仙，光绪皇帝也无心欣赏。后来民国总统接手了紫禁城里光绪皇帝最后待过的小岛及周边，我有幸来此，并提议保护这里，为了其中孤独幽怨的灵魂。

西太后蓄谋已久的计划在几个月后得以成熟，她选了端王之

———
① 此处原著有误，时间应为1898年。

子溥儁做大阿哥。端郡王是她的心腹之人，他和自己一样讨厌西方及维新。有了之前的教训，这次她亲自为未来皇帝选老师，中选的是崇绮和徐桐，都是极保守之人。

大阿哥已出，皇宫里又传出光绪皇帝病入膏肓。太后这次保持沉默，光绪皇帝病情再怎么坏，她也一言不发。她的江山已稳。

皇城这时出了惊天大案，刚除了维新派，又来了义和团。义和团一开始便对准基督教及西方入侵者，这是一帮有勇无谋之人，他们以为是列强的入侵让国民生活于水火之中。他们没看到清朝的腐败、军力的薄弱是国家灭亡的根本。他们以为，救国便是完全抹杀掉西方，无论是先进的发明还是他们的信仰。

清廷这个时候当然不能继续沉默，它计划将老百姓引导与西方强国对抗，正好转移民众的注意力。

民怨的暗涌早在17世纪就已存在，现在怒火中烧的国人正好与义和团结盟，这将成为皇权极大的威胁。

敌人的敌人，不如做个朋友。

有个叫毓贤的皇族，时任山东巡抚，他上书朝廷，让政府与义和团联合起来。慈禧居然接受了他的提议，让有军事力量的董福祥加入义和团，试图拉拢。

据说义和团起源于民间白莲教，这一教多次叛乱，清廷大伤脑筋。

　　1897年，德国借口两位传教者在山东被杀，强占胶东半岛。清政府为了给列强以交代，罢了毓贤山东巡抚之职，转身让他做了山西巡抚①。这笔账毓贤一并记到了外国人身上，从此更加排外。这也是他和义和团的共同之处。

义和团拳民

　　1900年，义和团风头正劲，毓贤把省内的传教士一一杀害，他甚至在朝中为义和团说话，奉他们是可以重用的正义之师，解救国民于西方的掌控全靠这支队伍了。他还把义和团比作清朝政府的翅膀，若是镇压，便是自行折翼。

　　在毓贤的宣扬下，醇亲王②成为朝中的第一位义和团信徒，多疑的西太后是最后一位。也有明白人，袁世凯时任山东巡抚，

① 1897年巨野教案发生时，山东巡抚为李秉衡，毓贤是1899年才升为山东巡抚的，1900年调任山西巡抚。
② 此处作者指的应该是端郡王载漪。

就是他接了毓贤的职位。当时袁世凯认真研究了义和团的教义、宗旨和计划，发现并不实用，便弃之。但皇权者和实权者已经完全相信义和团是可用的、可信的。袁世凯、荣禄等一干明白人急红了眼也没用。

民众的愤怒之火被清廷成功引入排外的方向。

围攻使馆，是那个夏天的热潮。

1900年6月20日，日本外交秘书、德国公使相继被杀。

1900年6月21日，慈禧向十一国宣战。

1900年8月14日，八国联军杀入了北京，本就是乌合之众的义和团作鸟兽四散，一切对抗戛然而止。

紫禁城内的西太后无颜面对所有人。

她一生都是对的，这次怎么会错呢？有错也是别人的错。她决定导演一场戏，顺应民意，放弃皇权，把江山和皇权都还给光绪皇帝。她要天下人看看，她是多么顾全大局。她深知，已被她折磨了这么多年的光绪皇帝早无棱角，已经完全臣服于自己。而且，这个孝敬而悲天下的皇帝一定会答应自己，原谅自己的，并成为替罪羔羊。

她还决定带着皇帝一起逃走。她要她最后的颜面与风光。至于国土和子民，她早就顾不上了。她只想和光绪同生共死。她不能活，他也不能活。这样她才安心。

光绪皇帝想坚守他的阵地、他的国土，太后否了。他最爱的珍妃为光绪皇帝求情，太后眼看大敌当前，还有人不听自己的话，浪费时间就是浪费生命，既然如此，她直接把她投了井。没有什么可以阻挡太后的旨意。出逃的马车在皇宫的北门等着，八国联军正在逼近，太后可没有时间浪费。

有个听闻此事的太监向我描述当时的情形，太后是有惋惜的，她还对珍妃说了话："我们死也不能落在洋鬼子那里，你先去，我就来。"

珍妃被扔进去的那口井就在宁寿宫的北端，宁寿宫是慈禧太后掌权听政的地方。我入宫成为帝师后，宣统皇帝曾和我聊起过这个惨剧，我俩也常在事发之地散步聊天，我想，将来应该在这里为珍妃树个碑。

数月之后，太后重回皇宫，第一件事，撤了亲义和团排斥西方的诏。第二件事，升珍妃为皇贵妃，谥号恪顺。太后曾想"洗白"自己，说当时忘记带珍妃前往，珍妃悲伤过度自杀了。

你信吗？即使天下都信了，西太后每天晚上睡觉的时候，内心能感到安宁吗？

第四章 光绪皇帝的软禁生涯

镇压了义和团，慈禧太后又活了八年。

面对中国所遭受的屈辱和清廷走向的末路，她有没有过深刻的总结教训，认识到自己才是这一切的始作俑者，别人是不知道的。

在旁人看来，慈禧太后仍沉浸在身边人的溜须拍马中。这些逢迎使她看不清楚眼前的形势，因此，她根本没有想到应该在已有所触及的西方军事力量当中吸取到一些中国应该借鉴的经验。即使是她被迫面对了几次战争并数次向列强臣服之后，她仍觉得对方不过是些西方的劫掠者，在得到了一些好处之后，最后还是要回去的。

1900年，慈禧太后打着"尊驾西狩"的旗号逃离了皇宫，在这段日子里，她大概能够想到很多的事情，以及那些她曾经经历过的事件。1860年，当时的咸丰皇帝就曾经率领慈禧和皇室成员出逃到热河的避暑山庄，而四十年后同样历史再次重现，只不过这次带头出逃西安的人变成了她自己。当年，打进北京的英法联军对圆明园实行了掠夺和焚烧，而这次，那些无恶不作的西方人极有可能又会故技重施，纵火烧毁她的养老之所——颐和园。

那帮人可能再次抢走了园中珍贵的奇珍异宝，然后将带不走的东西付之一炬，最后满载而归地回到他们的国家。慈禧认为，在他们撤走之后，中国就会恢复太平和宁静。逃跑的过程中，她虽然吃尽千辛万苦，但经过短时间的慌乱，她的内心很快就又稳定下来。她知道，自己一定会回到皇宫中去，西方人会让她像原来一样住在那里。而且让她更加憧憬的是，当她回到北京以后，会有人将皇宫再次修缮得金碧辉煌。同时，还会给她搜集来许多奇珍异宝，她还会像以前一样过着惬意唯美的日子。会在宫人和朝臣们的追捧之下继续在昆明湖里划船。但她也不得不勉强地对那些忠心耿耿且又有些古板的人们做上一番抚慰，然后，就可以安心休息了。

当然，她还有许多朝政需要决断。她需要处罚那些劝自己错误相信义和团的朝中重臣，而对那些热衷于西方文明的人大可不必过于计较。这些人始终致力于效仿西方，围绕着宪法和教育，提出了许多改革的意见。但是，毋庸置疑的是，不可能因为这样的做法就让清朝有大的改观。而对于光绪皇帝，慈禧太后却恨之入骨，曾想处死这个背信弃义且年轻幼稚的蠢货，但杀之不足以解恨。慈禧决定将光绪继续软禁，并强令其进行每日反省。

或许这些就是慈禧太后在西逃的旅途上想到的所有事情，她逃去的地方异常荒僻甚至于就连那些西方的野蛮人都不愿意去，而她却必须要在这里解决一些重要的问题。

软禁光绪帝的中南海瀛台

然而慈禧没有意识到，清廷其实早在许多年前就已经逐渐地开始走了下坡路。她和她的后来人必须要有大的作为，才能够使国家再次稳定下来。认识局限的慈禧一直固执己见，她不知道清朝已经走上了穷途末路，革命的风暴马上就要到来。

在此处我们不再重复八国联军和清政府所签订的协议内容。

1901年，慈禧太后终于回到皇宫继续执掌朝政，然而，侵略者和被侵略者却没有达成共识。

清廷处决了许多义和团运动的首领和排外的官员，其中包括山西巡抚毓贤。此外，清廷还需要拿出很多白银作为赔偿款。甚至，清廷甚至还派醇亲王到德国去赔不是。

但就是这样的结果，西方人仍然不愿意接受。因为西方各国的代表都各打着自己的算盘，互相钩心斗角，以致矛盾迭起。

例如，俄国一直预谋着将中国的东北归自己管辖，还想使满洲独立。所以，一直在寻求各种机会单独同中国接触。

对于义和团运动所带来的问题，康有为异常地担忧。他首先支持朝廷对于毓贤和其他义和团首领的刑罚。但是，康有为也为光绪皇帝没有因八国联军的侵略重新掌权而沮丧。他知道，假如光绪皇帝不能亲自执政，他自己就得不到入朝为官的机会，更不用说能为君出谋划策了。对于光绪皇帝被废黜，康有为一直都很内疚，他认为之所以会出现这种状况，自己无法脱离关系。

1901年，除了慈禧太后没有受到惩处之外，清廷已经兑现了西方诸国的各种不合理的要求。康有为却仍然无法回到中国，他居住在马来西亚的槟榔屿，其间受到英国驻海峡殖民地总督的保护。在这个过程中，康有为完成了一份备忘录，用以谴责那些没有被惩罚的幕后元凶。另外，他又希望西方诸国能够一如既往地对光绪皇帝和自己的变法大业给予支持。

为了让西方人更为一目了然，康有为还特地将翻译成英文的备忘录交给了英国的几个朋友。其中我手里就有一份这样的译本，但康有为手书的中文原件已经找不到了。备忘录的中英文两个版本都未公开发表，我也不准备将它公之于众。这份备忘录有28页，其中对大臣荣禄的责备就占了23页，其余的5页则言语锋利地对慈禧太后和大太监李莲英进行了抨击。

别人之所以没有见过这份备忘录，也许是因为康有为觉得自己的说法有不公允的地方。后来，我跟他在谈话中也了解了一些。

在1898年发生的戊戌变法中，荣禄大力地支持慈禧太后的做法是康有为谴责他的主要原因。康有为穷尽一生都在忠君，无论是当初的光绪皇帝还是后来被废黜的宣统皇帝。而宣统皇帝的生母醇亲王福晋恰恰是荣禄的女儿，荣禄就是宣统皇帝的外祖父。这些原因让忠君的康有为直接导致观点上改变的发生，他也不再谴责身为宣统皇帝外祖父的荣禄了。

时任大学士的荣禄

按照康有为的看法，致使义和团运动没能成功的关键因素就是荣禄。他后来被朝廷罢官是罪有应得。康有为之所以有这样的观点，是因为当时所有的证据都将荣禄作为了众矢之的，甚至就连西方诸国的人员都觉得荣禄是罪人。不仅如此，西方各国在此后相当长的一段时期内都不约而同地锁定攻击使馆事件的元凶之

一就是荣禄。故此，当清廷在《辛丑条约》的谈判过程中派荣禄
来做中方代表时，西方国家的首脑都不乐意。

但回过头来看，假使太后当时能够按荣禄的谏言去做，中国
境内的外国人就会安然无恙。义和团袭击使馆的事件也不会发
生，中西两方的战争也会避免。平定了义和团运动之后，慈禧太
后回过头来才认识到荣禄当时的决定非常正确，之后便对他非常
倚重。并且，太后还特意将荣禄的女儿许配给了醇亲王，而他们
的孩子又被确立为了光绪皇帝的继任者。通过这些事情，我们可
以看到慈禧太后极大地回报了荣禄的忠诚。

从1900年起，慈禧太后对国情的认识有了转变（当然，这是
由于采纳了荣禄的谏言），她开始支持改革派的行动，并且对军
队、法律、教育及社会的一些制度，做了重新的规划调整。遗憾
的是，所有的这些还是晚了。这些政策并没有得到激进派人士的
支持。

慈禧太后针对百姓反对朝廷的情况，表示清廷愿意缓解各民
族之间的冲突，而且还颁发了囊括满汉两族可以自由结亲的一连
串圣旨。但是，这些旨意所达到的结果却没有达到预期的效果。

1905年，镇国公载泽及其代表团启程前往西方考察国情，
不想刚回来就在北京火车站遇刺。除镇国公载泽之外，还有代表
团的另一名成员也受了伤。那时，慈禧太后已通过诏令的形式，
宣布中国将要进行君主立宪制的改革。然而，慈禧太后这一诏令

颁布后，却并没能引起太大的轰动。激进派人士不仅反应平淡，还发出了更多反对清廷的声音。后来，朝廷又颁发了打击革命党"排满"学说的圣旨，但仍然没能达到预期的效果。

1907年，清政府决定解决满汉之间日益紧张的现状，他们派汉族官员徐世昌担任东北三省的总督。同时开放满洲地区，同意汉族迁居到那里生活。由于满洲是满族的发源地，在清朝的地位非常特殊，所以这些举动的意义非比寻常。但攻击大清政府的人士依然不满，他们觉得满族不是汉族，没有资格对汉族发号施令。

同年，原驻英国公使汪大燮被朝廷任命为对外考察宪政大臣，带领同僚到欧洲访问。这一年，发生了由孙中山和黄兴在广西领导的起义，但是清政府很快就镇压了这次起义，起义失败的孙中山和其他重要负责人暂避国外。同时，越来越多的学子参与到了时政要事中来，针对此种情况，清廷严令禁止，但是并没起到太大的作用。

1908年，清廷面对的局势更加岌岌可危。这一年，光绪皇帝突然病重。与此同时，慈禧太后派人将醇亲王不满三岁的儿子溥仪接进了皇宫。光绪驾崩后，慈禧太后打着光绪的旗号宣布册立溥仪为继任大清皇帝。但或许，光绪皇帝根本不晓得他的继任者为何人。同时依照宫廷的惯例，将光绪皇帝的皇后册封为隆裕太后，而慈禧太后则成了太皇太后。不过很快，慈禧也病逝了。

不满三岁的溥仪继位。由于年龄太小，只能由他的父亲醇亲王代为辅助管理朝政。醇亲王和光绪皇帝本来就是亲兄弟，在众位亲王中身份最为显贵，所以，醇亲王顺理成章地被慈禧太后擢升成了摄政王，然而这个看似天衣无缝的决定实际上却并不高明，反而是慈禧此生做出过的最谬误的决策。我以为，这个决策不仅让清廷甚至是整个中国都陷入了灭顶之灾。能够稳固皇族地位的摄政王本应是一个极有胆识及政治头脑的人，但显然醇亲王不是。

18岁的醇亲王载沣与当时的香港总督布莱克

让醇亲王摄政，这大概是由于慈禧的视野有限，或许也是她临时抱佛脚的匆忙决定。

醇亲王到任伊始，朝中的主要大臣马上就发现他根本就没有能力当好这个摄政王，并且认定这就是清朝灭亡的开始。当时就有人传言道："清朝因摄政王而起，因摄政王而终。"清兵入关时，顺治皇帝当时亦是年幼，由他的十四叔父多尔衮担任了首个摄政王，他在管理朝政方面颇有建树。正如苏格兰的詹姆斯五世在临终前说过的那样："成也庸才，败也庸才。"

对于溥仪的继位，袁世凯颇有异议，他的想法是醇亲王的势力在溥仪继位后会得到巩固，这样会威胁到他自己的前途。所以，他极力主张由道光皇帝年龄最大的孙子溥伦继位。如果溥伦能够坐上皇帝的宝座，那他不仅可以在朝中继续当官，而且还可以享有皇帝所赐予的一切特殊权力。但是，如果按照袁世凯的想法实现了的话，中国未来会是怎样，也就是我们无法猜测的事情了。

醇亲王是一个善良的人，他非常和蔼可亲。但是他热衷的却不是政治，而是中国的戏剧。他在朝中唯一的亲信就是一两个精通满语的皇室宗亲（其中就有载泽）。

醇亲王素来个性软弱，没有真知灼见，如果遇到突发的事件就束手无策。他虽然竭尽全力地处理朝中政务，希望各方满意，但总是效果不佳。不仅如此，他遇事还总是偏听偏信，没有自己独立的思维和判断，极易被他人洗脑。也正因如此，在身任摄政王后，经常会有油嘴滑舌的人蒙蔽他，以致他在决定事情的时候做出了很多不正确的判断。我跟他共事了数年，也曾目睹他在处理政务的过程中屡屡犯下的错误，使皇族的利益受到了极大的损失。不仅如此，我还曾经对那些大臣们说："在和醇亲王商量事

情时，一定要同时给出两种截然相反的看法。最后，按照他不想
采用的那种去做。"

虽然庸碌，但醇亲王在执政中已经尽到了他所有的能力，譬
如为光绪皇帝和他的随从举行纪念活动，还有为已经去世的帝师
翁同龢做了赦免。然而在召康有为回国的事情上，他却始终没有
勇气，也由于他对袁世凯的错信，致使了后来的悲惨结局。

1908年，慈禧太后病逝，醇亲王不再过得战战兢兢，他开
始为身为皇帝的生父而暗自开心。那时，醇亲王对自己所做的
一切都相当得意，完全没有意识到自己在处理朝政方面的能力
极其欠缺。

假如慈禧太后做出别的决定，清廷还应该能继续维持下去。
例如，慈禧太后不任命摄政王，而是从朝臣中选出几位真正有能
力、有政治远见的人，建立一个摄政组织。摄政组的成员可以由
三个汉族人及两个满族人（皇族成员不必参加）构成。这样，汉
族人就会因此感到认可，那就会给摄政组以更大的支持。同时，
这也标志着皇室对满汉一家的态度。但实现这个计划需要朝廷改
变原来的态度，同时转变为：皇位不再是皇族的专有，它的存在
完全是为了国家的利益，而不仅仅是为了皇室的利益。

成立摄政组的方法虽然会有很大的阻力，但也可以行得通。
面对现实，人们不仅不再反对改革，反而试图推进改革。因为中
国再不改革，就只有亡国的一条路了。也有一些思想先进、有政

治远见的重要朝臣和政治家对清廷抱有一些希望。譬如康有为、徐世康及岑春煊等。再者，袁世凯如果进入了摄政组，他所要的利益能够得到满足，就会使皇位稳固。同时这些人也会忠心耿耿于皇室的利益、清廷的将来。

摄政组还会严格地查处打击皇宫中的贪污腐败，也会取缔太监这个腐朽的制度，惩处内务府的贪官。除此之外，他们也会为小皇帝溥仪挑选一位恰当的老师，这个老师会兼顾中西方文化并做出公正的审视，对西方世界既不敌视也不盲从，同时，他还会殚精竭虑地传授给皇帝东西方文化优秀的精髓，让小皇帝逐渐地成长为一位有政治远见和远大抱负的明君。

如果这一切都可以成立，未来长大的宣统皇帝肯定会带领着官员和民众走上另一条道路，清朝就会脱离风雨飘摇重获新生。非常遗憾的是，历史不能重来，载沣就是当了摄政王，摄政组也根本就没有成立过。结局正如我们在后面所要看到的那样：一场革命突然来临了。

第五章 佛口蛇心的慈禧和一生悲惨的光绪

1901年，林部锵博士撰写的《中国内乱》出版，他化名"文清"在文中指出：太后必须归政于皇帝，皇帝必须亲理国事，这将是亿万群众之欢呼。国内开明人士会支持，联军会支持，新政将会突飞猛进。否则，改革派们将会在中国掀起一场革命风潮。

大革命的种子，自此在中国大地上发芽。十年后，文清预言成真。

文清的观点是：皇权若在太后之流的顽固保守派手中，大革命的风暴就将给中国以洗礼。若热心改革的光绪掌握了皇权，则革命之声会暂得平息。

也有反对者以为西太后流亡西安时也推行改革。之前我们有分析过，她的改革不过是做做样子，糊弄外国人、哄哄一直逼她改革的少数中国人。

西方有些作家大肆宣扬，1900年后慈禧新政，换掉了一些陈规旧习。在我看来，若一定要把太后和中国的改革扯上关系，她充其量是一个追随者。若西太后真是一个愿意听取采纳改革者意见、建议的人，那中国肯定会西化。她不过是一个不想再逃亡一次的传统老太太，身边又有诸如荣禄、李鸿章之流的劝谏，所以才有了一点改变。

慈禧是个记仇之人，1898年想要革掉她位子的那些人，她一个个都记下了，康有为等自然榜上有名，她判他的死刑依然有效。至于光绪皇帝，不还在软禁中吗？维新派倒了，义和团闹过了，八国联军都来过了，逃亡都回来了，皇权不还在太后手中紧握吗？那个没有风骨的光绪皇帝，仍是她冷嘲热讽的对象。她表面上站到了他曾经拥护的改革之列，其实上她心中对他的火更盛了。她恨他，他才是皇权名正言顺的拥有者，他才是名正言顺的皇帝。不管她地位是不是比他高、能力是不是比他强，都没有用，她不是皇帝。她忌妒那个她一直不屑一顾的人。

对于慈禧这个清朝皇权的实际掌控者，褒者认为她能力强，延缓了清朝的灭亡，贬者认为，她要对清朝的衰亡负重要责任。中国人多同意后者，而西方流行前者。

斯蒂芬·金·霍尔说："她的能力，推迟着清朝衰败。"若非她手握皇权执掌天下，清朝早就荡然无存。卡梅伦博士也同意太平天国后的清朝还能活着全仰仗西太后。

在对其问责的声音里，英国学者威廉·爱德华·苏希尔说："清政府的末路从维新运动1898年被慈禧镇压开始延伸。"文清于1900年也明确表示，西太后在助力清朝的消亡。

当然，我们不能全然让一个没有多少知识的女人对一个朝代的没落负责，不能把所有的罪名都安在已经死了不能言说的慈禧头上。对她的评价，曾有四个美国作家各有一说。"最杰出的女君、最放肆的暴君"；"她可称为19世纪后半叶顶级优秀的女性"；"史上少有铁腕狠角"；"史上最伟大的领导者"。

当我在皇宫之中时，我也认同太后要对清朝的灭亡负主责，她滥用皇权。现在我冷静地想，觉得即使有责，也非主要。她非能力杰出者，也非伟大领导者，她受制于摇摇欲坠的清政府而已。

若太后真如同西人所称赞的，何以有1894年中日战争？何以有1898年又割地又赔款？何以有义和团？何以有之后的种种诸坏？国土也不会成片地丧失，清政府也不会向八国联军示弱。那一系列的不平等条约，半封建半殖民地的中国，都是慈禧能力不强的有力佐证。

若不是有意卖国，就只有能力问题。即使是采访过她的记者苏珊·汤利夫人，在她的报道中也只有猜测："她看起来和蔼。"文末，汤利夫人也疑惑："她到底是受了谁的摆布，还是她就是一切之源？"

其实，太后也是被人利用，那些保守派，那些满汉的流氓。他们深知太后能实现他们所有的愿望，所以拿她当棋子。太后的身份和影响力以及她手中的皇权，她的性格做派和她有限的能力，让她轻而易举地成为一颗听话的任人摆布的棋子，一把立在最高处的别人的保护伞。

一个贪恋虚荣的女子，即使身边没有献媚的小人，她也会自我膨胀。她自夸过聪明绝顶，天下无双。德龄公主和其他身边人当然只有应声附和的份。

慈禧还擅长赞美别人，当然不是出于真心。她在义和团袭击公馆之前，和各使馆驻华的公使夫人们小聚过几次，她对每个人都赞赏、对每个人都微笑，她口里说大家要友好相处，各夫人对她的夸赞和礼物也都照单全收，但很快她们发现信错人了。美国驻华某公使称，慈禧背地里秘密杀害了很多外国人。当然，这件事她一个密谕即可办到。太后逃亡回宫后，她对西方人的仇恨越发深切，正是他们让她出了洋相，这些耻辱她没齿难忘。但是她展现出来的，却是对他们依旧的友好。

保守的慈禧期待人们拿她和维多利亚女王、伊丽莎白女王相提并论，她更愿意和后者相比。于是，苏格兰公使把慈禧这一想法告诉她心中想要一比高下的那个人——伊丽莎白女王。女王听后，谦称自己只是一介俗人，不堪和慈禧相比。她的确不如慈禧，她可不敢为皇帝指婚，更不敢将皇帝的妻子溺水而亡。不过她俩也有共通之处，例如从未在别人面前服过软，当众打臣子、打宫女的时候也从不手软。想象一下，如果有人把两人的共同点告诉慈禧，她会乐不可支还是无话可说？

与众女王的另一不同之处是，慈禧的休闲娱乐是在园子里演观世音。她喜欢立于莲台之上赐甘露予众生。在她撒播慈悲与大爱时，身后还有一群微笑合十的天仙们。李莲英也位列仙班。

慈禧被尊老佛爷这和她爱扮观音是两回事。

西方字面也许以为老佛爷，就是年龄大的神仙。其实这个称号是中国的尊称。大清历代皇帝都爱"佛爷"二字。住过皇宫的马国贤是位来自意大利的神父，他称康熙受百姓爱戴被尊为佛。佛字在中华大地并不一定指神仙，也是对皇帝的敬称。

慈禧假扮观音

这和我在宫里听到太监和侍者们叫皇妃贵妃们"主子"，是一个道理。

慈禧虽受百官恭敬，却并非中国文化之代表。她未达到圣贤的道德修养。汉朝时有人犯上，那个大官并未怪罪此人，反而认为是自己的问题。慈禧就没有这样的修养。1897年，林秀川只因见太后时动作稍慢就被罢了职。她若知汉朝那个故事，不知是否会反省一下。

中日甲午战争前，太后重病。光绪在榻前向太后问安，李莲英也在一旁。太后说："我时日无多，谁能奉上治我病的良药呢？"

中国有个传统，重病之人，若能吃到儿女或最亲之人的肉，就能康复。当时人人皆信，认为这是子女之孝或下人之忠感动了神明，才让病者康复。

慈禧的暗示很明显了，但光绪没有表态。

不久之后太后康复了。痊愈的慈禧好多天没见着李莲英，四下寻问才知李莲英把自己的股肉做了药引。史书记载，李莲英从此很受器重。这也是光绪皇帝不受太后待见的原因，认为他没有尽孝。

曾有皇族向我讲述光绪最后那次请安。

那个时候，皇帝必须经常给太后老佛爷请安问好。太后也以请安作为对皇帝的处罚，为了自己可以时时见到皇帝并打击他。

1908秋日的一天，宁寿宫内传来皇帝的脚步，听得出踉跄，想是病得不轻。良久，太后抬眼，看见面黄肌瘦的皇帝被太监扶着，竟有一些感动，不禁眼中噙泪。从前光绪皇帝请安都静静来去，这次太后却开了金口："我没准许不可平身。"光绪的身子更低沉了一些，气若游丝地说："最后的请安了，我不起来。"

这果然就是他最后的请安。

几天之后，光绪和慈禧一前一后地过世了。

1908年11月14日，光绪皇帝驾崩，第二天，太后没了。坊间传言，太后害怕自己先死了光绪皇帝对她不敬，所以赐他先走。又说，送走光绪皇帝的人是太监，他们怕皇帝当政后对自己不利，便先下手。我更信后者。

我的手里有个报告，是宫里的御医写的，内中记有光绪皇帝的健康状况，他最后死于无可救治。但他去世之时却很突然，不在御医的预计之中。

慈禧对观音的喜爱宛如叶公好龙，她全然没有观音的慈悲。十多年的屈辱对光绪皇帝身体健康的伤害巨大。无论是快刀还是慢药，总之太后对光绪皇帝之死负有不可推卸的责任。

《载湉（光绪）大婚典礼全图册》

回顾光绪皇帝的一生，1871年出生，五岁当皇帝，十九岁大婚亲政。

光绪大婚之前，一直是慈禧太后掌权，大婚之后的九年间，慈禧也一直干预朝政。就因她的一个决定甲午战争爆发。

1898年之后的光绪就是一个有名无实的皇帝。若1898年的那场改革成功，那么大清也许会在光绪的领导下走昌盛，他也能与日本的明治并驾齐驱。他也许还能活到现在，1934年。

大清王朝经历了一个世纪的风雨飘摇，几十年渐渐凋零，就算义和团起义也没能推翻它。它的生命力还是很顽强的。它如老树还有新芽。

19世纪后期，它甚至有一些出乎西方意料之外的表现。1898年若变法成功，大清也许可以重振声威，借此强盛。变法的失败，让清政府无可挽回地衰亡下去。

历史的洪流滚滚向前，个人的生命却是有限的。

慈禧和光绪的分歧在死后也显而易见，太后葬于东陵，光绪葬于西陵。本来慈禧想死后找个风光灵秀之处，永远安息。可惜她没有算到，1928年7月，孙殿英盗墓，打破了她的宁静。这个生前爱扮观音的老佛爷，哪想死后受此大辱？她奋斗一生，最后却落得个死无完尸。

第六章 辛亥风云

　　溥仪在1908年12月登基，按照清廷的惯例改年号为"宣统"，因此他也成了人们尊称的"宣统皇帝"。这是在西方人当中比较普遍的称呼，因为出于尊重，中国皇帝的名讳是不能随便乱叫的。皇帝在位期间，子民们只能尊称其为皇上，皇帝去世之后也要尊上庙号来进行祭祀。就是史官在记录历史的时候也是用皇帝的庙号来进行书写的。

　　光绪皇帝的本名是载湉，登上皇位后年号为"光绪"，所以百姓一定要避讳，谁都不得直呼其名。他驾崩后庙号是为"德宗"，因此，在层次较高的人群中，一定要改称"光绪皇帝"为"德宗皇帝"，否则他就是没有教养的人。就连大多数的外国人都知道，乾隆皇帝更为正确的称呼是"高宗皇帝"。

　　新皇帝年号的正式使用，根据朝廷的规定应该从前任皇帝驾崩后的次年才可以启用。所以，1908年还是被称作"光绪三十四年"或是"光绪末年"，而从1909年开始，才可以称为

"宣统元年"。

醇亲王载沣当了摄政王以后马上做的事情之一就是剥夺了袁世凯的一切权力,同时用他有足疾的缘故让他回去休息。

人们印象尤为深刻的是袁世凯在1898年的戊戌变法中的所作所为,以及他对信任自己的光绪皇帝的无耻出卖。

作为出卖光绪的回报,他得到了西太后的赏识,从此大权在握,红运一直持续到慈禧辞世方才结束。

袁世凯在1901年出任直隶总督,在1903年又成为练兵处会办大臣,1907年调任外务部尚书和军机大臣。无可置疑,袁世凯的前程和身家性命都和慈禧太后捆绑在了一起,而这就是义和团运动平息后他反对光绪皇帝重新亲政的原因。

袁世凯

早在义和团运动爆发的初期,袁世凯就已经看清楚了事件的最终走向。身为山东巡抚的他运用自己的能力保护了外国人,因为这个原因西方各国对他格外的信任和赞誉。

假如在1898年的戊戌变法中，袁世凯没有出卖光绪皇帝，抑或是光绪皇帝重新信任他的话，他完全可以凭借自己和西方人的关系，全力地确保光绪皇帝重掌朝纲，那样中国的形势或许能得到改变。但他为了能够确保自己的利益，选择了全力支持慈禧执掌政权。

康有为等人认为袁世凯无耻地背叛了光绪皇帝，是促使慈禧太后发动宫廷政变导致六君子罹难的千古罪人。另一方面，袁世凯也惧怕康有为等人回到中国会使他受到威胁。

曾经流传过这样一种说法，光绪皇帝驾崩后，身边的人在他遗留下来的物品中看到了一份文件，上面的内容是立刻处死袁世凯。对于这份命令，部分皇族认为这是光绪皇帝的遗命，原本这些人就对袁世凯持有怀疑的态度，所以主张立即执行光绪皇帝的遗命。面对此事，摄政王的表现却是优柔寡断，再三思考后决定仅仅是削除袁世凯的一切权力，让其告病还乡。

在处理袁世凯这件事情上摄政王处理得很不到位。作为在新军和北洋实力派中间有着相当高的威望、能力超群且八面玲珑的袁世凯，怎么会在后半生中甘愿用读书和写作度过残生呢？

为了处理好朝政，摄政王必须寻求隆裕皇太后的支持。因为皇太后在皇室中的位置是至高无上的，这不仅是因为她的姑姑是慈禧太后，还因为她本人也是光绪皇帝的皇后。另外，光绪皇帝也为其留有一份遗诏，主要内容是要求摄政王决策朝廷重要事务时要征求和采纳皇太后的意见。有了这份诏书，叶赫那拉氏在朝廷的根基更加稳固。不过，就算没有这份遗诏的存在，皇太后按照祖制也能够影响皇帝的决策。

1909年，朝廷颁发了君主立宪制的命令。那些意见相左的大臣们纷纷被免去职位或是受到惩处。

之后，皇叔父载洵带领考察团前往英国学习考察，计划为清政府建立一支现代化的海军。此次出访欧洲，他对英国国王爱德华所展示的宫廷留下了美妙的印象，所以在回国后经常会向我提起。1910年，载涛亲王也到德国陆军中进行学习。德国皇帝威廉二世对他的盛情接待，也给载涛留下了很深刻的印象。不过，如果想要建立一支能够与西方诸国势均力敌的海陆军队，就一定要重新制定一套切实可行的内部管理制度。所以，从这个角度上来说，这两个曾投以重资的考察团并没有带回任何有实质性价值的东西。只不过是让英国和德国因为中国打算向自己学习而感到沾沾自喜罢了。

这段时间，各地方的有识之士踊跃地给朝廷上书请愿，提出要让朝廷尽快召开国会并成立内阁。鉴于如此情势，摄政王在1910年11月4日下达诏书，减少立宪的准备时间，确定召开国会的时间在1913年。同时，该诏书还详细地对评定两院成员的资质以及宪法、法规等做出相应规定，且严命所有相关事宜要赶在国会召开前圆满完成。

同年，孙中山的部下汪精卫刺杀摄政王失败，被朝廷判其终身监禁。摄政王之所以不杀汪精卫是由于要平息各党派的情绪。可是谁都未曾料到若干年后汪精卫居然成了国民党及南京政府的领导。

1911年，隆裕太后确定了三名帝师，对宣统皇帝进行开蒙教育，他学习的地点跟各位前朝皇帝一样，在毓庆宫。幸运的是，我也成了这三名帝师中的一位。

1910年到1911年之间，清政府对各类思想的包容度明显增加。虽然如此，却仍然不能阻挡全国各地的革命大潮。即使朝廷再三地让步，反对者都觉得朝廷的诚意还是不够，只是在表面上示弱而已。这期间，还爆发了一场广东起义，并捣毁了总督衙门。起义被朝廷镇压后，身为领导人之一的黄兴为了躲避朝廷的抓捕，躲到了香港，并继续指挥其他革命志士将反对朝廷的事业继续进行下去。

为了使情势得以缓和，摄政王也曾想要运用西方的做法，利用成立内阁的方法来平衡矛盾。可任命的内阁成员都是满族的达官贵人，得不到百姓的认可。这原本就是清朝末期人们要反对清廷的重要原因，那些达官贵人们丝毫没有治国安邦的能力，仅是靠着身份被委以重任，怎能不受到人们的反对？同时，这些王公贵族不仅愚蠢无能，并且还有极为不好的贪婪名声。

其实皇室中也有一些贤能之士，但摄政王没有对他们委以重任。

当时，朝廷计划将管理铁路的权力收归国有，但却失败了。本来铁路国有是件合理的事情，人们却对此颇有异议。而且这件事最后还导致了辛亥革命的爆发。

1911年的四川保路运动和武昌起义，都是别的地方小规模运动的延续，这场突发的事件使得武昌成了革命运动的重要中心，而黎元洪也在毫无准备的情况下被命运推上了革命领导者的位置。

国内的革命浪潮此起彼伏，愚蠢的隆裕太后和毫无主张的摄政王根本就做不出什么决策来。在这个关键时刻，摄政王又犯了一个后果极为严重的错误。他盲目地听信他人的谗言，将过去最能够对朝廷造成危害之徒，即已经被罢官三年的袁世凯重新启用。

在那个时代，中国最精锐的部队是北洋军队。虽然被罢官了三年，袁世凯在北方军队中的威望却丝毫未减。因此，他才能够对其他各方政治势力产生影响。毋庸置疑的是，他是一位拥有非凡才能的政治领袖。由于外国人对他赞赏有加，使得他能够在外国公馆中筹集到用来镇压各方起义所需要的军队开销。若是军队负责人没有令人信服的声望，外国公馆是不会借他的。

1910年12月17日，武昌起义爆发前，《时代》杂志刊登了一篇分析中国局势的报道。文章中指出：大清政府要想挽回当前的形势只有将袁世凯召回，只有袁世凯才能够扭转当前的形势。

其实那些外国人对清王朝的兴亡并不关注，他们只是想借着给大清续命的机会来同四亿中国人进行各种贸易，从而获得丰厚利益。而摄政王却是真真正正以为袁世凯是可以救大清的那个人。

虽然清廷不断地反复敦促，袁世凯的回答却并不积极。他以足疾未愈婉拒了朝廷的召回。显然，袁世凯只是借机为自己赢取利益最大化。

在朝廷不断提高条件的情况下，袁世凯终于回到了北京，他如愿以偿地让自己成为朝廷举足轻重的人物。随着几个亲王的相继下台，袁世凯相继成了湖广总督、钦差大臣和新内阁总理大臣。不久以后，他就通过手中的军权快速有效地夺回了长江北岸的汉口。然而袁世凯并没有继续乘胜追击，反而开始按兵不动。这一做法，让忠于清廷的朝中大臣们很快就看清楚了袁世凯的真实打算，他取得的这些非凡成就并不是真正地效忠于清廷，而是想要为自己捞到更多的好处。

中西方都有很多关于辛亥革命的历史文献，我就不必多说了。

辛亥革命人士曾经在1911年末到1912年初同清廷在沪上进行了议和商谈。当时，清廷的代表是由袁世凯推荐的唐绍仪，唐绍仪是广东人（家里离澳门很近），做过袁世凯的部下。在袁世凯担任驻朝鲜大臣时，唐绍仪就在他的手下任秘书一职；1900年，袁世凯担任山东巡抚时，他又在其手下工作；到1904年时，唐绍仪被清廷封为了全权议约大臣，同时到西藏履职。1906年，他代表中国就西藏问题与英国进行了谈判，次年，他也在东三省总督徐世昌的手下担任过奉天巡抚的职务。

可见，袁世凯和唐绍仪的关系非同一般。不仅一起合作多年，袁世凯也算是他的人生导师。唐绍仪奉袁世凯的命令代表清廷皇家与革命党人谈判，行为举止必该细心谨慎，然而现实却恰恰出乎了人们的意料。我们不晓得唐绍仪带着什么样的谈判意图进行工作，只看到他在会议上说出了一番让朝中众臣皆为吃惊的话。唐绍仪在谈判中不断地肯定辛亥革命所追求的共和，对这种治国理念赞赏有加。这些说辞使清廷感到无地自容，他也因为这件事不出意外地被清廷罢免了。南北双方在谈判结束后，达成了一个让人大呼不解的协议。

协议的内容是，以共和制代替君主制，也就是让皇帝交出实权。共和政府一方承诺保留皇帝的尊号和一些特殊权力。另外，皇帝除了继续保有自己的财富之外，还能够给予他一笔不菲的经费用来保证紫禁城内部的相关开支。

1912年2月12日，隆裕皇太后颁布了中国建立共和政体和皇帝退位诏书。此诏书的内容是："今全国人民心理，多倾向共和，南中各省既倡议于前，北方各将亦主张于后。人心所向，天命可知。予亦何忍因一姓之尊荣，拂兆民之好恶？是用外观大势，内审舆情，特率皇帝将统治权公诸全国，定为共和立宪国体。近慰海内厌乱望治之心，远协古圣天下为公之义。"

宣统皇帝退位诏书

我翻译了诏书的英文版本，并在英文杂志上进行了刊登。

埃德蒙·伯克曾经说过："政权在开始时蒙着一层神圣的面纱，那么它结束时也是那样。"

一生都忠于清廷的辜鸿铭后来经常和朋友一起回忆当初得知皇帝被迫退位时的情景。那天，他们正在上海的著名学者沈曾植家聚餐。后来辜鸿铭曾在一篇文章中这样写道：下人拿着刚刚从外面买来的刊登着皇帝退位消息的报纸……大家都很震惊，纷纷站起，齐齐面朝北方跪下，叩头恸哭……直到深夜，当大家向沈子培（沈曾植，字子培）辞别时，我对他说："大难来了，我们该怎么办啊？"沈曾植边流着眼泪边紧紧地握着我的手，用我这辈子都难以忘记的声音说道："我沈家世世代代都受到了皇恩的厚待，即便是死也是要和清廷在一起啊。"

退位事件发生时，我人正在威海卫。当时，英国的机构对当地的几位效忠皇帝的有声望的人进行了保护。继而，我们对威海卫的十八万中国人宣布了皇帝已经退位的消息。威海卫的人民对此表示怀疑，但也仅此而已。应该说威海卫百姓的表现就是全国百姓反应的缩影，用冷漠来形容并不为过。

我在威海卫写了一篇文章："除了深受西方文明影响的革命党，当时大多数的中国人是不是真的觉得在中国能够顺利地推行共和制度呢？答案无疑是仁者见仁智者见智的。"

清朝自身有许多弊端和腐朽，朝廷中曾有"老佛爷"、醇亲王和那些贪腐的官员的存在。也正是因为如此，人们质疑它能否重新恢复辉煌，从而选择了支持共和。

在义和团进攻大使馆的时候，中国皇帝的地位早已在国民的心中大打折扣，人们对于皇帝的敬重与畏惧已经降到了和太平天国时期同等的水平。罗伯特·哈特爵士认为："三个世纪以来清政府在中国均有着相当重要的地位，中国人对皇帝的憎恨不及英国子民对女王的憎恨。"

人们是什么时候对皇室失去信心的呢？可能是在阻挡改革的步伐之后，加之宣统皇帝又小，教育他的人也是断然不会让他接受新思想的。所以，腐朽的气息还在清政府上空笼罩。这怎么能让人放心倚靠。

曾经有欧美人以为，当时革命党发表的反清言论是："由于清政府的压制，国民没有得到应得的利益和自由。"但是哈特和H.A.贾尔斯博士却表示大清子民还是很自由的。贾尔斯博士在自己的作品中写道："哪怕是在紫禁城周边生活的中国人都感觉不到自己受到束缚。"事实上，在辛亥革命爆发前，中国国民所享有的高度自由确实是让我们这些西方人感觉惊讶，西方世界的人们所具有的权力自由大不如中国人。

后来，孙中山也时常对同胞们自由太多的现象表示过抱怨，并且体现在他所撰写的《三民主义》当中："中国人从来没有直接遭受暴君之害……中国人因为自由过于充分，便不去理会，好比房中的空气太多，我们便不觉得空气有什么重要……我们反抗，是因为我们有太多自由，缺乏团结，没有反抗的能力，是一盘散沙……今天的中国是十几个列强的奴隶，中华民族毫无自由可言。"

孙中山之所以建立国民党，是因为他了解到中国的国民在革命前已经享有了太多的自由，大家不团结，导致了国家被侵略、被奴役。现在，和清朝政府统治时期相比，中国人所有的自由已经少了许多。在这样的一种形势中，中国人究竟是否可以团结起来，这个答案还需要过一段时间才能得以验证。

无论如何，因宣统皇帝被迫退位，清朝就此灭亡。

而今，那个曾拥有了近三百年历史、历经十二位帝王更迭的封建王朝，悄无声息地消失在了历史的深处，被蒙上了一层沉沉的夜色。但是，当阳光透过紫禁城的琉璃屋顶倾洒在地面上时，人们还能感怀到曾经的过往。日暮之时，人们还会仰望到宫殿上方的天空里满是绚丽的晚霞。

第七章　到底谁是受益者

1912年的那份协议，据说是朝廷和革命者为和平而签署的。

形式上，皇帝交出手中的皇权、退位，却仍保有身份持有尊号。朝廷似乎仍然是他的朝廷。多年后，末代皇帝何以重返清政权发源之地，并循着脉络到了满洲建立政权，再度登基。解密需要研究协议。

退位诏书颁布时，皇帝才是七岁小儿。隆裕太后代他发的令。为彰显皇恩，说是皇上为民着想，顾全大局，采取共和。实则是大清与革命派协议的成果。表面上体现皇恩浩荡，实则是皇帝的让步，革命派的让步，一部双方各让一步的妥协协议。

《大清皇帝辞位优待条件》里明文罗列了皇帝退位之后的种种"优待条件"：尊号不废，中华民国政府拿他当外国君王待。政府每年拨四百万元给他。先在皇宫软禁着，后移到颐和园，随从侍卫一个不少。虽退位，但照样供奉着，还设卫兵气派一点不少。至于皇家陵园，一切如旧置办，费用政府包了。原来宫里的人照样留用，就是不招太监了。至于皇帝的私有财产，由政府特别保护。从前的禁卫军，编到民国陆军部，薪金照旧。

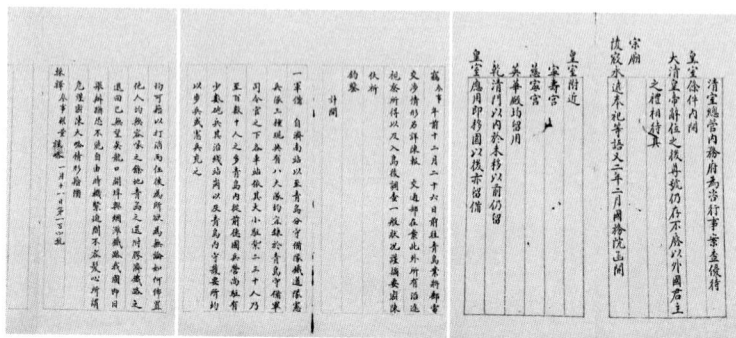

绍英手书《大清皇帝辞位优待条件》

这份优待是两方的退让换来的暂时的和平。随之颁发的还有另两个文件，一个是对紫禁城里的皇亲国戚做了相关说明，王公世爵参照皇帝的来，还是尽量保持原样。皇族的权力与国民同等，其私产都将得以保障护卫，并且免于兵役。

第二个是和四个民族相关：满、蒙、藏、回。内文约定：他们和汉族人各方面平等以待。保护之前的私有财产。王公世爵士还是照旧。若王公中有生活艰难的，会帮着他们谋生。之前的经营、居住等限制全都废除，入籍随意。四个民族的宗教自由。

另有相关说明文书——补充。

1912年8月19日，《蒙古待遇条例》颁布。保障尊者爵位及喇嘛之尊。从权、钱上加以保障。意消除蒙汉隔阂。此文件表明蒙古是民国的一部分。

11月23日，总统再次强调了对蒙、回、藏三族的各种优待，五个民族（汉、满、蒙、回、藏）团结一体建新制。

其间，也有人说共和威胁到了蒙古的利益，破坏了喇嘛教和放牧。总统大人只有亲作承诺，尊重蒙古，重尊喇嘛和王公。

政府于1914年12月26日发布最后有关优选的条款。条款有七，阐述了皇室与民国对"优待条件"之间的歧义。

比如，皇室遗老们要尊重民国的统治和法律，与之冲突者，废。清皇室在公函公务上不再用旧历及年号，改用民国纪年。清皇帝之前的赏赐谕告等，仅限家族部下。皇室无权再有行政处分及公文。为了兑现清皇室的优待，特成立内务部，保证宗庙、陵寝及私有财产。内务府的职位皇室承认亲定。军方派专人做内廷的警务，宫内办事人员包括太监犯罪由警方处理，更重者交由司法部门处理。清皇宫里的办事人员穿民国制服，可剪发，若宫中有特别的典礼，或为礼仪，服装颜色等与之相应即可。

中华民国政府以优待示人，显现宽容的一面。革命党以此造势，你看我对皇帝多好，他还可以用尊号，还可以住在皇宫，甚至每年还给他补助维持他从前的生活。这样的做法不同于西方的血腥，自是得到不少的称赞之音。

以上文件的产生极其微妙，看似友好相让为基础，实则是因为皇室尚有余威。一部分的国土仍在它的掌控之下，且手握满洲、西北部等实际权力。还有一些将军总督出类拔萃之流仍忠于皇室。武器在手，军队在手，财务自由及与诸国的外交关系仍在。故而革命党其实革命尚未成功。至少当时面对皇室并无绝对的优势。

西方认为，两方势力至少要经好几年的内战才能决一雌雄。

我判断，最终，清皇室会因为对袁世凯的依赖，使得他们将江山拱手相让。国外势力也认为清皇室气息微弱，它的时代已如日落西山。最终的胜利是属于革命党的。革命的炮火即使不在1911年燃起，也会在其后随之点燃。

只要有一位杰出的领导者，中国是能够成功立宪的。

国家政体之变，势在必行。皇室不过做了个顺水推舟的人情，迎合而已。隆裕太后所言，为了安抚多数民心，不想重新燃起战乱，不过是为了皇室面子做的掩饰。

袁世凯对皇室当然不是忠心耿耿。他是个记仇的人，他不能原谅1908年那个将他打回老家的醇亲王。摄政王的能力以他的野心他也是不喜欢的。回乡的三年里他心里一直惦记着总督兼军机大臣。他哪甘心沦为人下人？他要做人上人。

他像野草一样疯长的野心已经不被掩饰了。

1911年年底的袁世凯非常活跃，他经常见人，密见宣统皇帝。当然，他并不是为了小皇帝，也不是为了革命甚至民国，他只是为了自己。

所谓的"优待条件"像蒙汗药一样，让两方面的人都觉得自己得利了。实则，不过是一个平衡安抚术。

袁世凯会左右逢源。他会对革命党说："你们占了很大便宜了，你们将得到一个共和制的国家，虽然要给皇室一些钱，但总比内战花的钱少吧。皇室现在就是一个摆设，对你们也造成不了什么威胁。这些特权不过是安慰皇帝，让他听命于你们的一项约束证明。西方对你们是赞赏的，民国在这片掌声中开启新纪元，未来将无比光明，而清皇室早就日薄西山了。"

面对七岁的小皇帝、隆裕太后及能力有限的摄政王，袁世凯又是另一幅嘴脸："无论如何，尊号还在啊，等慢慢长大了，到时候革命党的力量也就弱了，咱再把皇权拿回来。不正好省了中间的烦心事吗？这期间所有的不是，大家都归到民国，民国还给咱钱，咱该怎么活怎么活，没损失啊。外国那些人都说咱新潮民主，为民着想。这是一计。最后的胜利是我们的。"

儿时溥仪

当然，那些"优待条件"既不是为民也不是为皇室，只会为幕后者的利益。表面的善，背后是争夺渔翁之利的野心。袁世凯在两种势力间游走，窃取信任与权力，中途又用非法手段来谋取自己的利益。

彼时的皇帝还是个孩子，他没有发声的机会，就被人利用与安排。紫禁城内还有一帮人靠他而活，他们明里暗里把皇帝的变成自己的。他们才是优待政策的真正受益者，并是当时话语权的掌握者。无人关心皇帝的成长与未来，无人关心他在那些愚蠢的献媚者中，会否性格扭曲人生坎坷。身边的人只是一再告诉小皇帝，皇权仍在你手，你仍是清宫的主人，并且还不担任何责任，落个清净。但这国土与江山未来都是你的。

一个英国学者称，满族的皇权是因受了欺骗而丢的。这话没错，但革命派不同样也受到了欺骗和蒙蔽吗？

摄政王及其他人相信袁世凯会把一切安排好，"优待条件"不是很好吗？

但朝中也有别的声音。恭亲王溥伟、肃亲王善耆，他们震怒，觉得所谓优待实是对大清的侮辱。特别是皇帝的退位，这是丢祖宗脸的大事。他们不敌太后和摄政王的话语权，只好眼睁睁看着君主制在一系列的条款之下，形同虚设。两位亲王气得离开京城并伤心发愿，除非龙旗再升紫禁城，或者死了，他们不会再回来。恭亲王在日本人占领的旅顺，一直寻找光复皇室的机会。

1922年4月，一个悲伤的春天，棺椁中的肃亲王回京了。他实现了自己的诺言。

所谓"优待条件"受人诟病，因为它保护了不应该保护的体制。皇帝不过是寄生虫而已，他领钱又不负责，对百姓无益。但宫中那些陈旧势力却因此而获利，比如内务府的存在。

这些袁世凯不是没想到，但他真正想的是自己的利益，他想的是建立自己的国家，趁皇帝还小，他要立宪并号令天子。

在我看来，共和制在当时也都是没有办法的办法。总比一直内战要好，那将把中国推向南北分裂的局面。那就会重蹈法国、俄国的悲剧，最后皇室还是会不复存在，像1898年的维新，中国失去半壁江山，当年太平天国的乱象再来上演一轮。

所以，民国也谓众望所归，但它却伤了很多人的心。前期想要共和的人不见了，有人退出这乱世，有人转战商界、教育界，有人去往西方寻安乐。乱世中，究竟谁是英雄，谁是叛徒？如何分辨善与恶？累了，也倦了。不如换个国家，换个天地，或者做个隐士，归于田园，青灯古佛了余生。还有人在乱世里失去生命。这是革命者收获的讽刺，到头来自己的命都难保。在人人自危的环境中，少数人不仅活下来，还被得到很高的尊重。有人被尊为国父并为其修建陵墓。这是那些风雨变革的见证。

皇帝用大理石建天坛，本意是想自己与天交流。人们却刷上了石灰，失去了灵气，如僵尸般在原地等着岁月的洗礼，一次次冲刷，直到不再存在。

　　圣意几人能懂，又人多少人能与上天交流呢？不过是一场又一场错乱又错过的梦。

第八章 短命的洪宪皇帝

从1912年春天至1924年冬天，在这长达十三年的漫长时间里，代表封建帝制的皇帝与共和制的总统共同生活在北京。对于清廷的当权者们来说，那段时间是清廷的末路。而对于共和制的政府来说，则是黎明前的期冀。

对于溥仪退位后仍能住在紫禁城并且保有尊号的事，外国人似乎并没有太放在心上。在他们的观念中，这不过是中华民国政府所馈赠给清朝皇室的一份特别的礼物而已。而对于之前颁布的"优待条件"，外国人也不过觉得是件平淡无奇的事情，即便是有少数人曾经匆匆留意过，如今也早已忘到九霄云外去了。说到底，外国人对中国只有利益，没有情分。

故此，在他们看来，溥仪的这次退位跟之前的皇帝也没有什么太大的差别，不过都是从"现任皇帝"变成"前皇帝"罢了。然而，很快外国人就发现似乎哪里有些不太对，溥仪虽说是退位了，但却依然保有着专属的尊号、宝座及朝廷，这跟其他皇帝退位的待遇是完全不同的。按照当时的情况，似乎把他叫作"皇帝"或是"前皇帝"都不太对。因此，在经过一番推敲后，他们决定抓住溥仪年龄小这个外在特征，将其称作"小皇帝"。

在中华民国政府向外界宣布宣统皇帝仍然可以保有自己的尊号时，却并没有明文规定是否能够在"皇帝"这两个字前面加上一个"前"或是一个"小"字。因此，很多人都弄不明白，人们不禁发问："这样一位前皇帝，为什么中华民国政府却允许他继续在首都居住呢？"

对于这个问题，中华民国政府肯定认真地考虑过，虽然保留了皇帝的尊号，但是在汉语的表述上，"中国皇帝"却都没有实质上的意义，只是一个泛泛的称呼而已。

在西方人的思想观念中，中国皇帝的尊号通常是与朝代紧密相连的，而并不是单纯地指领土面积。

中国古代朝代更迭频繁，作为新政权开始标志的国号也会随之发生改变。譬如，618年，唐王李渊在长安建立了大唐，而到了960年宋太祖赵匡胤则将国号改为了大宋，直至1368年，明太祖朱元璋在南京缔造政权后又改为了大明。

有意思的是，中国的君王们在创建了自己的政权后，为了彰显自己各方面的实力，不管他的领土面积是大或者是小，都习惯性地用"国"字作为后缀，就表示这个国家是谁在当政进行统治。不仅如此，统治者们还会在制定国号的时候，在前面冠以"大"字，也就是伟大的意思。按照传统的惯例，如果这个国家的政权灭亡，"大"字也会随着国号一同消失。我们还注意到，中国自古以来的国号与政权统治者实际所掌管的国土面积并无关联。

同样地，如果一个政权被新的政权所取代，那么即使在某个荒僻地方或者是与中国接壤的其他外国住着他们的后代子孙，那么这些子孙还是可以继续沿用他们已经覆灭的国家的国号。这样，这个帝国就会得以延续，哪怕这个居住国里面根本就没有汉人。同理可证，一个国家灭亡后总会被另一个国家替代，这个新的国家也会有一个新的国号。那么，中国这个国家的称谓就会改换成一个新的大某国。

明朝覆灭后，其后代早已不知去向，所以并没能以诸侯王的身份让此国号得以继续延续，明朝自然而然就成了一个曾经使用过的名词。而同时，由于之前一些人并没有读过相关的明史典籍，错误地以为是由于吴三桂引清兵入关导致明朝灭亡的，但实际上历史却并非如此。明朝灭亡的真正原因是农民起义领袖李自成带兵攻入，推翻了明朝，建立了新的政权。

李自成沿袭了他"大顺军"军队的名字，他将国号改为了"大顺"，年号"永昌"。如果他没有很快失败，那么他就是大顺朝的首任皇帝，中国也被称为大顺国。按照李自成定下的年号，从建国伊始就应该是永昌元年了。而他在百年之后也会被后人尊封各种称号然后青史留名。

至于大顺朝的最终结果，凡是对清史有所涉及的人都知道，它和1916年袁世凯建立的帝国命运如出一辙，都是昙花一现。如今，关于李自成政权覆灭的原因和结果，我在此处就不再多说了。不过在历史文献中，我们看到满族人确实一直在觊觎着明朝，暗中窥视着它从盛转衰最后直至风雨飘摇的过程。同时，满族人一直在有意识地收容那些汉族官员，努力学习汉族文化，极力让汉族官员为其所用，以致他们在与明朝的交锋中获胜，直入山海关和长城上的其他关口，并借吴三桂的军事力量剿灭了李自成的政权，建立了自己的大清王朝，获得统治权。

袁世凯登基

因为满语中的"金"与"清"发音相近，故此满族人将原金国号改为了清。自此，自1644年顺治登基至1911年宣统退位，清廷的十位皇帝统称为"大清大皇帝"，而并不是像后人们所知晓的"大清皇帝"。同时，中华民国政府还特别提出让末代皇帝溥仪能够继续保留"大清皇帝"的尊号，为了加重强调，以示突出，"优待条件"就"大清皇帝"这一称谓，包括序文在内共提出了六次。

后来成立共和体制，便效仿西方国家的做法，在1912年将中国改为了中华民国，没有像封建社会那样确定国号。

关于年号的问题，也自然而然地被废除了。（实际上即便是同一个朝代，每一位皇帝的统治时期，所使用的年号也都是不同的。例如：清高宗的年号是乾隆，清德宗的年号是光绪。）

假使袁世凯1916年仍然能够延续起帝制的封建王朝，中国的未来将向何处去呢？喜欢沽名钓誉的袁世凯一定会像古人那样，给自己确定一个国号。事实上，袁世凯统治时期的硬币和勋章上已经将国号从"中华民国"改为了"中华帝国"，虽然表面看似一字之差，但究其实质，国家制度完全不同。袁世凯的这一举动表明，刚刚获得新生的中国再次变回了封建的君主制。

中国人向来都习惯吸收古人的智慧，从国民随朝代的更迭而变化就能说明这一点。当今，广东人说自己为"唐人"，是源于从唐代起广州才正式纳入唐朝的领土。而在喜欢称自己为"汉人"的华北地区，则因为正是在汉朝时期将华北纳入了中国的版图。

同样的一个道理，许多生活在满洲的汉族人到了民国时期也会自称是"大清国民"，而当时受英国管辖的威海卫的称呼则是"大国"。也正是基于此。"中国"这两个字总会被一些人误以为是"China"的翻译，但是其含义却是"中央帝国"或"中央王国"的称呼。很明显，后者涵盖了更多的意思，它们表明中国的位置是在世界的中心。当然，这和古代人对地球的理解有关。因此，人们一直以为中国就是世界的中心。虽然"中国"这一词汇不是历代君主运用于国家的正式称谓，但却成了民国的官方称谓。

故此，我们的文章在开始时虽然看似条例比较杂乱现在却也能梳理清楚了。尽管中华民国政府同意皇帝继续使用"大清皇帝"这一尊号，并且允许他们在紫禁城中生活，但这仅是一个虚幻的小朝廷而已。退了位的小皇帝对于中华民国的威望丝毫构不成威胁。

假如之前没有涉及过相关的知识，就无法弄清中国国号、朝代的使用方法。原本，这些对于大多数人来说并没有那么重要，但是现在却不一样了。尤其对于野心勃勃、一心想要称帝的袁世凯来说，更是如此。

早在1898年，袁世凯就当了叛徒，出卖了光绪皇帝。而在1911年，他又故技重施背叛了宣统皇帝。1916年又在野心的驱使下背叛了中华民国。

袁世凯是一个品质卑劣的人，但他能当上总统的原因则是他很有能力，革命派根本不是他的对手。起初，是因为袁世凯胁迫了孙中山才得到了临时总统之位。虽然孙中山一向以宽容大量而闻名于世，但实际上他并无其他的选择，袁世凯当时手中紧握北方军事大权，他如果想要执掌政权的话，革命军的力量是无法与之抗衡的。

1912年3月10日，袁世凯正式成了中华民国大总统，即将前往南京履职。但袁世凯内心根本不想去南京，因为那里是革命军掌握的地区。老谋深算的他自是明白，革命党人不但不信任他，更是恨他入骨，当然他内心里对革命党人也是同样的感受。

袁世凯与外国使节合影

找什么理由拒绝去南京呢？

深思熟虑之后，袁世凯声称北方局势突然有变，他的这一说法让革命党人产生怀疑。为了将谎话编得更加真实，袁世凯自导自演了一场兵变。

1913年3月20日，共和制的先驱者、中国"宪政之父"宋教仁被暗杀。此番行刺完全是在袁世凯的策划下进行的。同年7

月，为了推翻袁世凯，孙中山领导了"第二次革命"。袁世凯迅速还击，短短的一个月，革命党人彻底惨败，而孙中山则被定为"反叛者"，被迫再次前往日本。在那里，孙中山受到了大力资助与保护，这些人一直是他在革命过程中的真诚朋友。虽然其中的一些人对中国的未来并不抱有希望，也失去了当初的信仰，但他们却始终坚定地认为只有孙中山才是真正的"民国之父"。

1913年，孙中山（第一排中）与黄兴、戴季陶等人在上海商讨反袁

1913年10月6日，袁世凯终于登上了大总统的宝座，当时规定任期为五年。四天后，袁世凯在庆祝辛亥革命两周年的大典上举办了总统正式就任仪式。狡猾的袁世凯在就任不久后便动用自己的权力将原定五年的总统任期改为终身制，并且拿下了指定下一代总统的权力。

1913年12月，副总统黎元洪被调任北京，表面上的说法是让黎元洪更好地发挥才干，实则却是袁世凯害怕别人利用黎元洪推翻自己。

在成功地镇压"二次革命"之后，袁世凯紧接着解散国民党，并大力驱赶国民党人。

1914年1月10日，国会被袁世凯强行解散。随后的5月，袁世凯正式制定并颁布了《中华民国约法》，并且废除了1912年3月颁布的《临时约法》。原东三省总督徐世昌被任命为国务大臣，而担任外交大臣的是前山东巡抚孙宝琦。

袁世凯假装善意地对待清皇室，似乎无论做什么事情都很公正。他之所以这样做是为了更加便利地利用皇室余威。而"优待条件"中所规定的津贴，皇室却一直没有拿到。到1924年年末，民国已经累计拖欠皇室津贴数百万，"优待条件"已经成为一纸空文。

1913年年初，袁世凯按照"优待条件"上的第三条，强迫隆裕太后从紫禁城移居颐和园，而这更使小朝廷群臣惶恐不安。

对于袁世凯的举动，内务府给予了坚决的反对。这是因为假使太后和皇帝被驱逐出宫，接着一定就会针对他们了。对于袁世凯的逼宫，内务府的官员却没有特别合理的理由反驳，只说是颐和园的围墙太矮，在那里居住不够安全。袁世凯立即回复内务府人员，说是会请人把颐和园的围墙加高，但是这笔费用要内务府来解决。

内务府再次回绝袁世凯，提出仆人们干活需要光亮，如果将颐和园墙壁加高容易在黄昏时遮住阳光，这样仆人就无法干活了。正因为如此，围墙增加的高度要慢慢考虑好才行。另外，新墙修筑的速度非常缓慢，新筑好的围墙不仅容易倒塌，而且有时候就连原有的围墙也会受到殃及。

几年以后，我同样为这围墙感到头痛。那时我是帝师，同时在1924年兼职负责颐和园和周边财产的管理。这些围墙每遇到大雨就会坍塌，而修葺费用又非常少，这项工作做起来十分不容易。

为了达到朝廷能够继续在紫禁城居住的目的，内务府只好一直坚持做这种耗资巨大却又吃力不讨好的颐和园围墙修葺工程。

袁世凯为什么没有强制要求朝廷搬离紫禁城？这个原因就是袁世凯对那些既对皇帝忠诚又手中掌握有实权的人充满了顾虑。譬如曾担任过总督的张勋。张勋的军队驻守在徐州，津浦铁路和长江北岸的华东一带的地区都在他的管辖内。尽管张勋是袁世凯的部下，而且在阻止革命军北上的行动中立下了赫赫战功。但究其实质，张勋却并不忠于袁世凯。他之所以愿意为袁世凯阻止北伐军，是因为袁世凯对他做了一定会遵守民国同皇室所签订的协议的承诺。

张勋对皇室始终忠诚，但他却并不了解内务府的心机，没有看穿他们只是在利用他对皇室成员的忠心。内务府恳请张勋为了保住皇室的脸面，对搬离皇宫这件事情加以阻止。而张勋则认为只要皇室能够继续留在宫中，他也就尽到了对皇室的忠心。这样，腐朽的内务府就仰仗着张勋苟延残喘了一段时间，但事实上正是内务府这帮人在加速清廷的覆灭。

由于张勋的支持，袁世凯只得勉强同意让清廷继续留在宫中。他的总统府自然也不能搬进皇宫，只能设在紫禁城外的新华宫。其实，新华宫不仅毗邻紫禁城，而且其规模的豪华宏大也能够与紫禁城比肩。

为了自己的野心能够顺利实现，最初大总统袁世凯行事一直非常小心，如履薄冰、稳扎稳打，直到两年后才以真面目示人。虽然总统终身制在实质意义上已经等同于做了皇帝，但他的内心却仍然不能得到满足。他凭借着手中的权力让自己最满意的儿子袁克定成为总统的继任者，尽管他并没有公布这个结果，但大家却早就对此心知肚明。

数年后，袁克定逃到了威海卫，我还曾经帮助并保护了他，使他得以用难民的身份在威海卫安居了许多年。

随后，袁世凯有条不紊地继续推进接下来的计划。

1915年，袁世凯以操控"人们意愿"为目的的筹安会成立。表面上领导这个组织的人是政治家杨度。但作为幕后操纵者，袁世凯也大力地支持了这个组织。就在袁世凯准备复辟的过程中，有人想要在新建的帝国中获取利益、加官晋爵，便对他阿谀奉承，一些皇族的成员居然也不顾颜面地趋炎附势、令皇室的尊严扫地，溥伦就是其中的一个。

光绪皇帝驾崩之后，袁世凯曾经在皇室选定继承人的问题上全力地支持溥伦，现在对企图称帝的袁世凯他也自然要投桃报李。不仅如此，为了显示自己的忠诚，溥伦甚至还对袁世凯行了君臣之礼，此举丢尽了皇室的颜面。

袁世凯为了得到玉玺顺利复辟，竟然让溥伦去偷盗皇帝的玉玺。我从宣统皇帝那里知道玉玺是安放在皇宫内的交泰殿中。溥伦为了达成偷盗的目的，做了许多功课。他甚至还买通了内务府人员，却始终没能成功。

比起其他国家，玉玺在中国的地位更加重要。在清皇室和中华民国政府签订"优待条件"的时候，也有人对玉玺保留在皇族的这件事表示过反对。

直到1924年11月以前，玉玺一直都是由宣统皇帝亲自保管的。

支持袁世凯，并对他曲意逢迎的人还有著名的广东政客梁士诒。那时，他利用职权之便大量地谋取钱财而被人们称作"财神"。他身边的一些朋友也都虚情假意地巴结袁世凯这位"未来的皇帝"。为了能够让袁世凯的登基更加顺利，他们甚至还提出了要大张旗鼓地祭祀袁世凯的一位祖先。这位祖先名叫袁崇焕，是一位有勇有谋的汉族英雄，曾经在关外镇守并成功击溃前来进犯的满人军队。

这也是袁世凯想要做的事情。他为了顺利登基并提高新帝国的威望，必须要让自己血统高贵而神圣。借着当时人们反对清朝的高涨热情还没有退去，自称袁崇焕后代的袁世凯，无疑将有更高的声望。按照中国人的道德和传统观念，孝道是最为重要的。孝道也被认为是对祖先或是祖宗制度的忠诚。袁世凯要是有一位身为抗清英雄的祖先的话，那么支持小皇帝的人也就没有指责袁世凯背叛皇帝的理由。不仅如此，袁世凯还可能利用这位祖先的名声，成为一个遵守道义且热爱国家的典范人物，这对他顺利实现自己的野心是非常有利的。

为了让一切都看起来更加合理，袁家的祭祀大典由官方的礼制馆也就是清廷的礼部代办。按照原来的部署，袁崇焕的英勇事迹的报告由礼制馆代为起草，这样袁崇焕就会得到全国百姓的尊重和仰慕。然而还未等到这份报告出台，袁世凯的皇帝梦就烟消云散了。

这些事情尽管不大，然而却也可以从另外的角度来证明中国的宗教和政治之间存在着关联。在过去的那些岁月中，中国人对当下政治和传统文化的认识，和中国历史皇帝与古代先贤们在精神方面的地位是荣辱与共、不可分割的。

接着，袁世凯的复辟阴谋推进到最为重要的环节——人们把很多的电报和请愿书纷纷发到了中华民国政府，就袁世凯建立新王朝的事情表示支持，同时建议将年号定为洪宪，袁世凯自然便是首任皇帝。

随后，所有的事情都按照袁世凯的想法继续发展下来，他在1915年12月主持召开了"国民代表大会"，大会表决通过的结果是中国即刻施行君主立宪制。很快，推戴袁世凯登基称帝的拥戴书就从参政院发了出去。面对此时的形势，袁世凯只是说自己是顺应民意，登基为帝。

数日后冬至，袁世凯又将自己的称帝大业向前推进了一步，已经中断了的天坛祭祀大典被袁世凯再次恢复[①]。依照惯例只有皇帝才能举行祭天大典，所以这个仪式在中国的地位是最高的。而袁世凯就是要通过举办这个仪式向外界明确宣布他是中国的皇帝。当然，出于自卫，袁世凯在祭天的环节中简化了很多传统的繁文缛节。那时，他只是乘坐了一辆武装的汽车，从新华宫来到天坛。

冬至的黎明时分，袁世凯穿着样式奇特的龙袍站在了星空下的祭坛中央。他将要以新天子的身份，接受中国百姓的朝拜。他跪在那块光滑的大理石上，虔诚叩拜祝祷请求上苍的庇护。遗憾的是，他虚伪的灵魂不是一件华丽的龙袍就能够包裹住的。

在回到总统府前袁世凯就遭遇到了危险，速度之快，就连闪烁在天空上的星辰都始料未及。原在手下任职的蔡锷竟然背叛了袁世凯，他秘密潜往了云南联手唐继尧一道集合革命人士，对倒行逆施背叛共和的袁世凯开始进行讨伐。

就在1915年12月的最后一个星期，护国运动爆发了，让袁世

---

① 原著有误，袁世凯在天坛祭天的时间为1914年冬至。

凯意想不到的是，中部和南部一些省份的将士纷纷对这次革命表示了支持。1916年2月底，袁世凯被迫宣称推迟花费巨资打造的登基大典（这笔资金完全是强行从皇室借取的）。1916年3月，洪宪王朝被取消的命令被告知了天下百姓。

袁世凯以为只要让自己信任的人占据在所有的军政关键部门，两三年之后，就可以顺利登基称帝。可是，他根本没有估计到会有具有如此强大的力量和影响力的反对势力。

袁世凯不顾一切地贪婪地想要登上帝位，并希望全天下人都能够效忠自己，这只能是引来了共和党和清皇室的双重敌意。

在袁世凯建立洪宪王朝的时候，对于皇室成员来说打击是非常巨大的，他们异常焦虑。但是这里面并不包括小皇帝溥仪，还有那些想在袁世凯那里谋得私利的一些阿谀奉承者。皇族中有很多很有远见的人，他们唯恐袁世凯称帝后会对皇帝不利。所以从1915年的最后几个月到1916年上半年皇室始终生活在惊惧忧愁的状况当中。而蔡锷起义、袁世凯被推翻这种事情是他们最乐意看到的。

推行帝制失败以后，袁世凯想尽办法推脱罪责，想要挽回国内外对他的信任并表明他自己对共和的忠心。为了达到这一目的，袁世凯写下了一份洋洋洒洒的辩护书，表示自己并没有称帝之心，此举称帝完全是为了顺应国民的意愿，从现在开始，他一定会全力以赴地支持共和。

直到这时，袁世凯还是贪恋着终身制的总统位置，因为在这个位置上的实质权力已经相当于一个皇帝了。在他的计划中，他指定了他的儿子继任总统。遗憾的是，袁世凯因为推行帝制的闹剧严重损害了自己的威望，再也不会有人支持他了。即便他能活到高寿，恐怕他都不能再坐回到总统的位置。

袁世凯是很爱慕虚荣的，这一点和某些伟人很是相似。他就像是一个开心的孩子一样，对于自己庄严的登基仪式充满了想象。他甚至为了这个隆重的仪式，提前亲自谋划了好几个月。最开始，他对制订这个计划还没有更多的考虑。后来他又想到将一些已经废除了的古代仪式融入到他的登基大典中来。一些熟悉古代典礼的人为他绘制了关于两千多年皇帝祭祀场景的几幅画作。

据传言，袁世凯还命人在一块金币上刻上了自己头戴皇冠、身着龙袍的图案。同时，为纪念登基仪式，袁世凯还下令铸造了钱币和勋章，上面有的刻着他的肖像，还有的印着"洪宪元年"以及"中华帝国"的字样。"洪宪"是他为登基后定的年号，这和溥仪的年号是宣统、载湉的年号是光绪如出一辙。野心勃勃的袁世凯认为自己很快就要实现复辟帝制的霸业，所以迫不及待地将这些钱币在自己管辖的区域发行。同时，他还将这些镶有金边的勋章送给自己的亲人和朋友。

袁世凯还发行了银元，银元上铸有他的肖像，用来纪念他即将建立的新王朝。这些银元在袁世凯去世后也在流通，但是上面印着的文字不是皇帝，而是总统。

袁世凯还是一个非常相信天命的人，譬如他曾令人在位于江西的皇家御用官窑烧制了一批印有"洪宪元年制"文字的瓷器，并且还厚颜无耻地送了几件给小皇帝。数年后，我也收到了小皇帝转赠的其中两件这样的瓷器，并保存至今。

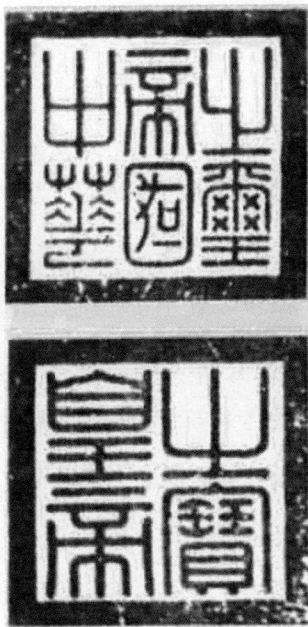

袁世凯玉玺印

通过袁世凯迫不及待地铸造钱币、烧制御用瓷器的行为就可以想见，当他的皇帝梦破碎之时，他的内心世界是多么地崩溃。无法入睡的他在万籁俱寂的午夜肯定会感受到来自内心深处的拷问。

如果已经登上终身总统宝座并且指定了儿子成为自己总统的继承人以后，袁世凯能够收敛野心，那么他或许能够为国家带来和平。即便是他在某些事情上出现某些失误和过错，但仍然会成为受到后人尊敬、千古流芳的伟人。袁世凯的前半生不仅展现了出众的才华和智慧，同时也证实了他是一个自私自利、野心勃勃、背信弃义并且诡诈多诘的人。

或许一些人对我这样评价袁世凯觉得有失公允，那我就引用曾在德国和英国深造过、并忠心耿耿地为民国工作过的丁文江博士对他的评价。和其他思想保守的人不同，他并不赞同君主制，而是认为唯有革命才能给中国带来新生。对于袁世凯，他是这样说的：“袁世凯因担任中国驻朝鲜通商大臣一职开始了他的政治生涯，对于1894年的中日甲午战争他应承担更多责任。1898年，他在戊戌变法中背叛皇帝，因此深受恶名昭彰的慈禧太后信任。之后，他接受命令组建新军，导致绝大部分的将领出自他的门下，而这些人是中国主要的祸患。1911年辛亥革命时，他背叛了清朝，出任了民国总统一职。之后，他收买人心，迫使国会解散来保证自己的总统职位。他至少杀害过两个政治对手。他使用阴谋企图称帝，将自己逼上绝路。”

袁世凯表面上大张旗鼓地弘扬儒家学说，但事实上就他个人的行为而言并没能遵守相关学说而为，这正是他人生最可悲的地方，一个人必须要先是君子然后才能成为儒者。在英文中，只有“绅士”这个词语和汉语中的“君子”意思相近，甚至两者会经常被人滥用到各种语境当中。至于这两个词语究竟哪里相像，我们暂且不做考究。综上所述，我们得出了一个结论，对清朝的皇帝、清政府和中华民国政府来说，袁世凯既非君子也非绅士，他就是一个不折不扣的叛徒。

1916年6月6日，袁世凯病逝了，那时距离明确废除登基大典的筹备还不到三个月。他的离世使得原本难以得出结论的问题瞬间有了结果。关于他的医疗诊断书上的记载，袁世凯是死于因为长时间的、强烈的郁闷而出现了身体紊乱。对于这个结论，人们找不到证据也没有异议。

1917年5月1日，也就是袁世凯推行帝制失败后的第二年，北京大学教授陈独秀发表了一篇很好的文章。那时陈独秀还被关在监狱里，他被判了无期徒刑的原因是参加颠覆政府的活动，当时他在拥有极大受众群体的激进派期刊《新青年》上刊登了这篇文章。陈独秀在文中阐释道："国家政治革新发展的总趋势，是从君主制度转为民主制度，这是不可阻挡的潮流，我辈可以欣然视之，坦然接受……但是本人结合我国当前的状况，总感觉共和的体制，是否应再经历一番革新变动，并非确定无疑的事情。前年，筹安会毫无征兆地提出讨论当前国家体制问题，按常理来看，这是很匪夷所思的事情，但本人当时并不觉得意外。袁世凯病死，君主制度取消，按常理来看，国人都认为中国此后再不会出现君主制，而共和制应当从此稳固了。本人却并不认同如此看法……原因在于当前，我们中国大多数民众口里虽然并不反对共和制，但脑子里仍然装满了君主制时期的旧思想，至于欧美等西方社会国家的截然不同的文明制度，国人是根本毫无概念的……袁世凯要做皇帝，并不是他异想天开。他确实是见到了中国当前的民意更相信君主制，而非共和制。即使是反对君主制的人，大多数也只是反对袁世凯做皇帝，而不是从内心真正地抵制君主制……现在袁世凯虽然已经死了，但袁世凯所利用的支持君主专制的旧思想，依然和从前一样存在。要君主制不再发生，民主共和制从此稳固下来……首要的事情，必是先将残存在民众思想中的反对共和的旧意识一一根除干净。"

这篇才华横溢的文章使西方人意识到，只有首先使中国人民的认知得到扭转，才能够真正地废除君主制。

第九章　复辟闹剧

1912年，皇帝退位之初，大家对刚成立的中国国会期待满满。结果成立不到一年，就有位法国神父公开指责，国会混乱不堪，处处是阴谋、暗杀。

此后，国会连续陷入危险境地。一是1916年袁世凯想当皇帝。二是1917年张勋复辟。受此重创，国会摇摇晃晃到1924年就再也进行不下去了。1934年，国会再也不见踪影。也许，中国不管在清政府时期还是当下，都与共和无缘。

那个抨击国会的法国神父，一方面不满袁世凯的所作所为，另一方面又觉得他的霸道范儿会给当时的中国带来一些实际的好处。他甚至认为袁世凯有让中国起死回生之力。

在袁世凯没落之后，无人敢言共和政体的失利。

其实，共和失利与很多人都有关。当时的选民中，有百分之九十根本就不关心政治。即使在英国，对政治的关心也只占参选民众的百分之十。英国如是，何况彼时之中国？一百个中国人里可能只有一个人对国家大事有所关心。而彼时之中国国会，其实权在职业政治家手中，他们中也只有很小部分，是真正在为国为民努力工作。

共和失败另一原因是思想的束缚。在封建时代有皇帝的时候，皇帝最大，一切听他的。因为儒教思想的根是"忠君"二字。如陈独秀所说，儒与共和是水火不容，只要中国继续推崇儒教，便会有人闹复辟。

当时很少有人公开谈论政治。只有少部分人会隐晦表达想法，例如留学英国的陈士光，他在1919年出版的《现代中国》中写道："不喜欢满族人，不赞同君主制，但如果民国的过渡不太顺利，那么何妨保留皇帝之名，君主立宪，让国家的情况向好发展呢？"

在英国生活多年的陈士光观察英国皇室和国会的并存，发现君主制不等于封建专制，或许可以作为彼时中国政治走向的参考。

但很多当权者从未离开过中国，对外国的认知也仅限于跟美国人的接触，理论与实践完全脱节。他们固执地认为共和与君主立宪都只能以单一的形式存在，不用融合，不能各取所长、各补其短。他们活在自己的主观臆断里，从而毫无政治上的敏感度。

1911年，武昌起义。黎元洪被迫成为革命党军首领。在袁世凯当政期间，他就是个被迫的副总统。若不是袁世凯的强势，他很可能叛投反袁的队伍。袁世凯死后，他虽然当上了总统，但其实并无理国之才。全然不懂西方民主制，缺乏激情，无论对民主还是其他政治，都兴趣索然。

有人施以连串的政治军事阻碍与羁绊，他也无力阻挡。混乱的局面，他也无力控制。

当时北京相对风平浪静，于是人们把目光转向另一重地徐州。张勋率他的军队守在这里。这里是津浦铁路要道，军事重地，政治要塞。

张勋是大清的忠臣。对袁世凯和清政府都忠心耿耿。袁世凯垮台之后，他对清政府的忠心与日俱增。解时局之乱，张勋有自己的方式。他一直留着后脑的大辫子，这是他忠于清朝廷之标志。他因此得名"辫帅"。其军队也是"辫子军"。

辫子军进京

1916岁末到1917年初，张勋一直忙于一些秘密的政治集会。与会者除了他的死党和追随者，还有华中、华北各地半独立的势力和其代表。外界不知内幕，但也能猜个大概，这是在为大清的复辟而准备。

在张勋的徐州会议结束后，黎元洪便邀他到北京相见。虽无政治抱负，但既然在位，黎元洪也想平衡各方势力，保住暂时的和平。

孙中山的国民党也是需要平衡的势力之一。他们一直反对张勋，甚至还在广州设了敌对势力。

但对黎元洪而言，彼时还有更为头疼的问题，中国是否成为协约国的同盟？是否和德国开战？对于这些问题各方势力意见不一，为了解决问题，黎元洪再次召开被袁世凯关掉的国会，但他毫无经验，导致国会经常脱离他的控制。在这种情况下，黎元洪把希望寄托于张勋，就像当初清政府寄希望于袁世凯一样。简直荒唐！

1917年6月，张勋入京，身份是调停人。

入京之后张勋第一件事就是解散国会。无权又无力的黎元洪听取了他的意见。张勋又一纸密令把康有为等大清忠臣调到北京。不到十天半个月，这波人重聚北京，满腔激情。他们立刻发表了复帝诏书。

7月初，宣统皇帝宣布重掌大权。

按照张勋等人的想法，其实皇权一直在皇帝手中，这次的复出就不能称为复辟。之前的"优待条件"中清楚写着，宣统放弃的只是政权而不是尊号。尊号在尊严在，皇帝也一直在他的朝中。张勋等皇帝的死忠党一直觉得1912年那份退位诏书必须废除。当时不过是皇上不忍众生苦，才有的共和体。

张勋

废诏书，废共和体，复君主制。小皇帝长大了，他要真正做皇帝了。

当时的《京报》刊发了一篇英文宣言，篇幅很长，发出了反对的声音。其编辑是出生在英殖民地的华人之后陈友仁，他不会说读写中文了，却还要管中国的事。他的另一个名字尤金·陈在西方有些名气。多年之后，他成了国民党的高管，还在1928年作为中方代表谈汉口租界的问题。1933年年末，又做了福建新政的外交部部长。1934年，他躲到香港去了。

他在文中说：

"从武昌起义辛亥革命以来，创立改造谋求共和，纲纪颓废不振，从前一些传统文化老式的繁华都渐渐消失不见。但见暴民横行肆虐，那些把持朝政的人都是一些小人地痞。这是一个荒谬的世界，强盗头子成了伟人，而那些死囚个个成了烈士。议会依仗造反作乱的暴徒作为后盾，内阁成员凭借私自结成的党羽作为护符。将滥借外债当作理财，将剥削民脂民膏当作富国之策，将欺压老实人当作自治，将打压摧残年老资深、德高望重的人当作开明。有的将散布谣言当作舆论，有的将偷偷输送利益给外国人当作外交。这些人无非是将卖国当作篡谋国政的工具，将立法当作徇私舞弊的外衣。社会逐渐盛行废除孔孟之道的言论……虽名义上是为国民，而实际对民众根本漠不关心；虽名为民国，而实际上对国家利益根本毫不在意。当下，民众穷困，国库空虚，国家的根基怎么会不动摇？这些无不是因为国体不完善而造成的啊……追根溯源，祸端实际就在于共和……反观君主世袭时期，百姓尚能享受数年或数十年的幸福，与今日的差距岂非天壤之别……默默观察当前的时代趋势与人心向背，与其仅仅承担一个共和的虚名，而实际取灭国之道，不如摒除党派的分歧，重新建立巩固一个强大的帝国……皇上幼即好学，后顺应时势，退守待时。近年来，国内灾祸频频，而深宫之内仍泰然自若，纪律严明。近来皇上的学识日有精进，美好的声誉四海传播，可见是上天庇佑我大清皇朝，所以特别赐予我们的皇上非凡的智慧，助其顺应时势，建立拨乱反正的伟大功业……张勋等人六年来一直殚精竭虑，随时准备进京勤王……今天百官们特郑重地奏请皇上重登帝位，树立国家之本，稳固世人之心。"

我没有亲见这次复辟，但我的朋友香港大学副校长艾利尔爵士亲睹了。他当时正在北京饭店，后来在他给我的信中说道："非常震惊，一觉之后，全北京都是龙旗飘飘。"

复辟之后，想要平平淡淡过日子并不想天天闹革命的北京百姓手中举起了各种各样的旗。在乱世之中，顺势举旗是一种应变和生存之道。

在张勋复辟的同时，共和派也找到了自己的援军——段祺瑞将军。在天津，段祺瑞有一支装备和人数配置都是顶级的部队。

1917年7月3日，张勋发出复辟电报后，京津之间的马厂发生了一场战争。战争中，段祺瑞首次出动了轰炸机，空袭的炸弹落下的一瞬，张勋心知自己功败垂成。

这场战争的最后，这位刚上任的直隶总督、堂堂的议政大臣不得不向荷兰使馆求助。重新登基不到两周的宣统皇帝又一次退位，那些龙旗一夜之间又被收起，老百姓悄悄折好，以备万一皇帝归来。

张勋勇气是有的，野心也同样有。他是将军，觉得自己军事无敌；他是政客，以为自己手段老辣。他觉得老子天下第一，不需要任何旁的人。他的骄傲与霸道都挂在脸上。

紧要关头他还一意孤行，自大到令人发指。最开始，段祺瑞也是跟随他的人。濮兰德承认："徐州会议的结果就是恢复大清并行君主立宪。段祺瑞当时也是投了赞成票的。1917年7月的复辟却是张勋一意孤行，擅自做主，他想窃取所有的果实，一人独吞。"

这是一场让人啼笑皆非的闹剧。

复辟期间，溥仪坐在乾清宫龙椅上

一位作家后来写了《复辟潮》，这是一部亦庄亦谐的戏剧，只用于私人收藏，无处销售也无人演。1921年，宣统曾赠予我一本。他自己也看过，纯为打发隐居时光。他觉得敬与不敬已无须介怀。

我也看完了全本，里面对张勋，作者是宽容的。对忠于清朝的人，他也是同情的。全本的最后一幕，是张勋在去荷兰公馆前，秘见宣统，这最后的告别，被抹上了浓郁的悲壮与伤感。

复辟闹剧之后，国民党和激进派联手对十二岁的宣统问难，说他叛国，要求严惩。就差没说处以极刑了。

当时的宣统还只是个孩子，才十二岁，能领导谁？能参加什么复辟行动？这不公平。不过，他们的目标并非皇帝，只不过是找个替罪羊，他们真正要护着的是那些互相推诿的将领、政客们。

当时坊间有个故事，据说是宣统对复辟的态度。

复辟之前，张勋在宫中行了君臣大礼后对皇帝讲了他的计划，宣统拒绝了。张勋惊讶问原因，小皇帝说，我天天依师读四书五经，没空。张勋又说，您重新登基后，就天天要理朝，不用读书了。小皇帝开心极了：真的吗？不用读书了吗？张勋说，当然当然，马背上的天子，哪有皇帝天天读书的呢？小皇帝高兴极了，就让张勋承办此事。

这不是骗孩子骗国君吗，哪有什么忠心可言？完全是要谋取自己的利益。

复辟失败之后，段祺瑞对张勋留了情面，也给皇帝留了面子，优待继续。经此一番，释放后的张勋无心恋战，一些人劝他重返政界，他也一心隐居养老。

为什么对张勋如此大度，段祺瑞说，因为以前朋友一场，做不到那么残酷。中国人崇尚中庸，走中道。即使从政也是如此。

宽待张勋还有一个原因，张勋那儿有些重要的文件，里面还有重要人员名单。这份名单是一种平衡砝码。

1924年5月6日《北京导报》称：张勋复辟的有关材料已秘密送到巴黎。其中涉及82位相关高层资料包括当时有关内容及支持声明。

据说张勋在荷兰公馆避难之际将文件移交王姓人氏。后又被移送法国使馆，最终到了巴黎。传说，这些都是传说，无处考证真伪。

我后来和张勋的朋友成了朋友，对张勋的一些主要事实，也略有所知。晚年的张勋写了一本书，相当于个人传记。后来他家人送我一本。此书无出版也无英译。我会随后在删除有关后人资料之后，全文译出。

他在书中称自己为"松寿老人"，松树长青，是坚强与力量、果敢与强盛的代表。这是他对自己的祝福，健康、老当益壮。没想到张勋这么一个野心勃勃的人，最后也就是图个吉利的老头。

第十章 张勋自传

　　我将《江西张氏宗谱》写完后，宗族里有人就某些内容提出了一些不同的意见。我稍作修改，然后将宗谱交给族中之人收藏。常言道，后世应尊重祖先，我虽没有什么才华，但又怎敢向先祖隐瞒家族的实情。现在我做这个自述，就是为家族的后人遵循先祖的教诲而作。如果不这样做，即是对先祖的大不敬。

　　我家世代居住在江西省奉新县南乡的赤田村，我生于咸丰四年（1854年）。

　　1861年，我八岁。恰逢广东流寇入侵奉新县城，乡亲四处逃散。我的父亲坚持不走，被流寇抓住。流寇逼其说出谁家有钱，我父亲不肯说，贼寇用刀逼迫，我父亲大骂贼寇遇害。随后不久，我母亲也去世了。

　　1864年，我开始进入私塾读书。当年只有十一岁的我和小弟相依为命、生活日益艰辛。光绪辛巳年（1881年），我娶妻曹氏，然后去游历福建，后又到湖南长沙。

甲申（1884年），法国人偷袭越南，巡抚潘鼎新从湖南移军广西。我前去投军，获得六品官职，跟从潘鼎新到镇南关。同年五月，在观音山拒敌；八月，在船上与法军交战，立下屡屡战功。后由潘鼎新和广东提督张文襄、广西提督苏元春共同上奏朝廷，保荐我为守备，加都司衔。次年，我攻克了越南的文渊州、谅山省和长庆、谅江两座府城。又经广东张文襄、广西提督苏元春和署抚李秉衡共同上奏保举，苏元春遂派我随广武右军驻扎边防。经过五年时间，做到参将，加副将衔。

癸巳（1893年），我因公务来到了湖北，妻子曹氏因为生孩子难产去世。次年甲午（1894年），日本侵占朝鲜，四川提督宋庆提议要我参与他的军务。八月，到东北奉天（今沈阳），以马队为前锋，占据虎儿山，以防守鸭绿江。后来，双方签订了合议书，率部往西进入京城。

乙未（1895年），太仆寺卿岑春煊邀请我去统领山东新防军的军务。因为岑春煊和巡抚出现了矛盾，我无奈之下只得辞去军职去到天津，与袁世凯会于小站，创建和训练新建的新军，充任头等先锋官。随即又管理工兵营、备补营，兼管行营中军事。当时，大学士荣文忠任职军机大臣，亲自管理武卫五路大军，将袁世凯的部队改为了右军。

庚子（1900年）五月，义和拳在山东兴起，袁世凯由右军统领改为巡抚，命令我统领先锋队兼巡防后路营，先在海丰，后又于信阳、滨州、浦台、利津剿灭义和拳的匪患，所属管辖境内无义和拳的踪影。

同年八月，因直隶东南境告急，北洋大臣李文忠前去剿匪。袁世凯总理北路马步炮防剿匪的各营营务，追踪匪患到了盐山、庆云的黑牛王庄，进入了河北沧州，屡次获得胜利，我统领右翼部队第一营。

辛丑（1901年），黄河水在惠民的吴家杨决口，我督促各营筑坝堵水。四个多月后又去剿匪，获得荣公保荐，提拔为了副将。因剿匪有功，被朝廷封赏为提督总兵，获得"壮勇巴图鲁"的封号。

袁世凯管理直隶，随其驻军保定，出兵磁州。同年获封总兵，仍然驻守在磁州。癸卯（1903年），朝廷三次下诏，护守西陵的军队也由我来指挥。

同年闰五月，统领淮军的先锋马队，同时也节制口外的捕练各军，出居庸关，缉捕查办山西大同、宣化之间大股的马匪盗贼。经过数月，将此事顺利解决。次年，因剿匪有功，又被朝廷晋升一级，赏"巴图隆阿巴图鲁"称号。

第二年，俄日战争爆发，我国保持中立。俄国人阴谋偷袭，我受命屯军宣化，亲自考察了从张家口、多伦诺尔一直到独石之间的情况。回来后，就其情形写了建设和守卫边防的建议书，袁世凯未批准。

又过了两年，袁世凯以练兵为由来电称"日俄战后，需要挑选懂得军务的大臣接收地面"，命令我去奉天，由将军赵尔巽派为奉军辽北总统领，同时兼任统领后路、右路、马步各营，驻守昌图。同年冬，因驻守有功，被朝廷赏赐头品顶戴花翎。翌年春，辽北数次平定，赵尔巽上奏朝廷，下诏封我做了提督。

四月，军机大臣徐世昌出任督领东北三省，上奏我为行营翼长，节制三省边防军。我来往于吉林的宁古塔、蜂蜜山，北边到过黑龙江的绥化。因为在东清铁路附近搜索和剿灭匪患，来到牡丹江，所有被匪徒抓去的男丁、妇女以及俄国商人、日本的测绘者都被救出。

戊申（1908年），我被授予了云南提督，上谕留在直隶、奉天带兵，赏穿黄马褂，后来又调任甘肃。九月，我奉旨到北京给皇太后庆寿，入座戏楼听戏。

光绪皇帝和慈禧太后去世，我随着其他文武大臣穿孝服哭丧。宣统元年岁己酉（1909年）宣统继位，徐世昌召见我，让我继任总督，但我俩意见不合，送徐世昌入关后，我并未随他同行。七月，我因擅离职守太久被朝廷弹劾，得到旨意留在京中当差。十月，随行守护慈禧太皇太后的灵柩，皇帝下诏仍命我节制诸军。礼毕，隆裕皇太后回宫，谕旨命我随同四贵妃留守陵墓，后来因为奉命释放了后妃，回宫复命，获得嘉奖，隆裕皇太后赏赐我"淑气清芬"的匾额。

庚戌（1910年）十月，朝廷下诏命我统领江防各军，办理长江防务事宜。驻军浦口，就驻军事宜可以直接上奏朝廷。辛亥（1911年）七月，调任江南提督。八月，武昌起义爆发，我请求驰援武昌，未能获得朝廷允许。后苏州发生暴乱，总督将军与我筹谋是战是守。当时苏州全城的文武官员害怕革命党，拿此事来对我说教。我直面斥责说："诸公今日与我同朝做官，明日若有苟其性命投降者，我就拿你等当作叛贼对待。"他们惶恐散去，连夜逃遁。翌日，第九镇哗变，聚结在雨花台附近，杀死杀伤者不计其数。之后，乱军纷至，弹尽粮绝，所以全军将士北面渡河，且战且退，据守于徐州。

九月，驰援江苏巡抚。十月，管理两江总督、南洋大臣，被朝廷赐予二等轻骑都尉世袭之职。十二月，朝廷下诏改为共和制，袁世凯做了临时大总统，我请求卸甲归田，袁世凯则以维持大局为托词，没有批准我的请求，我手下的将士也不肯让我走。我自思无回天之力挽回大局，因此改江防营为武卫前军，辞去督办直隶、山东、河南三省防剿职务。

第二年，移军山东兖州。农历四月，徐世昌与田文烈带着袁世凯的吩咐，来裁并江督驻军，任命我为镶红旗汉军都统。临走前，徐世昌询问我有什么想法，我说："袁世凯知道不能背负朝廷，不能忘记君臣之义。只要他袁世凯不负朝廷，我就绝对不会辜负了他！"仅此而已，没有其他话说。

癸丑（1913年）正月，袁世凯强迫将隆裕皇太后和皇帝安置在颐和园，我据理力争，坚决反对。隆裕皇太后愤怒生病而亡，我请太医说明诊脉情况，将死因公之于众，并按照清朝的祖制进行发丧，让国民穿丧服，我亲自率领士农工商和军民在府城哭丧。

废孔这件事，有人趁机砍伐孔府林木、偷盗文物，我派兵保护，才使之保全。在这之后，中华民国政府给孔府衍圣公发放薪俸，将其祭田一并收归国有。我又与之相争，此事废止。此番并非我的功劳，而是孔圣人的英灵所致。

1911年六月，黄兴在江宁暴动，占据徐州，往北进犯。第五师旅长方玉晋发出警报，我令其率部驰援。在韩庄御敌，夺取二郎山，拿下柳泉，击溃黄兴部下，平定了徐州。袁世凯委任我为陆军上将、江北镇抚使督师。七月，从台儿庄沿运河向南，五天走了千余里，收复清江，到达扬州。入夜前，在沿江炮台将叛军缴械，收回镇江，进入金陵的尧化门。数战皆败，最后才取得了胜利。连夜奔袭乌龙山，取下天保城。八月末，又收复了金陵。因一系列的大捷，先后获得勋一位、勋二位、一等嘉禾、文虎等勋章，我都没有接受。于是，袁世凯命我为江苏都督，我以为只有此职位才能指挥军事，所以欣然接受。此后南北统一，袁世凯为中华民国大总统，我请求告老还乡，又未获得准许。

同年十二月，我改任长江巡阅使，驻守徐州，分兵沿长江扼守战略要地。

次年六月，袁世凯将武卫前军改为了定武军，任命我为定武上将军、巡阅使。

八月，进京，到皇宫宫门请安。九月，回徐州。

袁世凯筹备筹安会议，想立自己为中华帝国的皇帝，几次来电征求我的意见，我均不同意。没过多久，袁世凯称帝，改号洪宪，授我为一等公。我拒不领受，并向袁世凯提出优待皇室，派兵包围宫廷，并派人上书说明其利害关系，袁世凯皆不听。

丙辰（1916年）春，云南、贵州、广西、广东相继独立，袁世凯被迫撤销洪宪年号，商议用兵。三月，我以巡阅使、安徽督军的身份电邀各省派代表到江宁，筹划南伐。五月，袁世凯去世，兵权解散，南伐之事罢休。

丁巳（1917年）四月，各省又谋划独立，督军获派使臣聚集到徐州，推选我为盟主。于是我率兵北上，调停国家大事。五月十三日，清室复辟。皇帝下诏授我为议政大臣，兼任北洋大臣、直隶总督。其他的统帅意见不合，纷纷率军来攻打我。二十四日，在京城激战，我兵少抵挡不住，荷兰公使派车来迎接我，躲避在了他的公使馆中。

九月，复辟之事失败。庚申（1918年）五月，我寓居天津。

几十年间，凡尘往事，萦绕心中。闲暇无事，闭门思之，白天阅读《资治通鉴》，或练习书法，很少再与世人联系。我自小家境贫寒，成年后进入军旅，一直与各种事变相随相伴。现如今已六十八岁，自思多有内疚之处，特地写此宗谱，以前人为例，自述梗概，以此启示后人。我自知一生经历多艰难困苦，以此文自省自警，写下留存。

复辟失败后，张勋和小儿子躲在北京荷兰大使馆

张勋（字少轩，号松寿老人），在他的自传附记中除了简单地记录了八儿子梦渊和九儿子梦汾的出生之事外，就再也没有其他内容了。

1923年9月12日，张勋在天津寓所病逝。

张勋去世之后，他的六个儿子联合写了一篇"家祭哀启"。那个时候，凡是有地位身份的中国人去世，都会有人为其撰写讣闻。在这篇"哀启"中，补充完善了自传里所没有的内容。

1915年张勋来京觐见了十岁的宣统皇帝。同时，他也拜访了袁世凯，这位他曾经的上司和有知遇之恩的人。由于张勋当时仍然梳着长辫，遭到了袁世凯属下的嘲笑，所以他发誓一生都不剪发。当然，事实证明，他确实是做到了。不仅如此，他甚至还扬言说："谁若敢碰我的辫子，我便和他玉石俱焚。"故此，再也没人有胆量去劝张勋剪发。

张勋领导复辟运动的情形在"哀启"中得到了详细的描述，并且文章中还说张勋认为自己是做了一件崇高而庄严的事情。然而由于那些背信弃义的将领的原因，在抵制他的战争发生后，他的使命却化为了泡影。面对某些人要他去寻求庇护的建议，张勋毅然答道："恢复帝制，并不是皇上本人的意愿，而实在是因为我等尊崇爱戴的缘故。在这个危急艰难的关头，如果我只谋求自身的苟且偷安，而将皇上置之不顾，那么我定将罪大恶极，不可饶恕。我张家世世代代血脉相承，屡为创大业而奋不顾身。我的生命、妻子、儿女、财富等，全不是我所忧虑的，我唯一忧虑的是因我的缘故而累及我敬爱的皇上遭受深深的痛苦。"

"哀启"还描述了张勋临终的那几天，小皇帝特地遣人前来慰问他，并且还派了一位医生。张勋听到这个消息后，马上强撑着起身跪倒说道："我今年已经七十岁了，本来应该在辛亥年（1911年）去世，结果却没有。在丁巳年（1917年）也该去世，但是还没有。眼下，我的死期已经晚来了很长时间了，我还承受得住悔恨之苦吗？啊呀！我张勋连万分之一都没能报答皇上啊！"他的泪水沾湿了床单和枕头。继而，他的身体状况开始向好。八月初一，他甚至还可以吃下去一些食物。然而，很快，他的身体就再次虚弱了下来，第二天就去世了。

张勋的家人在天津为他举行了隆重的葬礼，宣统皇帝也曾派来代表参加。天津的各大报纸纷纷称这是天津市有史以来最隆重的一次葬礼，甚至一些国外的报纸亦报道了此事。

"辫子军"被段祺瑞的"讨逆军"围困在紫禁城内

当时《京津泰晤士报》对张勋的下葬场景进行了如下报道："对一个西方人来说，张勋将军下葬的场景揭露了一种东方式的华丽……他有自己的锦旗，是中国军队的总司令军旗。他还有'虎'旗，是小皇帝授予的荣誉……整个过程长达8个多小时，是这座城市有史以来最大最壮观的葬礼队伍，还走过了英、法、日租界，再经过前奥、意、英租界，最后回到张勋的寓所。队伍有4公里长，超过4000人参与，如此壮观的场面大概花费了10万美元，这有可能只是一个保守的估计。值得注意的是张勋由于生前得到皇帝的喜爱，所以在送葬队伍中有大约30件由前皇太后和小皇帝送的昂贵礼物。"

也许在忠诚的张勋看来，朝廷给予他的最价值连城的馈赠就是"忠武"的谥号。这个恩赐也是皇帝最后能够给他的了。

历史上有几个伟大的勇士也曾获得过这个谥号，如三国时期的诸葛亮、唐朝的忠臣尉迟恭，还有清朝的名士杨遇春、邓绍良、塔齐布及李续宾等人。

那一天，天津报纸在进行这场葬礼的报道时，选择了最恰当的句子："'虎'在光辉的火焰中消逝。"

第十一章 我给皇帝当老师

张勋复辟在1917年7月只进行了十二天。躲在北京使馆区的黎元洪，非常聪明地钻了一个空子，使馆区从1900年起就不属于中国管辖了。这也是为什么在失败之后，张勋能找荷兰使馆做保护伞的原因。本来，总统一职理应属于黎元洪。胜利是他的，但他在这个过程中却出了很多昏着。比如听从张勋建议解散了国会，国会那帮人对他意见很大，他自己得罪人也丢了面子。

把张勋引狼入室地请到北京的黎元洪失去了总统一职，副总统冯国璋在段祺瑞的支持下，成了代理总统。

冯国璋很快重组队伍，1917年8月12日，新国会在北京开幕。

两天之后，在国会的认可下，中国作为协约国之一，与德国开战。曾经府院出现冲突，意见不一致，就为了中国是否加入协约国。正是这个问题的尖锐化，使得张勋来到北京。孙中山极力反对对德宣战，他特意向北京发了电报表示不认可，骂冯国璋及其党羽是国家的叛徒。随后，孙中山整军待发，准备率军北上。

但后来，中国不仅成为协议国最终还成了战胜国，光荣去凡尔赛参加和会。

日本感到前所未有的压力，不得不将之前霸占的德在胶州（青岛）的租界地盘完璧归赵，交还中国。

这件事新政府做得很漂亮。

1918年伊始，曹锟作为军事领导人开始迅速崭露头角。他率北洋军与孙中山的南方军作战，4月份取得阶段性胜利。南方军痛失长江以南的岳州、长沙，孙中山于5月份流亡日本，这不是他第一次的流亡。然而南北之战还在继续。广州的新国会里出现了很多之前北京旧国会不受待见的人。他们自称是中国唯一合法的立法机构。

同年8月，北方的新国会按照之前2月的选举法再度召开。两个国会的出现使得中央政府难以统一行使权力。国会成了中国的毒瘤。

北京新国会有436人，其中425人拥护徐世昌当新总统。此人曾是东三省的首任总督，且是袁世凯的嫡系。广州政府当然对这个结果不满意，也不承认。北京方面可不管这些，此后三年里，徐世昌稳坐总统宝座。

成为总统那年，徐世昌已经六十四岁。德高望重，学术上也很有建树。之前,徐世昌一直是朝廷重官。1905年,他是军机大臣。1908年宣统上位后他又被加封太保。

徐世昌(第一排中,拿白手套)就职合影

1918年9月4日,徐世昌被推举为总统,10月10日开始履职。那一天,距离辛亥革命,正好七年。他做总统后签署的第一个官文便是无条件赦免1917年复辟的那些人,当然也包括张勋。

此外,徐世昌还不忘当年溥仪封其太保的恩典。他热衷于提高皇帝的津贴,私下里也很关心皇帝的教育问题。徐世昌当总统时,溥仪十三岁,师承当时国内名家,有几年的国学素养。徐世昌常和他的朋友(有位是李鸿章之子)交流这位小皇帝的教育。他们觉得,小皇帝还应该接受一些西方教育,包括英语等。如果能学一些西方制度,特别是参考英国的君主立宪制,则更佳。徐世昌身为总统,却对共和并不热衷。

就连小皇帝的老师,也是徐世昌亲选。本来他心中理想的第一人是美国人，长于教育及外交。但那人当了美驻华代办，所以，我便顶了这个缺，成了溥仪之师。

我来中国后结交的朋友中，好几位都在小皇帝或者新总统身边，比如李鸿章之子李经迈。李经迈曾跟着光绪的兄弟载涛王爷出访过德国，也算见过大世面。辛亥革命时，我们又在威海碰上了，我在那儿履职，他在那儿避难。也许是伤了心吧，后来民国许他做高官他都推了，徐世昌也好几次让他做高级外交官员，差不多三顾茅庐，他才肯出来。正因为他的引荐，我才能给宣统皇帝做老师。

给皇帝做老师，这个过程也是慎之又慎的。1918年11月，一战结束之前，我答应了这个邀请。其后还要得到伦敦方面及在京的英机构同意。朱尔典爵士是在华的英国公使，他对这件事做了推动。不久，经过伦敦殖民部和外交部的应允，一纸调令到来，我于1919年初从威海起身上京。

那年3月3日，我第一次见到宣统皇帝。

三天之后，我便将我们的聊天记录整理成文，发往英政府。文中，我如实写了对小皇帝的初见记录和印象，他虽是十四岁的孩子，但他也是皇城内外注目和尊敬的那个天子。

我到北京那日，徐世昌总统派秘书为我接风，那天是1919年2月22日。

两天之后，我又见了醇亲王，小皇帝的父亲。我们之前在香港相识。还有光绪皇帝的弟弟载涛亲王。载涛亲王十分民主开明，他对小皇帝的教育十分上心。他在自己的王府里盛情招待了我，还让我以后随时同他探讨皇帝的发展与进步。又几天，3月5日，他又邀我，我随他见到了皇叔载洵，还有几位真正的皇亲国戚。

2月27日，我拜会了的总统徐世昌。后来又见了内务府大臣世续、绍英、耆龄。第一位是内务府的统领总管，最后一个是皇帝生母醇亲王福晋的亲戚。还有帝师梁鼎芬、朱益藩、伊克坦。

3月8日，在维根利茨饭店，我设宴款待了其他几位帝师和内务府官员。

最让我一生难忘是3月3日，那是我正式见小皇帝溥仪的大日子。我被人引领进到毓庆宫，龙袍加身的溥仪被侍从簇拥着。我朝溥仪鞠了三个深躬。

至今我仍然记得那天的每一个细节。宣统皇帝从座而起，离了龙椅，朝我走过来，同我握手，这是西方的礼仪。他和我聊天，问我在中国做官的感受等。难忘的是，在此过程中，他一直站在那里。

短暂的交流之后，返回到候见厅的我很快得到来人消息，溥仪愿意我第一时间教他英语。等他脱了龙袍换了便服便来见我。那些宫里的人纷纷因我成了帝师而恭喜我。

溥仪在毓庆宫的书屋等我，我立刻送上帮他选的书，并齐整地摆在书桌上。溥仪示意我坐在他身旁。从那刻起，我们之间少了繁文缛节，更亲近了些。

在此之前，溥仪从未学过英语和别的西语。他敏而善学，十分踊跃。他关注国家大事，喜看报、好地理、爱旅游，对世界充满探索与好奇。

"一战"和欧洲诸国的情况，他也是知道的。他遇事理性智慧，对中国现状是有自知之明的，不受外界影响，有自己的判断。

他是一个发育良好、身体健康的孩子，是一个活泼幽默的孩子，是一个善良温情的孩子，是一个举止端庄、谦逊有礼的孩子。

宣统皇帝能如此优异，并不是件易事。他不知外面的世界，也没有真正意义上的朋友，更没有童年。

他是皇帝，就算有弟弟和几个皇家子弟相伴，时间也有限，也有君臣之别。每天上学，溥仪都是坐在一顶金黄的轿子中被抬过来的。那是一个日日重复的庄严仪式，彰显着他帝王的威仪。

即使如此，在这般复杂的环境中，他还是保持着孩子的本性。我有些担心若干年后他还能这样吗？那些太监们、官员们，都不会给他带来正面影响。他若要前途光明，必须离开这里，离开皇宫，离开这里的一切。哪怕是去颐和园。在那里亲近自然，还可以锻炼身体，正是他这个年龄需要的。如果可以，甚至他的侍者都应该换人。总统或者皇室的长者可以为他安排官员，管理监督溥仪身边的侍从人员。

有此想法之后，我便找机会向李经迈的亲戚、载涛亲王的朋友刘体乾先生和总统秘书表达了此意。

成为帝师后，一开始我住在北京饭店中，后来换了一所大的府院，再后来被安置到一处离宫里更近的地方。2月底，内务府传来旨意，钦天监让我在3月3日和3月28日选一天，给溥仪上课。这日子是挑好的。当时他们说的是农历，我自己对应到公历的。他们说除了这两天，别的日子都不好。

着中式服装的庄士敦

我选了更早的3月3日，但我想和溥仪之间更自然一些。

我做帝师的日子，朝中大事都会占卜。皇帝大婚的日子，就连我搬家的日子，都是占卜得来的。我的抗拒无效。

接下来我还是来说说神秘的紫禁城吧。那是北京的中心，围墙很高。

1912至1924年，西方人来中国都会被此地吸引。这是一个动荡而混乱的时期，发生很多大事件。就连国会内阁也受政治的影响时聚时散。即使是权力在手的人，遇到政治风云的变化，也会向西方的使馆寻找保护伞，那个时候谁还记得起老百姓。

在皇城根下，一幕幕军阀混战，就连出任总统也成了他们的闹剧，一会儿被拥到台上，一会儿又被赶到台下。

中国，是分裂、暴动、战乱，到处是打砸抢，也到处是食不果腹的民众。

国会是阴险的，政客是狡猾的，军事家是残忍的，学生是滑稽可笑、天真懵懂极好被利用的。除了一个地方，依旧保持着它本来的宁静、庄严。那本是中国权力中心，日复一日年复一年，那是国之魂灵，红墙之内是封建守旧势力仅存的地盘。这便是紫禁城，皇城。

1919年，当时唯一可出入皇宫的西方人只有我。我见过最真切的紫禁城。这是我此生的荣幸。

我还见过西邻的三大湖还有新华宫。新华宫是民国总统的宫殿，从前也是皇宫。这是史无前例，也是绝无仅有的奇迹，一国之内的两个权力拥有者，政权与皇权，一个是正在统领国家的人，一个是名义上的君主，他们的宫殿那么近。

皇帝拥有国君之名，却被禁于紫禁城内。总统有国君之实，却无帝王之尊。

这样对立统一的奇观，在中国存在了十三年之久。不得不说，这是历史的奇迹。而我就是这一奇迹的见证者。

小皇帝日日在宫内，外面的世界对他来说就是另一个世界，只是听说，无法亲见。十三年里，他只活在紫禁城的小世界里，而我是陪他第一次在这十三年里跨出皇宫的人。

荷兰学者亨利·博雷尔在爆发辛亥革命前曾以为这个小皇帝会一直被禁于皇宫，孤独而骄傲，无人懂他，他亦伪装。

他奇怪地将紫禁城喻作仙境：金粉高墙之后，湛蓝天空之下，闪亮的屋顶里面，住着宣统小皇帝。

在那个清冷的春日早晨，1919年3月的那个早晨，当宣统小皇帝从龙椅上站起，朝我走来，握起我的手，那个瞬间，他之于我就不再神秘如神话。走下神坛的他，是个没有实权的小孩子。而神话中的皇帝，不是九五至尊吗？

宣统他不是。

那个荷兰专家不会懂。他以为北京如庙宇，宣统如庙中之佛神受人膜拜，被人供奉。

1919年的中国皇帝，早已仙气不再。他不过是西方理解与常识中的一个皇帝。也是中国大部分人的皇帝。不过这个皇帝，渐成一个符号一个代名，那些对他俯首称臣的人，那些天天对他朝拜的人，那些尊他为皇帝的人，有多少真当他是一国之君呢?

第十二章　宣统皇帝的几位帝师

在中国的历史上，老师有很高的社会地位，最受尊崇的当然是皇帝的老师，即使皇族的权贵在皇宫中也没有几人比他的地位再高了。对于一个只是对"新中国"有所了解的外国人来说，不仅很难明白为什么"旧中国"的老师会受到学生这般的尊重，更没有办法去理解中国五千年来的传统文化。

丁韪良博士说过："中国是所有国家中最尊敬老师的一个。这不仅体现在平日生活里十分敬重老师，而且在一定意义上，'老师'这一称呼也夹杂有中国人对其崇拜的情感。中国有祭祀的传统，'师'和'天、地、君、亲'一起被刻在碑铭中，用隆重的典礼加以祀奉。"

在中华的传统文化中，官员在觐见皇帝时，皇帝的位置都设在北面，这就是因为北方为尊。也是用这个形式，来表现尊卑的。不过对于如此隆重的君臣大礼，皇帝的老师却可以得以免除。有意思的是，这种传统的仪式，直到最后一位帝王才消失。皇帝在学习的时候，也是坐北朝南的，而老师则坐在东面的位置上。中国的皇帝向来讲究尊师重教，即便他的老师是个外国人。那时，我是教授皇帝英文的老师，就在皇帝书桌的东面坐着。

帝师来为皇帝上课，皇帝首先起身迎接，并且等到帝师向自己行完礼后，才一同坐下。如果在上课的过程中，帝师有必须站起来的事情，皇帝也要随之起立。待到帝师在自己的位置上坐下来，皇帝才能重新坐下。皇帝对老师的尊重，也是清廷的一大特色。

在清初的时候，这个特色甚至还曾引起了在天文学馆或其他在宫廷任职的耶稣会教士们的关注。记载着18世纪初耶稣会教士在宫廷中生活的《有教益及有趣的信札》一书中写道，当时清世宗皇帝的老师叫作顾八代，他曾经得到过世宗皇帝为自己写的颂词。

据说顾八代去世后，皇帝将他追封"文端"的谥号，并且定位为忠烈人士。不仅如此，皇帝还将一笔价值不菲的财产赐予给他的家人。清朝的帝师如果身体有恙，皇帝会专程派人前来探视。皇帝还会为去世的帝师追谥封号，这都是很常见的事情。这个传统在我做帝师的时候，依然延续着。

中国皇帝的老师除了与皇帝友好交往并享有一些特权外，他们还身居高位，其地位不逊于执政大臣及总督。毫无疑问的是，能够给皇帝做老师的人必定是顺利通过科举考试的杰出人才。在没有废除科举考试之前，那是唯一改变人们命运的通道。假使一个人能够在科举中金榜题名、获得高中，那么他日后的前程肯定是一片光明。

通常来说，大部分帝师在教导皇帝成为帝师之前，就已经是朝中高官了（清朝共分为九个官阶）。假使他不是一位高官，但做了帝师之后，也会得到晋升。此外，做帝师是件非常荣耀的事。作为褒奖，皇帝还会赏赐给帝师一些其他的荣耀。比如入宫时乘坐轿辇、被赐予双眼花翎等。帝师去世之后，皇帝还会参加祭奠并赐赠谥号。即便帝师由于某种原因（除玩忽职守）已经辞职或是生了重病，他仍然可以终生被尊重并享有荣耀和帝师的头衔。另外，帝师可以在皇帝面前入座（其他的朝中重臣则一定下跪），这是其他高官无权享受的。宫里的所有人也会对帝师给以很高的尊重。

在清廷中，能够担任帝师的人必须是饱学之士，我成为帝师给朝廷带来了极大的轰动。皇室成员和内务府守旧的官员都对此持有反对意见。

他们对我这个英国人是否会让溥仪掌握越来越多的现代意识，从而让溥仪不尊祖制打破宫中现状表示担忧。事实上，他们的担心并非多余，很快这件事情就发生了。

在民国总统和几个具有激进思想的皇家成员对清室施加压力的情况下，这些守旧的人士无奈地做出了让步，但是并没有授予我帝师的名号，我只是负责教授溥仪英语课程。在守旧人士的思想中，外国人根本没有当帝师的资格。我不但不能享受其他帝师的地位，而且朝中的大事也跟我毫无关联。就此，清室一些很有影响力的人颇有异议，认为这是不公正的，他们觉得英国当局肯定会因为我受到的不公正待遇而对清廷不满。

即使是到了我成为帝师之后，这两种意见分歧还在继续，但是我并不重视这些，更不想深陷其中。我不清楚他们为什么争执，从最初，清廷的人包括溥仪、皇室成员和内务府官员都对我礼貌有加。没多长时间，我和他们就相处得很好。

然而，我和宫中的太监却发生了首次的矛盾。

按照惯例，朝廷的新官员应该给太监一些赏赐。当太监向我提出这个要求之后，我对给他们赏赐这件事非常认可，但同时要求他们给我打个收条。太监们对此非常诧异并且拒绝提供收条，随后这个事情就不了了之了。

我在宫中也享有了与其他帝师相同的特权和荣耀。刚开始，我只能乘坐两人抬的小轿进宫（这是由宫中提供的），很快，溥仪又给予我赏赐，并擢升成了二品官阶。1922年，在溥仪大婚之后，我又被擢升为一品官员，受人尊重的程度与其他帝师一样。

依照祖制，在重大节日前溥仪都会赏赐我们，并且我们在乾清宫内向皇帝谢恩。为表达心意，溥仪还会送一些物品给我们，包括书籍、瓷器、玉石等物品。皇太妃也会赏赐一些水果糕点。

人们非常羡慕能得到赏赐的人，北京重要的报刊也会时常报道这些事情，比如《北京时报》就是这样写的：据悉，皇帝的英文教师庄士敦获得了瑾贵妃的奖赏，因担心他教学辛苦导致喉咙痛，瑾贵妃特别恩赐给了他一些人参及西洋参。

在此，我需要着重介绍一些其他的帝师。

成为帝师前的庄士敦（右一）和孔令贻（孔子的第76代嫡孙）

溥仪在我的教导下学习英语之前，已经有了四位帝师。他们中间一位是满人、三位是汉人。首先，我要提到的这位帝师叫作梁鼎芬，他是广东人，但我却从未与他谋面①。因为在我成为帝师时，他已经得了重病。到了年底，这位饱学之士就去世了。

谈起广东，人们总觉得那里是爆发革命的摇篮。确实，历史上在广东曾经发生了许多次革命，可能以后还会继续发生许多革

①　原著有误。据前文所述，庄士敦应与梁鼎芬见过面。

命。不过，对于那些根本不了解也没有来过中国的西方人来说，他们不太知道即使在广东同样有许多忠于皇帝的人。帝师梁鼎芬就是这样一个来自广东的效忠皇帝的人。

对于一个中国学者来说，被人认可是一件很难的事情，能够表达自己心声的途径唯有诗歌。梁鼎芬的诗伤感忧郁、超凡脱俗，仿效了晚唐和宋朝的诗歌风格。

江水不可耗，

我泪不可干。

这两句或许不是他创作过的最美的诗句，但可以从中看出潜藏在梁鼎芬心中的悲伤和忧郁，字里行间看不出有任何欢乐可言。

根据他的一首自传诗，我们得知梁鼎芬是三岁时在母亲的教导下开始读书的，那时他会因为不能理解母亲的谆谆教诲而内疚。幼年时期，梁鼎芬的家里经常会来往饱学之士及达官显贵，这些人聚在一起侃侃而谈，尽管他不懂得其中的意思，然而却也对诗歌及剑术相当沉迷。

下面是梁鼎芬写作的另一首诗作《墓过丛塚间》，诗歌的最后两句，诗人巧妙地指出了那些摆脱世俗烦忧的隐士所取得的物我两忘的精神世界。

白杨团夕阴，日收忽见火；

飘燐逐人衣，但行不可坐。

世间惟二美，豪杰与婀娜；

堂堂百年驶，累累一土裏。

无限未来人，或有当初我；

何不去学仙，微尘乃轻堕。

对于梁鼎芬来说，幼年时代失去母亲是一个极大的打击，之后由父亲养大成人①。父亲教诲他自爱自律严守君子之道，他一生牢记父亲的话：以死守节。

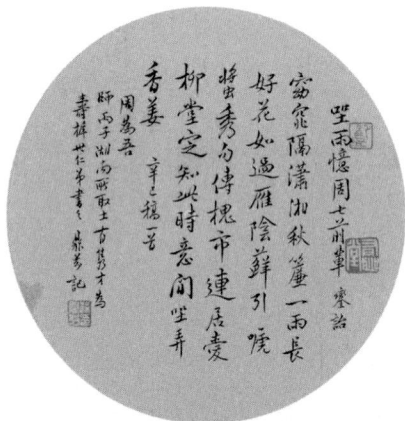

梁鼎芬书法

1880年，梁鼎芬金榜题名走上仕途。早年出任湖北按察使，在戊戌变法之前，因为他直言不讳地指出朝中权贵的不足之处，差点遭到了"老佛爷"惩处。

那时，张之洞作为朝中最有名望的人保护了他。同时，因为他与康有为过从甚密，被慈禧太后怀疑。事实上，梁鼎芬始终不

---

① 原著有误。梁鼎芬七岁丧母，十二岁丧父，由姑家养大。

赞成康有为，还曾当着其他人的面对康有为大加斥责。甚至，在辛亥革命以后，他还向黎元洪请求过要恢复清朝帝制，在遭到黎元洪的拒绝后，他居然跪倒在位于西陵的光绪皇陵前恸哭。后来，在陈宝琛的推荐下，他负责皇陵的建造。不久后，帝师陆润庠辞世，他接替了其帝师之位。

北京整体情势在1917年变得暗流涌动，张勋和段祺瑞双方的军队发生了正面冲突，距紫禁城不远的地方就是战场。

那时，京城内硝烟弥漫，但梁鼎芬仍然坚持前往皇宫给溥仪授课。在他来到景山对面的宫门前时，像平常一样轿夫们早早就等在了那里。但是为了安全，轿夫们都劝梁鼎芬回家，暂停授课。梁鼎芬却固执地要求前往皇宫，然而还没有走出几步，他们身后的宫墙已被子弹打中，飞起来的破碎砖瓦砸在轿子顶上，轿夫们提议到安全的地方暂避一下，可梁鼎芬却认为身为臣子，自己不该为了个人利益而不尽职尽责，他甚至认为这比死更加屈辱。最后，梁鼎芬终于到达了皇宫。

梁鼎芬逝世后来吊唁的人很多。另外，民国总统也派人送来了1000元葬礼费用并参与了吊唁，而溥仪的赏赐则更加丰厚，还特意赐给梁鼎芬"文忠"的谥号。

溥仪的另一位帝师叫作陈宝琛，他是福建人，在诗、书方面颇为精通，并且在学术方面也很有造诣。他在宫廷任职多年，颇具声望，被尊称为"太保"，在嗣后则成了"太傅"。我听不懂他的家乡方言，好在他会说一口流利的京片子。1919年的时候，陈宝琛已经七十二岁，但仍然是精力充沛。

1868年，天资聪慧的陈宝琛考中了进士，之后就一直得到朝廷的重用。不过，像梁鼎芬一样，他也由于戊戌变法激怒了慈禧太后，被迫辞官回家（他之前只有在母亲去世的时候才辞官回乡过）[1]。

在随后的二十余年中，他始终沉醉于诗、书和学术研究之中，再也没有过问过朝中政务。陈宝琛有两座风景很好的院子，我对位于福州附近鼓山的那座别院很是熟悉。在那里，他常常和文人高官促膝谈心、秉烛夜话，度过了一段难忘的治学生涯。而在他的大多数诗歌作品中，所表达的大多是对川流和云霓等自然风光的向往。

陈宝琛在1908年很无奈地返回官场，担任了山西巡抚[2]。那时，慈禧太后已经去世，朝廷正在给小皇帝遴选帝师。在隆裕皇太后的授意下，摄政王确定了陈宝琛。也正因如此，陈宝琛并没有去山西任职而是直接在紫禁城教导小皇帝。

与此同时，陆润庠与伊克坦也成了帝师。伊克坦的事情我们下面还会提到，而陆润庠则是在科举考试中中过状元，备受人们

---

[1] 原著有误。陈宝琛是因为在中法战争中"荐人失察"而在1884年被骤降五级严加处分后辞官回家的。

[2] 原著有误。陈宝琛1909年应召出山，1911年才补授山西巡抚。

尊重。然而他很早就去世了，梁鼎芬接替了他的位置。

到了1911年，帝师们实际上已经没有太多的授课任务。陈宝琛则因为帝师的身份进入了内阁，参与朝中政事。直至1912年之后，他又脱离朝政，单纯地教导溥仪。

在陈宝琛教导溥仪八年后，我才担任了帝师。

所以说，只有陈宝琛亲自见证了溥仪的成长。

尽管在中国文学方面我不能跟他相比，但是，我们很快就又找到了一个同样的爱好，那就是喜欢游山玩水。那时，陈宝琛已经是年逾古稀，但却仍然跟我一同出去饱览山川美景。只不过，他是乘坐方便登山的轻巧轿子，而我是徒步。

在山西有一个位置较为偏远的山谷，尽管没有多少人知道，却很符合我们的喜好。徐世昌总统曾经将那儿的一套院子送给了我，山谷中还建有许多庙宇，其中的一个所供奉的神明已经无从所知了。

1902年的中秋节陈宝琛第一次来到这里，就被这里的美景所深深吸引，为此他还特意写了一首诗。通过诗稿的墨迹我们可以看到，他非常精于书法，笔法精致飘逸。西方人认为，陈宝琛的气质与他的笔法是符合的，但是我的一些具有现代派思想的中国朋友却觉得，他的书法可以显现出他性格的弱点，即缺乏强烈的意志力和活力。

诚然，陈宝琛也有他的不足。例如辛亥革命后，在管理整顿宫廷事务方面缺乏魄力。他明知道内务府存在着腐败的想象，但却没有大力整顿。不过，我们不应该为此对他进行谴责。他已经是古稀老人，在本应该颐养天年的年纪却因为忠于朝廷和尊崇儒家思想不得不继续在官场奔波劳碌。

溥仪（中）与他的老师朱益藩（左）、陈宝琛（右）在御花园养性斋前

溥仪还有一位帝师是江西人，名叫朱益藩，比陈宝琛的年龄大概小了十岁。他曾做过翰林院的伴读，这说明他文采出众。

朱益藩的仕途还算平坦，1904年他出任陕西学政一职[1]，又在1906年转任山东提学使，1907年后他被擢升为宗人府府丞，在北京他的影响力很强。

我与他初见时，他已经教导了溥仪四年。但是，我个人认为

---

[1] 原著有误。朱益藩出任陕西学政的时间为1903年。

陈宝琛的人格魅力远远在他之上，因为他不会讲北京话，所以我们的交流很少，当然这可能因为我们本身就来往不多。

不过我对他的坦率和真诚还是很钦佩的，他毫不掩饰地表明自己抵触西方文化、维护旧制的观点。他的思想守旧程度远远超过了陈宝琛，尽管他比后者更年轻。他对革命丝毫不感兴趣，对内务府的腐败渎职也是视而不见。我曾多次向他建议，内务府需要立即改革，但他却始终无动于衷，反而对宦官制度表示支持。确实，从两千多年前的周朝开始就已经出现了太监，所以，朱益藩认为太监的存在是合理的。

由于朱益藩蔑视西方文明，也自然对西医不能接受。不仅如此，他自己对中医还颇有建树。他除了是帝师外，还是太医院里的一名太医，只要有机会，他就会将这方面的才能发挥得淋漓尽致。每次溥仪感到不舒服，他都会首当其冲前来诊脉。

朱益藩的中医理论认为，人在年轻时期不要过于运动。他认为一个人的能量是恒定而且无法再生的。倘若一个人在年轻时因为经常过度锻炼消耗掉大量的能量，那么到了年老时就会因为能量不足提前死亡。他认为一个人只有在年轻时尽量安静，老年时才会有足够的能量和精力来维持生命。为此，他要我们尽可能地劝说溥仪避免过多运动，并且时刻保持皇族的体面。他甚至认为那些呆笨的外国人之所以会过早地死亡就是由于进行户外运动。

我曾试图用大量的知识去驳斥朱益藩的理论，甚至还曾经公开与他辩论，并且获得了一定的成效。因为溥仪也认为人还是需要有适当的户外运动的。

但是，一位曾在生物学方面有过重大成就的著名美国科学家却认为朱益藩的理论并不是完全错误的。他认为，某些生物存活的寿命长短与其自身能量的高度消耗是密不可分的。同时，他还认为，不管是人还是生物，它的死亡率和生命能量消耗率都是成反比的。

近期的《泰晤士报》也对此有所关注，同时还对那些热爱运动的人给予了安慰，该报道中说："上帝青睐那些折腾的人。"

另一位满族帝师叫作伊克坦，他的性格和其他满人一样豪爽外向、喜好交际，有很好的人脉关系。他是几个帝师中最早任职的，负责教授溥仪的满语。

清廷为了溥仪不要忘记自己的满人身份，因此开设了这门满语课程。不过让人意想不到的是，伊克坦的北京话说得比满语更好，以至于就连我都不知道究竟他的满语水平如何。当然，溥仪也不一定要熟练地运用满语，只要能够会说会写一些简单的满语就可以了，毕竟溥仪无须对此精通，只要不忘记自己的身份就可以了。

伊克坦非常希望能够亲自参加溥仪的大婚典礼，然而最终却仍未能实现。

1922年9月26日下午，溥仪出于自己的意愿，同时也是遵循祖例，在伊克坦病危时分亲自去探视了他。当溥仪来到他家时，伊克坦的神志此时是清醒的，他认出了眼前的溥仪并向对方点头示意。他在当晚七点时就去世了，那时溥仪已经离开了他的家。

伊克坦病逝之后，短时间之内很难找到适合教授溥仪满语的人，于是英语就被溥仪定为了第二宫廷语言。

溥仪因为之前母亲病重曾出宫过一次，而这次探望伊克坦则是他第二次踏出紫禁城。次年，溥仪授予了伊克坦"少保"称谓，谥号文直。并且在《邸报》上颁发上谕对其美德大加褒奖。

对伊克坦的忠心，溥仪表示由衷的感谢，并且特地命令一位亲王代表自己出席葬礼并带着3000元作为赏赐，而伊克坦的儿子则一直在朝中担任官员。

第十三章 紫禁城最后的狂欢

1919年3月3日，紫禁城那扇门，神奇地将两个世界分开。门内的世界和门外的世界。

这两个世界完全不同，却又在同一片蓝天之下。

我推开门，进入门里的世界。这仍是那个古老中国最重要的地标，即使不再是中心。

这里没有共和制，这是一个比罗马还要早的国度。

门外，就是一个百万人口的城。那座城，承载了很多的希望和梦想，为了强国而奋斗。思想也在革新之中。学子们汲取现代文化，白话文、马克思主义的糅合。而儒教，这个伴随文明古国千年传承的教义，渐渐无人记起。整个城市的画风也变了。西人的衣服穿在达官显贵的身上。这里也有国会，也在用功地向西方学，他们也想用民主来推出首领。但这比较难。

而门内的世界，似乎一成不变。官袍和花翎官帽依旧，四人抬轿依旧，官员们穿的御赐长袍依旧——还是貂皮的，皇室及侍者穿的宽大的礼服依旧——还是刺绣的。骑马的时候，他们这么穿非常怪异。

太监们的服装衣饰也是根据等级个个有别。常见到的情景是：宫中穿着长袍的苏拉（杂役）在候觐室忙进忙出。官员们在这里等着少年天子的接见。所有待见的名单，是要经过内务府的人审核的。确定后，才可以在养心殿见到清瘦又不失威仪的少年天子。

十四岁的少年天子宣统，是中国的末代皇帝。

对这位少年天子，内廷的人当面背地都称他皇上。内务府的高官和帝师叫他上头。

上头，有在位之意。叫他万岁爷的，多是太监。还有一种情况喊万岁爷的，太监、苏拉到高官或帝师家里传皇帝的圣旨和恩赏时。

宫里，还是用的农历以及皇帝的年号。

1919年，民国八年，宫里却还是宣统十一年。

世上最早发行的报纸，就出自皇宫，叫《邸报》。最早是在唐朝[①]。

辛亥革命之后，报纸只在紫禁城里出现。内容单一，没有编辑，排版也单调。纯手抄，也没什么发行量。

1922年的春节，宣统十四年一月初一、初二（即1922年1月28日、1月29日）发行的《邸报》，日期写在红纸条位置。内容

① 有史料记载《邸报》最早出现于西汉。

是民国将领王怀庆和众大臣受皇恩赏赐、章嘉活佛一行面见皇帝并敬献哈达……

从前的《邸报》也记朝中事,调任官员、皇令、奏请诸事宜。清衰败后,便只记宫中事。什么人见了皇帝、官员死后被赐的谥号、一些典礼责任人名单、宫内喜庆日之类。

"负责主持礼仪事务的官员向皇帝陛下汇报情况,请皇帝批准:已经去世的恭肃皇贵妃神案设立仪式定于十一月二十日辰时举行。另向皇帝陛下请示,十一月二十四日是皇家传统举行祭天的时候。皇帝陛下于是指示:这次祭祀典礼的相关事务由增沛负责。"

皇帝本应在天坛亲自主持祭天之礼,辛亥革命之后,这种大规模的仪式也没有了。但会在皇宫里悄悄地举行小规模的,仅是一些皇室成员参加。除此,还有一些宗教的典礼。最热闹最气派的,当然是皇帝的生日和新年。

"内务府汇报:向皇帝陛下请示,皇宫中冬装更换的日子定于何时?什么时候换冬装合适呢?皇帝陛下指示:于三月二十八日(即1922年4月22日)更换。"

在清朝,有很多神圣庄严的仪式盛典。这是一种传承,大体都是一脉相承下来的。

端午和中秋的仪式要略逊一些。少年天子好简约,不喜龙袍加身。宫中一向是农历,只在一个节时用公历,便是元旦。那天，宫里没有盛典，但溥仪会派一位满族亲王向总统恭贺新年。而礼尚往来的总统也会派使者在溥仪生日时送去生日的祝福。当然，都是有礼物来往的，访问者也都会被盛情款待。

穿着官服的庄士敦

皇帝生日在宫里称为"万寿"或"万寿圣节"。一天的盛典在大殿和四方广场（乾清宫前）举办，隆重而有仪式感。

在奉先殿，皇帝要告知祖先今天是自己的生辰，求得祖上的护佑。主持人一般是皇帝自己或者他钦定的亲王。

众位朝中大臣要一一到宫里拜寿。中间还有分批的讲究。王公大臣、皇室成员、帝师早上八点前要进到宫里。那时的紫禁城车水马龙。大家先是在懋勤殿和四方广场旁的宫殿等着。其间可吃茶用点打发时间。大殿前的平台是汉白玉的，这是大典时司仪和御用乐师的所在。他们要先于朝臣各就各位。另一些官阶底的官员，虽可参加大典，但离皇帝较远，集中在一处长方形空地上，正对着乾清宫正门。

盛典简单而隆重，令人回味无穷。

一场礼分几个部分，每部分都有各自的音乐和赞词。红衣乐师们有自己的乐器，钹、铃、磬、编钟和编锣摆在汉白玉的台子上。用上这些，一定是在孔子的祭祀或旁的盛典上。

当庄严高贵的华盖徐徐移向大殿正门，那些官员们便从各个宫殿出来集合，按官阶位次站在那个汉白玉铺就的通道上。

当然是离大殿最近的官位越高，皇亲国戚都在大殿前的红台上。次之是平台及台阶上的那些。帝师为首的其他人站在一个较低位。

华盖在音乐和礼赞告一段落后，会移至大殿前。神秘大殿里面的情况便看不到了，此为皇帝上龙椅的升殿。华盖挡住了皇帝的龙颜，就算没有华盖，广场上的那些人也看不到殿内。也有能见着圣上龙颜的，例如个别内务府人员和四个御前太监。这又是东西方的差异，西方国君们会游街，并在马车中向他们的臣民挥手、鞠躬。

这个仪式完后，音乐变奏，华盖移走，中间会有一个暂停，然后再是另一段音乐。踏着旋律，醇亲王由大殿偏门而入向皇帝贺寿。过程简短，甚至全程无交流。亲王奉上一柄黑檀如意。这不是权力的象征，仅是祝福。皇帝在亲王上御阶时把如意接过去。醇亲王，他的亲生父亲，朝他鞠躬，而后退至殿外。这个时候语言仿佛成了多余的。一举一动，举手投足皆是凝重和威仪。

作为生父，醇亲王不必向皇帝行跪拜之礼，这是中国孝悌文化之故。虽然宣统小皇帝是光绪名下的儿子了，不能称醇亲王为父，但礼数还是在的。醇亲王是当时皇室里唯一可以不必向皇帝跪拜的男人。还有五个女人也不用行此礼，她们是皇帝的生母醇亲王福晋和四位太妃。

其他亲王随之在司仪引导下行"三叩九拜"为皇帝祝寿。分三次跪下，下跪叩头三次，共九次。司仪宣布谢恩后，他们需附和"谢主隆恩"，然后还要再叩三个头。盛大节日皇帝必定有赏，这三个头也是对皇恩浩荡的感恩之礼。

接着，帝师、内务府高官、二品以上的官员再依次缓缓踏着通道朝前，同时眼睛必须端正看着前方，行三叩九拜之礼，祝皇帝生日快乐。

有些前清朝臣，现在即便做了民国官员，每年皇帝生辰时，也会从各地赶来。他们身着从前的朝服，为皇帝祝寿。

在宫里的盛典中，有一些相违之处。例如总统和我穿着西服，别的人都是朝服。貂皮长袍也有人穿，因为新年和皇帝生日均在冬日。

在我做帝师没多久后，也有了貂皮长袍。若我穿上此袍，也要对小皇帝叩拜。这是因为穿了这身衣服，就相当于默认这种礼仪。知是中国礼教的一部分。但我西方的故人们，对我行叩拜之礼感到非常诧异。在西方不可轻易对人下跪。永不低下高贵的头颅也一直被文人雅士所赞美。

那时总统和我所立偏于广场一隅。大臣们礼毕，我等才得以入殿。对溥仪，我行鞠躬礼，前后六次。但溥仪赏我时，我又必须表达谢意。全程溥仪都没有离开他的宝座龙椅。他保持着威仪，能让他起身的，只有他的生父醇亲王。

不是所有的人都能进到殿里，所以当离华盖近的臣子行礼时，其他只能站在广场位置的官员也得行礼。从前这里有很多二品以下的官员，后来朝臣变少，于是所有宫内底层的工作人员都在里面了。

结束了所有的礼仪，音乐还在继续，乐师还在弹奏。龙椅上的溥仪离位，直到他走出乾清宫，华盖才移开。他回到养心殿内脱下龙袍，还要接见来客。这是一些没有接到邀请的人，包括一些外国的皇室成员。

礼毕，皇宫的某处又开始歌舞升平。

乾清宫是史料中记载的办盛宴最多的地方。这里接待过外国来宾，也接待过普通百姓。

1713年，有两千名普通老百姓在这里参加过康熙的六十大寿，这就是著名的千叟宴。1785年，乾隆也举行了一场千叟宴，来了四千多人，乾隆还赏赐给每个参与宴会的百姓一柄镶玉的如意。

1924年前，紫禁城是不允许外国人进入的。哪怕是一些脸孔生疏的中国人，内务府的人也不让进去。我算是一个特例吧。在新年和溥仪的生日，是可以进宫参礼的外国人。

其实，小皇帝很期待看到宫外的人。大婚之后，成家了的他也想立业，从那之后，溥仪便对内务府不那么言听计从了，只可惜他的反对经常无效。

1923到1924年这一年多的时间里，溥仪见了不少西方人士，他想摆脱内务府的控制。1924年新年庆典，一波三折之后，溥仪成功地让一些西方友人也参与了这无比庄严的庆典。这也算紫禁城里最后一次的新年庆典。

黄昏已尽，黑夜降临，清朝走向消亡。就连皇宫里，也将没有了皇帝。

《每日电讯》著名记者珀西瓦尔·兰登在报纸上刊文描述那场盛典。

他写道："辉煌与庄严，还因为它背后的悲凉。"他甚至预言到了："也许，这次典礼会成为宫廷最后的壮歌。"这句话真令人难过，但它成真了。

紫禁城在九个月后，全然陷于黑夜。

长夜，真的来了，连黄昏的余晖也被吞没了。

第十四章　皇室大管家

　　像我在前文中说的那样，作为腐败而庞大的机构，内务府加快了清朝灭亡的进程。

　　众所周知，皇室和民国曾达成了为皇帝保留尊号并且拥有自己朝廷的协议。履行这个协议，民国就会给予清廷不菲的津贴。虽然帝制已经覆灭，然而内务府这个机构却仍然得以保存。

　　关于清朝的灭亡，我同意多数的中西方人员的看法。皇族的愚昧软弱；慈禧太后目光短浅，不仅错信了奸臣，同时还做出了错误的决定；西方国家对这个历史悠久的帝国的欺凌；东西文化在交汇时所造成的碰撞；满人和汉人之间的民族利益之争；中国人对行将走向末路的清廷越来越失去信心；等等，这些加速了朝廷的覆灭。

　　诚然，这些罗列的原因实实在在地使大清王朝走向灭亡。然而，我们实际上却疏忽掉了另外一个非常重要的因素，那就是内务府控制了皇家。正如前面所说，内务府才是导致清廷灭亡的元凶。

内务府

　　西方人介绍中国的时候很少提及"内务府"，这也许是因为他们并不了解这个机构，所以没有引起大家的重视。

　　作为清朝最大的一个弊端，正如全世界的人都知道的一样，太监曾经犯下过很多罪责。但是，外部的人们却并不知晓太监实际上属于内务府的一个分支部门，太监并不是真正地效忠皇帝而是效忠内务府。这项制度仅仅是内务府腐败制度的一方面。此外，内务府中还有对朝廷更具威胁的制度。

　　刚开始在朝廷做官的时候，我以为只要清理太监制度就可以改变皇室现状，后来我才明白只有取缔或是革新内务府制度，才能保证朝廷的安全，让皇室成员们获得应该享有的利益。

　　1899年，在光绪皇帝被废的事件中，保守派取得了内务府的支持，内务府也极力赞成慈禧太后联合义和团。后来，辛亥革命结束后，内务府对于民国同皇室签订"优待条件"也是持赞成的态度。可以这样认为，内务府不仅对"优待条件"的签订起到了推进的作用，而且还草拟了文件的条款。它之所以这样做，是因为"优待条件"对内务府是有利的，而不仅仅是对皇室有利。

别人可能想不明白，内务府怎么会给皇室带来这么大的祸害，它又为什么能够在朝廷覆灭后还能存在？这是不是腐朽帝制的明证呢？

假如你不仔细琢磨，就会认为是以前的几位帝王昏聩无能、漫不经心才给身边的奴才篡夺了自己权力的机会。这些人一边在背地里窃夺皇室的利益，一边又在表面上对皇帝唯命是从。其实，这个看法并不全面和客观。

假使我们首先能够知道中国的皇室成员对于自己的财产是怎样管理的，那我们对于内务府的问题可能就会看得更清楚一些。

大清所有的皇族人员都有各自的府邸，作为王府的主人，他们在自己的府邸中过着和皇帝差不多的舒适奢华的生活。他们非常富有，在京城和乡村都拥有着大量的府邸和田地。优秀的皇族成员还在朝中或紫禁城中任职，遗憾的是，这些富贵之人基本都不清楚自己的家产究竟有多少。他们把打理财产的事情交托给管家来进行，只有这位管家才能够完全清楚账目，并有独立支配这些财产的权力。

如果这位管家品行良好（这样的人也确实不少），并且善于理财（管家不一定懂得生意经），那么这个皇族人员就可以放下心来，即便偶然出现亏空，他在朝廷的津贴和得到的赏赐也会解决这个亏空。可惜的是，很多管家却会把主人的钱财趁机窃为己有。

管家们也心知肚明，如果自己服务的主人家境败落，就会影响到他们自身的利益。所以，他们必须要保证主人哪怕是表面上的富裕生活。实际上，很多皇室成员也都知道自己的家产悄悄地消失了却又没办法阻止。当管家已经完全掌握主人的财产时，主人们也不敢随意地制裁这些管家了，否则他们的财政问题就将迅速凸显。只要管家能够想方设法应付财政问题，保住主人的尊严，这些皇亲国戚也就不怎么关心家中的经济问题。在必需的场合为主人提供所需钱财，这就是一个好管家。

辛亥革命后，很多皇族成员都变得非常贫困。

到了1919年，我认识的那些人中，有一部分早已一贫如洗。那些始终靠着清廷津贴过日子的皇室成员变得穷困潦倒、境况凄凉，为了活命他们不得不私底下出售自己府中收藏的艺术品。为了保持自己可怜的自尊，这样的事情还是交由他们的管家来办理的。最终这些王公究竟能够得到多少钱，那就是管家说了算。

重游北京那些贵族的府邸总是会使人百感交集，这些昔日富丽堂皇的宅院早已荒凉不堪。过去，我应邀参加过一位显贵的聚会。这位王公以前每年都要大宴几次宾客，甚至会以他那株不可多见的山楂树开花为由大摆筵席。宴席设在府邸宽敞的阁楼中，我们在阁楼里尽情饮宴，闻着随着微风飘来的淡淡的山楂树的花香味道，真的是美妙异常。这位王公之所以会拥有这般奢靡的生活是因为他是乾隆皇帝第五代的嫡亲后人，现在，他的处境却非常凄惨。多年后，我再次回到北京时，他已经去世了，而那座宅院也早已易主。据传，那株著名的山楂树在他去世不久就枯萎而死了。

还有一位亲王，我就不再提他的名字了，他过去的生活也是非常富裕的，然而结局同样凄凉。北京局势动荡时，他不敢留在北京，而是到天津避难，而他的管家也就接手了他的宅院和财产。他住在天津时，如果需要钱财，他便写信向他的管家索要。他的管家就会变卖府院中收藏的艺术品（这些艺术品大多是皇家赏赐的珍宝），然后将钱寄给他。如此一来，这位管家就获得了独自处理这些财物的权力，他可以完全根据自己的想法决定给主人多少钱。然而不久以后，这位王公的府邸受到了民国士兵的劫掠，可能是他们的上级暗中授意他们这样做的。不过不管怎样，他的家里都再也没有东西可卖了。

紫禁城的情况也和这些王公府邸差不多，依据祖制，王公贵族会根据相关的等级爵位确定府内拥有太监的人数。而内务府既然全权管理着皇家的资产，无疑这个机构就是皇帝的御用管家。由于满族的亲王懒惰和不屑于亲自动手的原因，以至于他们对自己的财产失去了管理和保护的能力。而同样皇宫中祸事的起源，也是因为皇室把自己的事务全方位地交给了内务府独揽。

　　但是，也并不是所有的皇室成员结局都不好。皇室中就有一位优秀的亲王，他叫载涛，是光绪皇帝的兄弟，宣统皇帝的叔叔。他马骑得很好，也爱好驾驶，尤其喜欢德国生产的汽车。他赠送给我的马匹是在皇室人员中人人都知道的名驹。

载涛

　　载涛亲王是一个很聪明的人，而且目光远大、谈吐不凡、举止优雅。他曾经到西方国家学习，而且尤为重要的是，他擅长财产的管理。我曾亲眼见过他的理财能力。那天，我陪同他的大儿子到距离北京几公里、离汤山温泉很近的家族墓地巡访。当时，正在修葺包括祭坛和宫殿在内的墓地，在一处看似花园的地方，堆放着很多木材和砖块，载涛亲王当时正在亲自监工。我们在墓地门前下车，看到他从守墓人手里接过一摞账簿并放在桌子上。随后，他带领儿子在墓地前祭祖。仪式刚一结束，他就查看起那些账簿来，他一边查阅一边做着记录，有时还会核算一番，并且向工程负责人认真盘查相关的购买材料的数量和资金的使用情况，由此可以看出，这位亲王肯定是不用管家，而是亲力亲为地打理自己的全部财产的。

我认为中国的教育是导致管家掌控家产这一问题出现的根源，中国人大多重文轻理，科举考试的时候算术也不在其列。一位了解中国文化的人对此是这样认为的：没有经过西方文化熏陶的人根本不会重视算术，对于一般的中国人来说，只要能够算清简单的数目就可以了。他们所掌握的算术知识只能相当于七岁左右的西方儿童。

很多在中国曾经生活过的西方人都知道，中国人非常擅长使用算盘。但是，使用算盘要经过专门的学习，如果不是一个商人，他们用不着学习打算盘。那些思想守旧的学者们也根本不会打算盘。那个时候的文人对于打算盘这样普通的事情，根本就不想去做，而这也跟教育紧密相关。特别是那些达官显贵，更是觉得一个品德高尚的人根本不应该重视钱财，而这样的思想已深深地植根在人们的心中。

由于这些达官显贵们对于算术根本就没有兴趣或者完全学不会，所以他们只能委托管家打理家中的财产。当然，这并不是说他们就一点都不关心财产，而是不懂得具体管理的方法。

我曾经说过皇宫内务府和亲王府的管家大同小异，不过，两者之间并不完全相同。因为，亲王府的管家不会是官员，他们大多数人人品较好，重视账目的管理。而为紫禁城管理财产的人大多数在内务府供职，手中掌握着很高的权力，这些人不但在宫中任职，在朝中也有很高的权威，这种情况就会出现一个很大的问题：内务府因为缺乏约束完全成了一个既腐败又无用的机构，这个机构里的权威者随意地把管理账目的任务交给他们的下属执行。而这些下属不管怎么做，都无人监管。

内务府和亲王府的管家还有另外的一点不同，它会影响到朝中政务的变化。内务府除了有极大的权力之外，和皇帝的关系也极为密切，这就是它能够为所欲为的主要原因。

内务府并不是只对皇帝的日常生活进行打理，如果真的只是这样的话，它还不至于声名狼藉。内务府在宫廷中享有极高的地位，它要联合别的部门共同帮助皇帝处理政务。可能很少有人知道，作为皇帝处理国家政务、保密性极强的机构，军机处的幕后支持者竟然也是内务府，而其中的成员也往往同时横跨两个部门。不管出于哪种情形，内务府的总管大臣在朝中都能够拥有绝对的话语权。比如，辛亥革命之后，内阁人员世续同时也是内务府的总管大臣，直到他的去世，他的心腹在朝中也是位居一二品官的要员。

关于如何衡量腐败，中西方的标准是不一样的。

辛亥革命爆发以前，我们很难判定内务府的"敲诈"行为是否合规。但可以肯定的是，那段时间，清皇室的收支根本无法达到平衡的状态。

辛亥革命之后，这种情况则愈发变得紧张了起来。尽管中华民国政府曾信誓旦旦地许诺，每年都会付给清廷津贴，但实际上这不过只是一句空话。而对于原本就腐败成性的内务府成员来说，朝廷早已无法满足它膨胀的欲望。

《清室外纪》一书中曾经写过这样一个有意思的场景，辛亥革命爆发前，当时的贵族全都处心积虑地试图谋求内务府的官职，以便以此为手段敲诈更多的钱财。同时，作者还提及，内务府官员俸禄每年高达白银一百万两，合计二十万英镑，这在其他的部门，完全是不可能做到的。

曾经有朝官向皇帝提出想要削减内务府成员的俸禄，结果却遭到了皇室成员的反对。因为，这些俸禄中也有着他们自身的利益。知道这一点，我们就会理解为何除了两位成员外，大多数的皇亲国戚那么快就同意签订"优待条件"，而且内务府也可以在清朝灭亡后仍然凭借这些条款存活的主要原因。

人们没有重视的一个事实是，内务府的腐败迟早会让皇室的权威受损，从而失去民心。早在辛亥革命之前，人们便已经开始对溥仪这个小皇帝的能力产生怀疑了，要知道一个连手下官员都无法妥善管理的人是没有资格当皇帝的。这就像是那句"齐家治国平天下"说的，试想一个人如果连自己的家务事都无法处理妥当，连家庭都无法安排好的话，那又有什么能力管理天下呢？

其实，很多国家也有着与内务府相似的机构，而且大多都极其腐败。比如：哈里发诃伦·阿尔—拉希德这个王朝中也有一个这样的机构。只是除了腐败以外，他们还留下了《一千零一夜》这般奇幻唯美的传说，因此能够让此种状况变得情有可原。

清朝在政治和文化上曾经取得过非常重大的成果，历史上有两任清朝皇帝堪称中国伟大的君主，所有这些都与内务府没有任何关系，相反的是对于这个王朝走向末路，内务府有着不可推卸的责任，不仅清朝如此，即使能够战胜征服世界的蒙古人的明朝，它覆灭的原因主要也是来自太监。

固然，太监制度对清朝的损失是不容置疑的，但是即使是在大清末期的慈禧太后和隆裕太后时期，由于满人对他们的管理还算严格，因此太监们所获得的权力也远远未能像明朝那样。只不过，令清朝走上穷途末路的元凶的确是直接管理清朝太监的内务府。在白山黑水之间，所孕育的这个意气风发、性情桀骜，能够征服中国的民族到头来却一头栽倒在内务府的权力之中。

虽然内务府的腐败无能对清王朝的损失无法估量，但我们仍然不能将内务府这个机构和内务府内部的所有官员相提并论。内务府的官员命运也不尽相同，不是每个人都是贪腐之徒，其中就有一些内务府人员还是有非常好的品格的。

长期以来，内务府一直存在着腐败，以至于这些好的内务府官员没有能力改变这种现状。

正如蒙田曾经引用过卢卡的一句话："清白的人是无法在朝廷中生存的。"另外，他还引用过柏拉图的话："除非发生奇迹，不然管理者都会腐败的。"

如果没有人能够改变内务府，那么那些手握重权的能够使内务府转变现状的王公大臣就应该受到道义的谴责，而不是那些普通的官员。

内务府的掌权者应该明白自己只是忠于皇帝的仆人，他们的责任就是要做好皇帝需要他们做的事。但是，事实上内务府的职权还有很多，他们在为皇帝效力的同时，皇帝也完全地依赖他们。如果内务府不存在了，皇帝无论在精神上还是物质上都会变得混乱。但是这些人并没有做到尽职尽责，我们所知道的是，在辛亥革命爆发的前后，内务府里的掌权者仍然从机构里得到很多的利益。这也从旁证明，这个机构并不是真正地为皇帝服务，而是以皇帝的名义保障了他们的存在。

按照清朝的祖例，内务府的管理者多是在旗的满族人，且人数众多，等级分明。由于他们不是都在宫中供职，还分散在皇族的陵园、颐和园等皇家园林以及其他各处的皇族行宫中。因此，其中的一部分人我都没有见过面。但是，对于满族人拥有的土地他们无权管理。沈阳有内务府专门设立的负责田地管理的机构，其腐败程度与皇宫中的内务府相比毫不逊色。

内务府总管大臣作为内务府的最高官员，从1919年至1922年间，始终都由世续担任。他是一位极有才华的人，辛亥革命前，在宫中一直担任工部侍郎、内阁学士、军机大臣等要职。同时，他还撰写了《德宗实录》。后来，由于朝廷取消了军机处，世续便以中堂的身份参与议事，并且还曾在辛亥革命前就任过"太保"之职。

对于宫中的财务问题，世续始终采取的是纵容的态度。这也许是因为他知道，如果对下属管理严格，整个内务府便随时有可能陷入混乱之中。作为典型的保守派，世续对于改革从来都不支持。他似乎是个思想开明的人，但实质上并不是。

当初中华民国政府和清政府协商签订"优待条件"时，世续作为该文件的起草者，努力摆出各种理由说服溥仪退位。从这个角度我们可以看出，与皇室相比，他更在意的是内务府的利益，因为只有"优待条件"得到落实，内务府才有存在的理由。这件事使得溥仪对他有了负面的看法。

世续于1922年病逝[①]，中华民国政府感念世续所做的努力，特派专人前去悼念。宣统皇帝也因为中华民国政府和外界的一再

---

① 原著有误。世续死亡时间为 1921 年。

施压，派载瀛贝勒代表清廷出席了葬礼，并给其家人8000元的赏赐。同时，还赐给世续以文端的谥号和其他的尊称。

世续去世之后，绍英接替了他的位置，继任内务府总管大臣。他跟世续一样也是一名皇族大臣，曾在1905年时被朝廷选派以委员会成员的身份陪同载泽亲王出国学习西方制度。然而在1905年9月24日出国前遭遇炸弹袭击而未能成行。

当时，这件事情非常轰动，就连清廷也受了很大的震动。考察团的行程因此事延后，当重新出发时，已没有了绍英的名字。很快，他便就任了度支部左侍郎一职。

绍英虽说是做了内务府总管大臣，但却由于性格问题无法胜任。他是一个善良但没有魄力也没有向上的精神的人，表面上看来他对改革很有信心，但在实际工作中却不能坚持己见，只是刻意避免自己遭到同事和下属的非议。

绍英

绍英非常重视和西方人的友谊，目的是在关键时刻能够得到他们的庇护。他在北京东门附近有两处宅院，一处自住，另一处则一直想要找个西方房客，即便不给租金也行，只是为了一旦发生变故可以有人援手。尽管那是一座非常好的房子，但是由于距离使馆区较远，一直没有外国租客上门。

我认识他以后，才介绍自己的朋友租下了他的房子。为了这件事，他一直很感激我。1924年11月，紫禁城发生了巨大的危机，他效仿当时一些人的做法，对外宣称自己生病住进了位于使馆区内的德国医院，并且在那里待了一段时间。不过奇怪的是，他最后竟然真的因为宣称的那种病去世了。

不久，耆龄便又接任了绍英的位置。耆龄和溥仪的生母醇福晋是姻亲，所以平日跟溥仪的关系较为密切。曾在资政院供职，由于为人甚是伶俐，并且擅长见机行事，所以很快便从分部主事晋升为了礼部左侍郎。刚开始他就任总管大臣时，我以为他一定会好好整顿内务府，能够改革内务府的制度。可惜的是，他并不愿意过问这件事。

1923年，宝熙到内务府任职。在此之前，他曾在山西习练政事，后在六部中某一部任职。他和庆亲王与孙宝琦（曾任山东巡抚）是姻亲。

同宝熙一道进入内务府任职的还有荣源，他是皇后婉容的父亲，被人尊称为荣公，但是他也没有就内务府改革的问题做出什么成绩。

除此之外，还有一位名叫佟济煦的八旗子弟也曾担任过内务府大臣。他跟帝师陈宝琛是同乡，后经对方的保荐入朝为官。

1919年，我初到宫中任职时就与他认识，不过他被调转到内务府供职已经是1924年的事情了。按理说佟济煦作为坚定不移的"保皇派"，本该得到更好的提拔，然而遗憾的是，他却只是普通官员。

1931年，日本攻占东北，他追随溥仪去了满洲。

按照清朝祖例，只有满人才能担任内务府总管大臣及其他各级官员。

除此之外，内务府还有一些特殊的成员，那就是我们之前曾经提到过的太监。他们的情况是很特殊的，在清朝的末期，尤其是在慈禧太后及隆裕太后在位时期，有几个太监被赋予了相当大的权力，这些太监贴身侍奉皇帝和妃嫔，与皇族的关系非比一般。他们的财产可以独自掌管，虽然太监归内务府管理，但他们的财产却不必通过内务府。

在西方人不了解内务府的情况下，他们也对臭名昭著的太监李莲英非常了解，但对其他的太监就不知道那么多了，尽管隆裕太后的那位亲信太监也掌握着很高的权力，并且也腐败异常。

过去西方的一些作家一直存在着不正确的认知，他们以为那些太监也都是满族人。事实上，并非如此。当时清宫有明确的规定，出身高贵的满人是不准当太监和宫女的。宫中的太监多为山东、直隶两省的汉人。而那个太监由于仇视汉人而戏耍李鸿章的故事，也不过是子虚乌有的事情罢了。

当初中华民国政府和清政府签订的"优待条件"中规定，作为封建势力的残余，太监制必须要彻底废除。虽然宫中可以保留原有的太监，但除了现有的人员以外，不能再加入新太监。内务府和隆裕皇太后虽然对这项规定给予了强烈的反对，但却仍旧未果，最终只得无奈退让。然而，即使是这样，直到1923年，在内务府登记造册的太监数量仍然超过了千余名。而关于这些太监的事情，我将在后面的章节讲述。

由于内务府的开销过大，1911年之后，皇室完全处于入不敷出的尴尬局面。没奈何，内务府只能抛下清廷的尊严主动向中华民国政府索要事先约定好的津贴。同时，为了扩大舆论，还屡次登报向社会求助，而国民对政府的这一行为也极为反感。

当时京城最具权威的报纸《北京日报》在1919年10月1日就曾登载过这样一则报道："内务府总管大臣向中华民国政府请求，希望中华民国政府履行承诺支付60万元，否则内务府无法解决债务问题。"由于中华民国政府屡次推诿，所以内务府每年都要多次提出类似的请求。而每次，他们的理由无一例外都是"维持现状"。事实上，内务府从没有真正从溥仪的角度出发处理事务，他们真正在乎的是有多少钱落入了自己的腰包。

　　我在宫中做帝师的时候，也经常会听到内务府的官员们强调只有拿到钱才能维持现状，每次听到这些，我心里都很不舒服。对此，我也曾向溥仪坦言，和现任的内务府成员相比，"维持现状"这四个字似乎更适合已经去世了的官员。现任内务府官员只会在乎自己的腰包，而不在乎皇室的现状是差还是更差。

第十五章 少年天子

成为帝王之师，之于我，就是从一年的初春到五年后的深秋的一段生命历程。

对我说来，1919年3月到1924年11月，这是一段我生命中独一无二、无可复制的日子。想来我也是紫禁城，乃至中国历代的帝师中，最特别的一个。这段时光也随着皇帝被赶出皇宫戛然而止。

婚后的皇帝其实还是获得了很多权力的，较之以往也更能独立自主地生活。

1922年11月，大婚时的宣统帝尚不到十八岁，还未成年，但他却享有很多成年人无可企及的权力与地位。当然，他亦因末代皇帝这个特殊的身份而仍被一张无形的网约束着。若他安心在紫禁宫里，足不出宫，倒也算是自由之人。

我前面提过，第一次见到溥仪是在毓庆宫，这里就是太子们、皇帝们读书的地方。

宣统皇帝平日里在这里读书习文，这里也是前朝皇帝们的书房，还是嘉庆当年做太子时的宫殿。所以里面还有嘉庆皇帝的手迹珍藏。推开毓庆宫的大门便是一个院子，这个庭院的左边有间房，便是传说中帝师们休息的地方。平时有一些苏拉在那里，端茶送水，时刻待命。

坐西朝东的是皇帝们的书房，在我们休息房之右。平日里，若是进宫，我们走神武门，如果图方便，就是走东华门和西华门。

虽然进宫对于帝师不是难事，但也有很多讲究。比如如果是坐汽车、马车进宫，得把车马停在宫外，换乘肩舆去往目的地。到景运门，皇帝的老师们还得遵旨下轿下马，步行至毓庆宫。沿路上，还得朝站岗的士兵点个头，问候一下。

我是个例外，我的车可以直抵宫内，偶尔我也会骑马，怎么方便怎么来。一路上，我也会向站岗的兵士点头问候。

在那顶金光闪闪的十二人大轿到来之前，皇帝的老师们在院内的房间喝茶休息，恭候圣驾。宫里的规矩，当皇帝经过庭院的时候，皇帝的老师们都要起身以示恭敬之心，虽不必出去相迎，但一定要等皇帝进了他的书房，才能重新坐下，这是规矩。

皇宫是个讲规矩的地方，不可坏了规矩，我也只有争取入乡随俗。此时，主殿门前站着的太监会以喊唱的腔调，呼出一个"叫"字，其后有个仆人重复这个叫字，算是应答，又似宣告：

皇帝已做好学修功课的准备工作了。

听到那两声叫字，皇帝的老师们才敢从休息室里移步到书房。这是咱们上岗的号令。进得书房，先要向书桌后站着的皇帝鞠躬。此后，双方才能同时坐下。皇帝面南，皇帝的老师则坐在皇帝的西边面朝东面。

皇帝的课程表是什么样的呢？

我只说我做帝师那时候，宣统皇帝的课程表夏季是早上五点上课，冬季是六点。皇帝也不好当啊，平常人家的孩子那个时候还在被窝里呢。第一节课是陈宝琛上，在七点半左右下课。然后皇帝要去上早朝了，陈帝师有时候也会留在宫里和同僚交流，大家共进早餐。这餐对于皇帝的老师们来说，是不要钱的工作餐。御膳房直接将早餐放进帝师们休息的那间房。都是一些精致的美味佳肴。

我还记得八点半是满族的帝师伊克坦的课，十点到十一点是朱益藩的课。我的课是在下午的一点半到三点半。这么算起来，皇帝的学习时间安排得还是很紧凑的。起得也早，还要上朝，下午学习的时候也早，中间也没什么休息时间。

那么放假呢？皇帝的假期是什么样的？

农历春节期间放假三周，正月十四是皇帝的生日。暑假是一个月。此外端午、中秋、先帝忌日，也是放假的。本来宫里的规矩是先帝忌日皇帝要禁食，但我看皇帝并没有空着肚子睡觉。在放假的日子里，皇帝和帝师们都暂别书本乐得清闲。宣统皇帝大婚后，就没来毓庆宫上课了。也许他觉得自己长大了成人了，不用再天天上学堂了。

其实作为皇帝的老师，在最开始我甚至并不允许与皇帝独处一室，总有一名太监在旁。一些中国的帝师甚至还会旁听，他们面朝北坐着，我记忆中有朱益藩还有内务府大臣如耆龄。他们这么做的理由是，皇帝从未和外国人交谈过，他们的存在可以让皇帝安心。可我并不觉得这是真实的原因，他们只不过找个理由监视我罢了。好笑的是，那些陪同的人都会打瞌睡，皇帝倒是仁厚，并不打扰他们的好梦。

这样的日子过了月余，各路闲杂人等才从我的课上散去，中国的帝师朝臣也再也没有露面，当然，太监还是一直在的。这是皇帝已经度过与我这个洋老师的适应期了？可我却知道，别的帝师上课，既无太监也无旁听。说到底，朝廷对我这个洋帝师还是不放心的。他们究竟不放心些什么呢？害怕我对皇帝造成什么影响呢？

太监们在书房外的值守是轮班制的，每小时一次，他们换班轻手轻脚，但我还是知道的。

直到1920年，我当帝师第二年的夏天，我课堂上的太监们才消失了。我想如果有个陪读，皇帝的英语会进步得更快。我建议皇帝小他两岁的堂弟，载涛郡王的大儿子溥佳陪读。本来宫中陪读再正常不过，我的建议也在情在理，却意外引起纷争。

醇亲王，也就是皇帝的生父摄政王，与郡王一直不合，他见我没有选他的亲儿子、皇帝的亲弟弟溥杰，心生不满。不过宫里这种事见多了，最后很快就和平处理了，溥佳陪读英语，溥杰陪读中文。

其实，陪太子读书的早有人了，他就是溥伦的儿子毓崇。这也是阴谋里的一步棋。

光绪皇帝驾崩，当时袁世凯心中的算盘是将溥伦扶上帝位。

溥伦这个差点做皇帝的人对袁世凯自是感恩的，所以后来他一心支持袁世凯称帝，甚至在袁世凯的教唆之下差点将御玺偷走。哪知人算不如天算，这两个互相想把对方推上皇帝宝座的人最终没有得逞。袁世凯病逝后，所有的计划成空。溥伦因为投靠袁世凯，而被清廷排挤，但最终大清皇族还是原谅了他，他的儿子也得到了陪皇帝读书的殊荣。

为了陪读这件事，宫里特意在《邸报》上发了公告，溥杰、溥佳和毓崇都作为皇帝的陪读，四个朝气的年轻人聚在一起，给皇宫的未来增添了希望。三个陪读还赐了官，他们从此也能在宫里骑马了。这是一种尊荣。难怪之前二位王爷为了陪读的事争起来。

依中国的传统，一个大家族里同一辈分的男孩子取名字，会用一个同样的字。这是一个家族辈分的烙印，就连皇帝也不例外。比如溥仪，溥杰是他的弟弟，溥佳是他堂弟。说来从名字上都沾亲带故。同一辈的皇亲国戚还有溥光、溥修、溥伟、溥伦、溥儒。这些好多普通百姓都没听说过，但他们也和皇帝一样，在深宫之内，上演着这个特殊家族的黄昏戏。

摄政王载沣一家（最后一排是长女韫媖和二子溥杰）

那些英文的报纸哪里知道中国的规矩，称溥仪为"溥先生"，闹了一个乌龙笑话。西方的记者也不知道辈分这回事，他们看人年龄长相，比如那位在辽东半岛受着日本人保护的恭亲王溥伟，明明是溥仪的堂兄，大概看他年龄大吧，中国的英文报纸居然把他写成是"皇帝的叔父"。外面的世界早已突破了皇族的至尊，宫里的皇帝日日看着这些，是新奇有趣，还是无可奈何呢？

即使在皇家，也要按着辈分来，"载"字在"溥"字之前。

所以光绪皇帝名载湉。他的三个弟弟，载沣——醇亲王、载洵、载涛。再前面一辈是奕字。光绪皇帝之父是奕譞。溥字之后是毓，毓崇、毓朗、毓森等，像开枝散叶，开花结果。单是只是看或读这些个名字，这是代代相传的亲情烙印。如若溥仪有儿子，那他的名字中应该也有一个"毓"字。可惜没有，也就断了。并不只是断了，国家的皇帝，也都不再有了。

那个时候皇族的姓氏都是闪闪发光的爱新觉罗。满语的"爱新"有金子的意思。所以后来很多皇室成员便用"金"字为姓。

有一天，应该是在学了两年英语之后，溥仪要我给他取个英文名。他想在给我或者别的西方朋友写信、照片签名以及外国文件的签署上，用这个。

对于一个中国的皇帝，就连自己的名字，也有很多的禁忌与不自由。所以他主动想要一个英文名字，这是他内心的一种表达。他也不能像一个普通的外国人一样随便使用自己的英文名。

溥仪在我给他的众多的英国皇室名中，选了"Henry（亨利）"。但他很分明，"亨利"是"亨利"，溥仪还是那个溥仪。他没有半点要把二者联系在一起的想法。哪怕身为皇帝，"溥仪"这两个字是他的名字，他可以随便用，但他也无心把中文和英文的名字联系到一起成为一个新的名字。

媒体上后来称他"亨利·溥仪"，因为当时的学生习惯把英文名放在中文姓前。溥仪私下和我聊过，他不喜欢也不赞成这样。而媒体对他的叫法更是奇奇怪怪，听着也不入耳。在正式场合，溥仪不用亨利这个名，就算用，他也不会加上旁的汉字名字。在他心里，中方和西方之间，还是有一条渭径分明的界限。

作为皇帝的老师，我和溥仪相处愉快。从一开始，我们之间就是和谐的。后来我们的师生情日益深厚。我从一个老师和朋友的角度，看到他很多的优点。他是才华横溢、对人真诚、关心世界局势，也宽以待人的人。他爱好艺术，内心大爱，关心弱小，勇敢风趣。这并不是我在吹棒恭维皇帝，而是他真的配得上这些词。

在英语的学习上，我接手时，他什么也不会，甚至没有想过要学好英语。但他关心时事，《凡尔赛和约》之后的欧洲及世界的格局，是他特别愿意聊的话题。还有天文、地理、物理、政治、旅游、英国宪法史……常人难以想象一个皇帝的兴趣点。他在日常生活中，品味着中国政治形势的风云变幻。他在深宫之中，对外面的事情却有着深深的好奇与向往。我们之间，就从这些话题开始，当然是用中文。虽然看似浪费了很多上课的工夫，但我们都知道，即使时间全用在英语教学上，对溥仪的帮助也甚微。

我发现宣统皇帝的两面：一面轻率，一面严肃。总体来说他是才思过人、聪敏过人的一个人。但他多半显现出的还是他少年轻狂的一面。本来我想他成年后会改得老成一些吧，哪里知道根本不是，他一直在两个极端中行走，他有双重人格，两种截然不同的个性。当皇帝告别童年即将成为一个少年时，我认真严肃地与他聊过这个问题。"有两个溥仪在你的身体里，如果优秀的那个战胜了恶劣的那个，他就能守住大清的江山，将它建设得更加美好。"

我的建议，溥仪还是虚心听取的。他面色平静地耐心听我的批评意见，并且全然不会放在心上，在我看来，这是溥仪的优点。然而他的中国帝师们一致觉得他们对溥仪的金玉良言常常被当作耳旁风。他们普遍认为，溥仪对他的英语老师是信任的，也愿意听英语老师的话。所以到后来，溥仪的父亲、叔父、中文帝师有什么要对溥仪谏言的，常常找我去说。似乎我去说溥仪更易接受。但听与接受又是两回事了，我常对溥仪指出他做得不妥之处，他也向来不会反感生气。他说他也知道自己错了，愿意改。但知错能改和改得了多少是有差距的，这当中有一个坚持的问题。溥仪总是坚持不到最后。

陈宝琛在溥仪六岁起就当他老师了，他觉得溥仪这人有些"浮"，这和我以为的轻率，是个同义词。这样的皇帝，我们都认为不够厚重，难以担起国家大任。

我时而想到这种性格的成因，他的智慧和人格魅力可能来自他的母亲、大名鼎鼎的荣禄之女，而他的任性率性则可能来自他的父亲载沣醇亲王，同时遗传自父亲的，应该还有固执。

当然，除了遗传，还有他在宫中从小到大特殊的环境。再没有一个人比一个皇帝的成长环境更独一无二了。这些造成了他的缺陷。遗传不是后天可以改变的，而后天的环境则可以修复缺陷，也可以放大缺陷。

溥仪是一个有意思的人。有次我和他说到君主专制和君主立宪的区别。前者就是君主天下第一，甚至握有别人的生死大权，也可以给予别人这种权力。这个制度本就有其劣根性。溥仪说那这么说他的祖辈全是坏君主了。几天之后我在自己的中式庭院闲坐，宫里的太监来我家宣旨，说皇帝赐我一把剑，并且给了我可以控制别人生命的权力。一时间，我百感交集。

我再入宫时，溥仪第一句就是问我有没有收到宝剑。我说收到了，也收到了他的心意。我想溥仪的意思是信任我吧。

十年之后，已是伪满洲国元首的溥仪不再是皇帝了，他想起了那把宝剑，问我用过几次？我说一直没有沾任何人的血，还是崭新的呢。他听后那种表情，应该是淡淡的高兴。那时的血雨腥风，他已经经历得不少了，但还有一把宝剑，是如初的。

我所认识的溥仪，也不是一个被谗言所惑的昏君。其实早在他十五六岁时，便对宫里的一些事看得很透，那些阴谋诡计难逃少年天子的法眼。虽然那时的他对朝臣并不了解，也不知道大人世界里的一些事，但他至少是不相信他们的奉承的。当然，如果他相信的、熟悉的人也来奉承他，对他说些甜言蜜语那又另当别论。少年天子，除去少年，更重要的是天子。

那些奉承的话一般出自谁之口呢？侍女、奴婢、太监和内务府的人会说，他平时信任的看似老实的人也会说。溥仪当然听得出里面阿谀献媚之意。后者比前者有害。皇帝在中国，千百年来就是一个神一般的存在，甚至是一种迷信。但是作为皇帝老师的帝师们大都觉得这就是一寻常孩子，并没有什么过人之处，更不是什么天才少年。但是普通百姓不觉得如此，他们当中甚至有人一生当中最大的心愿就是来皇宫见皇帝一面，他们对皇帝的崇拜之情，把皇帝放在了一个神的位置上，把见皇帝当成了一件毕生大事。他们愿意拜倒在天子脚下并引以为荣，他们爱皇帝渐成一种信仰，甚至愿意尽忠，哪怕捐躯。这样的心理，本身就是皇帝的不利因缘，不良环境。这样迷信的氛围，只会让皇帝迷失。

宣统皇帝并没有迷失。他不喜社交，甚至在乾清宫的龙椅上办完公，他会立马到另一屋换下龙袍。他喜欢平常的中式衣服，长袍马褂，见人时方便自在。见外国人也是穿成这样居多。世上唯一一张经溥仪允许拍下来的穿龙袍的照片，还是我再三祈请他，他才答应，并坐到龙椅上穿着那身龙袍。现在看来，那张脸和龙袍，配吗？他所拥有的是别人的梦想，而并非他所欢喜的。

宣统皇帝的几位祖上都书法了得。中国的历代皇帝都喜欢把自己亲笔的题字赐予朝臣、寺院制作成牌匾。每年春节过寿或一些重要特别的日子，宣统皇帝也会赐墨宝，所以书法是他的必修之课。那个刻有"宣统御笔"四字的方章，表明了这个作品出自皇帝之手。而拿到墨宝的朝臣、民国官员、元老自然都深感皇恩浩荡。

溥仪的弟弟溥杰自幼便习得一手好字，后来成为一名著名书法家，画也是一绝。当溥仪有些新奇的想法，哥俩一碰，溥杰便会画成漫画。哪怕仅仅给他一个小纸片，他都能画出来。有坊间的奇闻，也有报上的新闻，还有宫中趣事。就连我这儿都有他当年的一些漫画呢。

溥仪对诗更有兴趣，也掌握得更好。这得亏了他中国帝师们的引领。溥仪甚至还在1921年到1922年前，往北京的几家报社投了几首诗稿。当然，他用了"邓炯麟"的笔名，邓是常见的百姓的姓，名字则寓意闪闪发光明亮的麒麟。那些报刊的编辑都不知这人是谁，就连发他诗作最多的《益世报》的编辑，多方打听，也无功而返。①

其实这也算不得什么溢世才华，要知道那个年代只要读了几年书的中国人，大抵都是会写几句诗的人。但是世人若是知道他们敬若神明的皇帝也写诗，也爱写诗，还投稿发表，还是会大吃一惊的吧。

我也是1922年7月，溥仪才给我看他发表过的诗。还记得当

---

① 在《我的前半生》中，溥仪曾说自己化名"邓炯麟"，将一个明朝诗人的作品寄给了一份小报，蒙骗了报纸编辑和庄士敦。

时他小小得意的样子。我也庆幸自己成了溥仪可以分享秘密的人。那时的北京，少有人知道，今天我说出这个秘密，你被惊到了吗？

益世报

溥仪除了爱写诗，也爱新文化运动，甚至对一切的运动、改革都有兴趣。他更爱好一些古体诗，他最爱的诗人是白居易、韩愈、李白，他还喜欢乾隆皇帝的诗，这和血缘没关系，只是单纯对文字、诗意和内中意境的喜欢和推崇。

溥仪不是一个传统意义上的明君。在政治上，他欣赏佩服意大利的墨索里尼。他说墨索里尼让意大利人从此过上了幸福的生活。意大利公使曾把墨索里尼从罗马寄来的礼物呈给了溥仪——那是墨索里尼签名的照片。溥仪当时很开心。当然他心知肚明，自己和墨索里尼不可比，他们是两种不同的人。

总有一些人，中国的、外国的都有，会问我同一个问题：若能重登皇位，宣统皇帝会是一个现代的君主立宪制的好皇帝吗？

我肯定他是，但有前提条件，就是必须对朝廷里原有的旧势力，要彻底地明确地做一些限制。否则，他们会一直想让一切回到从前，而不是向前。这多少对溥仪会有影响。

作为一个皇帝的英语老师，我的身份让中国媒体好奇，我慢慢成为他们追逐的采访对象。记者们甚至形成两派。北京和北方系的，对我很友好，对我的用词也得体。但是以广州为首的南方报业就多对我攻击指责。我甚至因为这些媒体的报道而收到很多来信，信的内容也是应有尽有。

有的人对我怎么教皇帝给予很多建议。有的人希望我给他们或他们的亲朋好友在宫里找份差事；有的人告密东北或别的某地有复辟；有的让我给溥仪传奏折；有的大骂朝臣；有的求我让他们面见溥仪；还有的指责我是一个祸害，会导致他们国家和皇帝受到损害，让我立即辞职走人。甚至有人以此威胁，否则就要对我不客气了。

1923年起，我开始受到一系列包括暗杀在内的死亡威胁。还有一些人是望子成龙的父母，他们希望我给他们的孩子做老师，或者哪怕是让他们儿子给我研墨，这样他们的儿子也可以听帝师的教导了，关键的是，也就此成了皇帝的同门师兄弟。真不知这些奇怪的想法都是从哪里冒出来的。

比信件更直接更烦人的是那些突然造访的人。虽然我有一个忠实的守门人，他极力把陌生人挡在门外，但来访者会一直守在那里，只要看到我从外面回来或者从家里出去，就会拦下我。这让我即不方便又不舒服。

其中有一个很特别的年轻人，他戴着一顶美式帽子，穿着中式的长袍，脚上是黄靴。他说他受神的旨意来见我，希望我能说服皇帝信基督。他说他是基督复临安息日会会员，变戏法一样从腋下拿传单和册子，他说皇帝若是看了，一定会得到灵魂的净化，一定会得到最终的救赎。我不知道这些册子传单救了多少灵魂，但我深知，它们无力救赎暮霭里的中国朝廷、中国皇宫和中国皇帝。

我还有一项有趣的工作可以和大家分享一下。那就是帮助溥仪处理从西方寄来的信件。这些信件都是从北京邮局送到我这里的。其实大部分都只在我手里，并没有送到溥仪那里。因为量太大了，而且乏善可陈。这些信中都说了些什么呢？有女子想当后妃的，有希望得到溥仪的亲笔签名的。有一份特别的信寄自当时在美国流亡的俄国沙皇。他的期待是建立一个退位君主协会，并诚邀宣统皇帝的加入，这个协会主要的功能是帮助各位退位君主复辟。

我给溥仪看了沙皇的来信，他觉得这个协会有点意思，他更建议每个退位的君主都会一个乐器，组个乐队，那一定是最特别的乐队，一定能给世界增添很多乐趣。我们甚至想到了用御花园里稀世的牡丹来代表遗失的皇位。在乐队的基础上，溥仪又更完善了他的想法，他说如果真有这个乐队，他从宫廷盛典中的乐器中选出一件来，那些锣、钟、鼓和编磬演奏出的"韶乐"比起管弦乐队，将别有风情。我又补充说可以将这个协会和乐队都拉到一个荒岛上去，说不定在那里发展起来，还可以建立一个政权，共和制，在从这些退位的君主中选一个总统，溥仪被这些有意思的想法逗得兴致勃勃。

这至少是说他对另一个世界、另一种环境是心存向往的。在我刚任帝师的日子，我就写了两封信，针对中国宫内的不良现象，建议溥仪换个环境。我把信中的部分内容披露在此，希望见闻者能知我之苦心。

1919年5月18日，我做帝师快六十天的时候，我拿出纸笔，写下了一些真诚的文字，今天也放在这里。

我深知对宫里的革新建议要想被采纳是非常难的。但我期待皇帝可以搬离这个环境，到颐和园去，那里的环境比宫里更适合皇帝。不过我深知，只要内务府还是那些人事，还是原来的样子，所有的改变，住这里或者那里，都是一样的。所以我不希望太监和皇帝一起搬过去。帝师、侍从还有一些宫里的官员随皇帝搬过去就可以了。几天以前我就这个问题和载涛亲王商量讨论过，我们都期待着宫里的变化，宫里的焕然一新，但也深知这些改革是不被内务府支持允许的。我们期待着又矛盾着。

　　这年的6月17日，我给一位关心溥仪的中国友人写了封长信，他看得懂英文。信的意思如下：

　　我要去西山度假旅游了。在此之前想和你分享如下：皇帝现在的生活其实挺不健康的，他在众目睽睽之下，没有自由。我挺为他的健康担忧，想让他更天然自然地生活。他虽然是天子，但他更是一个孩子。虽然被剥夺了实权，但如果他忘了他孩子的身份对他将是更大的损失，这对他的成长是不利的。接下来的三四年，将是皇帝关键的成长期。他除非换一种环境换一种活法。倘若能有两个月的假，放下书，到山上或者海边走走，在山水之间，而不仅仅是皇宫内院，那么他将学到很多。当然，在这个过程中，他会有碰壁感，政治的干扰和阻力肯定会有，但他必须去面对和解决。把一个孩子关在皇宫里显然不合适，他失去的是与人接触的权力，在社会锻炼的机会，他无法触摸到一个真实的世界。

　　我深深理解并体谅您还有一些皇帝的死忠粉对他的想法，你们的第一想法是他是皇帝，而在我这个为人师的人看来，他首先是一个有人格的人。他显然已经没有了重登皇位的资格，但他还要长大，还有他的人生。这是比让他再次做皇帝更重要、更有意义的事。哪怕他有一天还会重新掌权重登皇位，在我看来，我依然会坚持如今对他教育的理念，希望他人格完善健全。

在西方，君主不会被人推到神坛，让他无法过上正常人的生活。那都是旧社会旧势力下的生活，应该一去不复返的生活，这种落后的思维必被时代的洪流所淘汰。西班牙大概是西方的一个例外。但那里君主制随时会被推翻，那里经常被革命的洪流所席卷。放眼世界，君主制即将过去，如果其中一定会有一个神话的奇迹，那么应该是在英国。我曾与威尔士王子在英国牛津做同学，他的生活和我同一频率，到后来，他又参加了战争成为一个战士，并成为一个军官。他是靠自己一步步得到普通民众的喜爱的。

在我常给皇帝看的报纸上的照片中，可以看到英国的皇室弟子好多在民众之中自由自在地参加活动，进行演讲。现在的皇帝对于西方的生活，西方的君主制的生活已经有所了解。我给他分享过一些现代君主的理念，他的接受程度和速度不亚于孔孟学说。其实，细细研究起来，中国民主的君主理念出现得要早于西方几百年，我不过是把中国圣贤的智慧结合现代西方的理念，让皇帝了解到罢了。

也许有一天皇帝将夺回皇位，成为立宪君主，又或者他将失去皇室的光彩成为一个普通的中国人。但是未来无论如何，他都需要以健康的身心去面对。这样无论经历什么，他所受的教育之于他的人生将是有益的，至少他不会恨那些在他人生之初教育他带领他的人。我觉得让他像现在这样与人隔绝，与世界隔绝，对他是很大的伤害和不利。

无论是作为一个人还是作为一个皇帝，他都需要一个更人性化的环境。就算按皇帝的教育来培养他，万一复辟无望，那么他将连普通人的生活和幸福都难以企及。其实如果把他当一个开放思想的爱国绅士来培养教育，他就有能力去做一个好皇帝。当然，他也可以做一个好的普通中国人。对于未知的未来，他至少有技能和本领去面对。

期待皇室的焕然一新。改革，是一件迫在眉睫的事。让那些太监、仆人、不必要的官员都回家。这样省钱又高效。当然，这并非我一个帝师考虑的，我也就点到即止。

当年的两封信，说了很多。在当时，我还没有料到，中国皇室进行改革面临的阻抗和压力，步步维艰。等我了解的时候，一切已成过往，辉煌不再。

当年我提议溥仪按"优待条件"的第三条规定的，从皇宫迁到颐和园，在宫里掀起了轩然大波，而这幕后的原因，其实是有待我进一步探究和考虑的。我们每个人，终成历史的尘埃。而历史，也是没有如果、没有回头路可走的。

第十六章 不想复辟的皇帝

现在，溥仪最喜欢做的事情，就是搜集和翻阅从宫墙外带进来的报纸。他对国内每日上演的各种政治闹剧都极为关注。我也常常对他讲，不能过分依赖报纸上的信息，把大量时间浪费在各种虚假的传言上。作为皇帝，应该有更重要的事情要做。

但是他却对我说，通过报纸的各种消息可以进行分析比较，从各种矛盾的报道中发现事实真相。这种方式逐渐形成他个人的判断方式，以免自己被别人所误导。他的想法也许是有些道理的，不过我也知道，报纸上报道的消息，有很多都是以讹传讹虚假的消息。所以，他还需要朝廷的一些官员通过上书或在朝堂上以口头的形式，向他说明国内真实的政治状况。除了中国国内的政治，溥仪有时对欧洲或其他国家的政治形势也抱有很浓厚的兴趣。

我们生活的时代是一个战乱纷争、动荡不安的时代，我是1919年才开始担任宣统皇帝的帝师的。那一年，第一次世界大战刚刚结束。在巴黎凡尔赛的一座基督教堂里，世界五大强国正谋划着重新构建一个新的世界格局，并试图制定一个符合他们利益的国际协议。他们想当然地认为，只要签订了这个协议，就不会再有世界大战发生。而此时在中国国内，更被人们关注的是早已被德国占据的青岛的归属权问题。

因为第一次世界大战开始后，青岛便被日本人强占。对此，中国人对日本一直提出抗议，要求他们无条件地归还青岛主权。这其中，也包括山东铁路和相关的其他权益。中国人甚至要求，将这些都统统写入五大强国联合制定的《凡尔赛和约》中。因为中国也是第一次世界大战的战胜国，人们有理由提出这样的要求。但这一合理要求被日本人拒绝了，他们认为要解决山东的问题，应该是日德两国的事情，青岛还应该归属于日本。

当从凡尔赛传来消息，日本的提议可能在此次和谈中被采纳，中国的利益仍然受到侵害时，中国的亿万民众纷纷上街游行示威，这就是举世闻名的、对中国近代史产生重大影响的"五四运动"。

在北京爆发的"五四运动"，一开始只是以北京大学师生为主的学生运动。

当时的中国政府当权者忽视了这场学生运动的号召力和影响力。他们甚至认为，这场运动很快就会停止。结果"五四运动"在社会上引起了巨大的反响，士农工商以及其他各界人士纷纷发声援助这场运动，声讨帝国主义对中国的侵略，抗议中国政府签订这种丧权辱国的条约。所有人的共同努力，最终迫使中国政府没有签订《凡尔赛和约》。

五四运动，被拘捕的北大学生

由于溥仪一直在关注着国内和国际发生的一系列事件，所以他对政府官员、各地军阀等人玩弄的阴谋也有所了解。

在那段时间里，中国已经废除了封建帝制，建立了中华民国政府，但却依然存在着很多军阀，每个军阀都公然宣称自己有权代表国民利益。我和溥仪也会经常一起讨论这些问题，上课的时候会讨论，有时回到他的住所仍会讨论。在徐世昌当总统的时候，中国国内发生了很多政治事件，如果对这个时期的中国政局争论来争论去，就会背离了这本书原本的主题，所以还是回到和溥仪命运相关的事情上来吧。

1919年2月，是张勋的辫子军复辟帝制遭到失败后的第十九个月，我正式开启了在清朝皇室的工作。

在这短短的十九个月时间里，中国的广大国民思想已经发生了变化，他们并不希望再度恢复封建帝制。当然，他们对民国也没抱有任何希冀。因此，当徐世昌登上总统宝座之后，保皇派人士仍旧对他充满了希望。

按照保皇人士的想法，他们认为民众或者是大多数的民众还是希望复辟帝制的，毕竟之前民国给了百姓许多美好的承诺，然而到最后却都只不过是灾难。

1919年6月23日，在甘肃的《字林西报》上刊登了一篇文章，它对地处偏远西部省份的甘肃省的政治形势，做了如下描述：

"在民国时期，政府的苛捐杂税并未比清朝少，反而更多，地方官员趁着动乱也越来越腐败。人们又开始渴望帝制复辟，就算清朝的统治在当时不算好，在他们眼里却要比中华民国政府好，这样的希望不仅是出现在甘肃这样偏远的省份，其他省份也存在。"

革命一定要给国人带来真正的利益，否则就不会得到国民的支持。很多激进派的领导人陆续在辛亥革命运动之后创办了革命期刊，其中影响力比较大的有：《新青年》《改造》《曙光》等，其中很多文章的内容反映出了他们的不满和失望，他们需要把革命的新思想灌输到占中国人口90%的农民头脑中去。

1921年，《曙光》上刊载出了一篇文章，令那些希望复辟帝位的人感到震惊，并且看到了一点希望。

"中国农民十之八九不识字，愚蠢得和鹿豕一样，真是可怜。什么自由、权力、政治，他们哪里懂得？他们就晓得一边把钱粮纳上，一边过他们的苟且日子罢了。有时遇见城中人还要问问'宣统皇帝如何了'，'现在是哪一个坐在皇宫里'？往往也叹息痛恨地说：'这样年头怎么得了！等出了真龙天子就好了！'

"你想，在这种情况下，只有张勋复辟，才能得农民们的心；只有张勋招义勇兵，他们还踊跃上前。若是给他们读什么新思想，哪还能够理会？所以我们要想种种社会运动都得到农民的援助，就要先促起他们的觉悟。"

这篇文章具有一定的代表性，让很多人觉得帝制并没有彻底结束。我做了帝师不久，就从各方得知，全国各地很多具有一定威望的人物，在私下里也对清廷复辟有所希冀，甚至觉得这件事情应该在满洲进行。

1933年10月，沃特金·戴维斯在一篇文章中写道："1912年，外蒙古正式宣告独立。其实在1911年，外蒙古还是中国的属地，它们乐意臣服于中国，应该说是愿意臣服在清朝的统治下。在满族征服中国时，蒙古的首领们给予了他们宝贵的支持。表面上说来，蒙古人认为对清朝皇帝还是应该负有一定的义务的。当清朝消失，取而代之的是民国的时候，它们就觉得自己没必要再效忠满族人了。这也使得沙皇俄国在其存在的最后几年中，有机会加强它在外蒙古的统治能力。"

从当时中国政坛的形势上来看，这篇文章的观点基本上还算正确。其实在1911年，外蒙古就已经宣布独立，不再臣服中国，戴维斯在这篇文章也补充了这一点。我们还要注意的一点是，"中华帝国"只是在西方媒体的措辞中才有，正确的说法应该是"大清国"。其皇帝是"大清国皇帝"，老佛爷并不是"中国皇太后"，而应该是慈禧大清国皇太后或是慈禧皇太后。

沃特金·戴维斯还补充道："从名义上来说，外蒙古独立之后内蒙古依旧臣服于中国，不过可以明确地说，中华民国政府在内蒙古地区已经没任何威望。"

在《李顿报告书》中提到，满洲是不愿意参与革命的。文章指出："1919年革命爆发的时候，满洲当局希望张作霖出面阻挡革命党向北进军，以免满洲遭受内战牵连。借此，张作霖日后成为满洲的独裁者，甚至还成了华北的独裁者。"就像文章中说的那样，在中华民国建立之后，满洲根据"优待条件"的内容，"接受既定事实，同意袁世凯的领导"。假如当时皇帝或者是摄政王以皇帝的名义拒绝退位，并且迁都沈阳，那么满洲今后的道路就会截然不同，这些话是当年张作霖对我亲口所言。

在1919年以后，把拥护帝制的希望寄予满洲是很自然的事情。但是我在北京看到的，却是他们没有复辟的实质性作为，这与1917年复辟失败的原因是一致的。很多人经历了太多的风风雨雨，他们对群体内部的人已经不再相信，在对达到目的的措施上和要努力的实施上，都缺少了一致性。与皇室保持着联系的有两个组织，但他们都没有这个能力来确保复辟成功之后登上皇位的是小皇帝。原因是：首先，年轻的皇帝已经退位了并且没有为复辟做过什么事情；其次，如果溥仪一直留在紫禁城，想要保全他的性命并且支持他重新登上皇位，根本是办不到的。

当时，那些坚持用皇帝的名义建立满蒙帝国的人，没有意识到在这个时候形势又发生了新的变化。因为满洲和蒙古无论是事实上还是名义上，都已经成为中华民国版图的一部分。1919年中华民国政府事实上已经控制了满洲的行政机构，张作霖虽不喜欢民国，但他更多关注的是自己在满洲的切身利益。张作霖认识到，如果在满洲复辟帝制，必然会使满洲陷入内乱。那不仅仅会损害满洲民众的利益，也会损害他的切身利益。

很多拥护帝制复辟的人都在静观其变，默默等待着民国的腐败崩溃，或者有外国出兵干涉。例如，大多数人认为日本早晚会采取行动，讨伐民国，夺回它在满洲的利益。

蓄意复辟的人们相信，只要日本和民国开战，他们就可以伺机而动，哪怕是只有一点点的机会。假如被人唾骂他们是叛国者，他们就以满洲人已经被宣判为异族为理由作为答复。既然不必效忠中国了，作为异族人的他们就可以自由地选择盟友。

　　由于拥护帝制的人一直没有采取行动，便引起了一些人的猜测，从而出现了一些谣传。这些谣传从1919年一直传到了1922年。

　　《华北正报》在1921年3月23日刊登了一篇文章，内容是，一个名叫华北帝国的新满洲帝国将在拥护复辟帝制的人的支持下，在沈阳建立。并且提到张勋将军、前端亲王还有义和团的首领，以及曾在1917年失败过的人全都参与了其中。而且新帝国运动的支持者已经快速蔓延。

　　5月21日，刊登在该报上的另一则消息报道："根据中国当局掌握的消息，肃亲王和前总督升允想要在中国进行复辟。另外，如果复辟失败，满洲的复辟者就会提出'满洲是满洲人的满洲'这样的口号，把希望寄托于在沈阳重建一个缩小的满族王朝身上。中国官方对此非常担心，因为哥萨克谢米诺夫和肃亲王的联合行动，在当下还影响着外蒙古的局势。"

　　很多人认为，这次阴谋复辟的带头人是东北的张作霖或者是张勋。

　　很少有人知道，张作霖与张勋他们已经结为儿女亲家，并且关系来往甚密。张作霖曾经支持过1917年张勋的复辟帝制活动，但自己并没有参与其中。到后来，张作霖还声称自己是共和主义者，以迎合革命党。他一直都小心谨慎地躲在幕后操纵着这一切。同时，张作霖还为张勋重返政治舞台做了很多准备工作，并且为其在长江地区谋得了一个军事职务。张作霖一直都有着更大的野心。

《字林西报》记者甘露德曾经采访过黎元洪前总统，黎元洪断言复辟肯定会发生，但他同时也预料到复辟必定失败。

甘露德认为："据说复辟运动计划已经谋划许久，张作霖在军界的同人都已经得到消息。在三个月后，也就是6月的某一天随时可能爆发一次群众示威游行，响应复辟的开始。"在文中，他更是说道，"当然，如果复辟成功，张作霖就不会再躲在幕后，所有人都明白他的真正意图，与其说是为了皇帝的利益，不如说是为了自己和政治同伙的利益。因为他们现在的地位岌岌可危。"

这种观点，在张作霖官方授权发表的文章中也找到了一些蛛丝马迹。在这些文章中，张作霖虽然表示自己不会和复辟计划有丝毫关系，但他仍然暗示道："虽然激进派和他们旗下的报纸都要求废除'优待条件'，但这是根本不可能的事……朝廷旧臣依然同情前君主，如果民国能够遵从'优待条件'，旧臣们就不会追求政治权势。"

从1919年到1924年，我慢慢认识了很多有兴趣恢复帝制计划的人，包括一些希冀在复辟帝制中准备大显身手的人，譬如前升允总督。这都是些秘密的消息，我不能向别的人和国家透露它，我必须得为他们保密。

在北京的紫禁城中从来没有讨论过复辟的问题，溥仪从来都不屑参与这些阴谋，他心里十分明了。我和他的中文老师都小心翼翼地回避着这个问题。我们尽可能避免把溥仪卷入这些阴谋中，否则溥仪就会被当成反共和的典型论处。

郑孝胥(左一)、溥仪(左二)、庄士敦(右一)在紫禁城

不过有时谈论也是无法避免的，当他看到报纸上的一些相关报道的时候，我会直接告诉他自己对某件事情的看法。我的观点是，无论怎么样，达到的复辟的目的都不是正当的。任何虚假的报道，都是不应该出现的。

只有一种，便是由国民自由选举出来的代表，态度诚恳地、发自内心地提出复辟要求，这种情况溥仪可以认真考虑，否则无论是哪种形式的复辟要求，他都必须断然拒绝。

事实上，让国民代表提出这种复辟的请求，是不可能的。我也把自己的观点直接表达出来了。我认为虽然辛亥革命后，民国出现了多个国会，但是没有一个可以真正代表民众，民众也无法自由选择一个真正能够代表自己利益的国会。如果有一个能真正代表民众意愿的国会，让他们发自内心地在共和制还是君主制之间选择，我个人认为，在当时的大环境下，绝大多数民众大概都会选择君主制。

1921年，《京津泰晤士报》在社论中这样写道："即使是部分百姓希望恢复君主制，最终还是不能成功，因为'对那些寻求升官发财的人和军阀来说，拯救民国或者再造民国，是一件有利可图的事情，他们不会放弃'。"

我曾经还对溥仪说过，假使中国的国民支持复辟帝制，这和他们对清朝皇室的忠诚没有任何关系。国民支持帝制，仅仅是因为中华民国政府做得不好。国民大众想要的是一个能为民众谋取利益的政府。

1919年，我前往北京紫禁城履行新使命时，曾写下一篇笔记，现从中节选一段，以飨读者。

在大多数有思想有知识的中国民众心中，都是期望政府能够稳定的。他们期望这个政府能够消除国内外的危机，能够解除或是严格节制比土匪强盗还要猖狂的武装。能够使中国免遭外国资本的剥削和欺压，能够监督政府官员恪尽职守、清正廉洁、奉公守法。我认为，中国此刻必须要面对的问题，并非是共和制还是帝制，只要政府表现出自己有能力满足上述民众的期望，人们就会心悦诚服。

我在以后所看到的情势，更加坚定了我在1919年的那些观点。

在北京紫禁城任职时，我同一些有先进思想的中国知识分子有过密切接触，我的观点得到他们大多数人的认可，包括那些并不同意君主制的人。比如，胡适博士就是其中一位。当时他在教育、哲学、文学和政治方面都已经取得了不菲的成绩。有人问过他，"少年中国"不需要政府，而"老年中国"需要皇帝，这个说法对不对？他的答案非常高明，他说，中国在任何时期都需要"太监"。

溥仪绝对没有卷入复辟阴谋的愿望，他经常和我说，坚决不要做傀儡皇帝。共和制是大势所趋，是世界发展的潮流，溥仪和我的观点一致，他没有任何沮丧。他对清廷的历史了然于心，他对自己的祖先建立大清帝国而感到自豪。

同时，溥仪也感到失落和伤感，他认为曾经繁荣昌盛的大清王朝最终是在他这里终结的。

当时有很多人都在揣测溥仪，认为他有复辟帝制的阴谋，企图夺回被摄政王和袁世凯在他幼年时抢走的皇位。我只能对这些人说，你们对这位已经引退的皇帝的品格和个性实在是太不清楚了。①

---

① 这是庄士敦为自己和溥仪复辟所作的美化，事实上他们曾参与过复辟。

第十七章 溥仪的不安

1920年，即将满十四岁的溥仪的生活，悄悄发生了改变。

他开始更专注于工作和娱乐，远离宫廷之礼、旧式的风俗习惯。按礼法，身为皇帝的他出门就要坐金色的轿子，可他更愿意一个人在宫中的院落和道路上随性奔跑。目睹的朝臣们都惊呆了。

溥仪虽年少，但也明白自己已无实权，对那些烦冗而无意义的宫廷礼法和朝臣的献媚越来越淡漠。

溥仪对外面的世界充满了好奇和探索的欲望。特别是当他站在可以看到外面世界的城楼之上时，他的渴望就会递增。他不断提出这个要求，也不断被拒绝，然后不断陷入失望和新一轮的渴望中。

在溥仪身边的那些人总是告诉他，外面的世界很危险。在南方有像孙中山那样会伤害他，甚至想要他命的人，以及种种他们认为是理由的理由。

溥仪当然知道，他会从这里走出去的，他一定会到外面的世界去的。只是他不知道会以什么样的形式，会是在哪一天，那一天又会在什么时候到来。

西式装扮的溥仪

1921年的紫禁城，发生了几件惊天动地的大事件。

头一件是庄和太妃在4月21日薨。溥仪下旨为这位同治皇帝的贵妃守丧三十八天。三天的全丧，三十五天的半丧。在《邸报》上，溥仪表达了自己对老太妃的哀悼之情。次日，朝臣们都陆续来了。在慈宁宫，太妃的棺椁接受着大家的吊唁。这里原是慈禧太后的寝宫。我去的时候看到一帮太监在棺椁旁哭得很伤心。我不太明白他们为什么那么伤心。

后来发生的事件就更让我不明白了。

那些在太妃灵前哭得死去活来的太监，因为太妃的遗物发生了争抢，甚至在灵堂里引起了骚乱。棺里的太妃若是有灵，不知做何感想。内务府的人觉得太监们这样简直没有教养，东西可以拿，但应该拿得文明一些。这就是他们的意思，简简单单批评一番。闹剧之后，也没有谁因此受到惩罚，那些私自拿走的，本来属于皇宫的、太妃的财宝，也没见有人还回来。

溥仪龙颜大怒，要严惩这些人，却被内务府坚决反对："要是让外界都知道了，这还得了，不是授人以柄吗？太妃也没有面子。那些太监有什么脸面？丢的还不是皇家的脸。"

另外还有一些别有用心的人反复劝溥仪："不如大事化小小事化了，要处理，也背着人些。"

争抢皇宫财宝的行为，在当时的皇宫之中并不多，更多的是财务上的侵吞。

一个法国人告诉我，溥仪为修缮使馆区拨了8万元，大头都让官员私吞了。最后做事的工人只拿到了80元。这真是令人不可思议。

另有一件奇事是我自己亲历的。

某帝师举办宴会上大家谈起宫中刚刚办过的庆典。那是一个简单的节日典礼，溥仪为了凑钱办这个，将宫里的玉器瓷器拿了一些去抵了。我好奇地问了一下这些钱财的去处，因为从表面上实在看不出来花了那么大的价钱，都让溥仪变卖东西了。结果大部分钱都是赏给了挂灯笼的太监。我也是百思不得其解，这件事用很少的钱就可以请人回来做得很好，为什么要这种操作呢？他们说这是惯例，祖上传下来的规矩。我说现在情况不一样了，今时不同往日，宫里收入已经锐减了，当然要节流。但没有人听我这个洋帝师的忠告。他们觉得我只是一个不了解情况又喜欢多嘴的人。这个有点像《皇帝的新衣》的故事，我说的实话没有人愿意听。

五个多月之后的一天，溥仪终于走出了皇宫。但这并不是一件高兴事，而是一件伤心事。他的生母，醇安王妃于9月30日过世。溥仪要去他母亲死的地方，醇亲王在北京北城的王府。

当时是10月初，溥仪要出宫回到他出生的地方，吊唁母亲。他有半天的时间。宫里和王府隔的不仅仅是街道和景山，还有一些厚重而无形的东西。出宫的必经之地是神武门。它中间的门洞是无比神圣的，在封建帝制时，只有皇帝可以过。唯有两边是大家一起用的。到了民国期，那个唯一能进出中间门的人成了总统。皇帝出宫，中华民国政府给予了最高礼遇，甚至让皇帝的汽车从神武门中间的那个门过了。当时，溥仪应该是百感交集吧。

溥仪出宫自然不是他一个人，前前后后都有人护驾。那天的街道旁很多人在安静地看着，大家对这个名义上的君主充满了敬意，还多了一层同情。如果还有，就是好奇。

那之后，溥仪想再次到城里看看，大家都反对起来。理由很冠冕堂皇：中华民国政府说了，不是买所需用品不允许出宫巡访。这个事就是中华国民政府同意了，也要一笔钱，去打赏那些随从的士兵守卫做好安保工作，还需要很多的汽车护卫。我说溥仪完全可以微服私访嘛，这就不需要护卫了，但没人觉得这是个好主意。

这件事让溥仪觉得憋屈。他把原因归到他没有一辆属于自己的汽车上，虽然他当然知道根本原因不是这个。但起码这也是原因之一。所以他决定购买一辆汽车，这个当然无人能挡，但当他坐着这辆新买的车再次出宫时，又是因为一件不开心的事。

1922年，帝师陈宝琛患肺炎，一度病危。5月13日，溥仪亲自坐车去看他，也许是皇恩的加持，陈宝琛又活了过来，并健康地活着，直到1934年他八十七岁，我见到他这人还精神矍铄的样子。

溥仪是个重情之人，对帝师的感情又格外深厚。9月26日那天，溥仪又坐着他的车，去看他病重的满语帝师伊克坦。两人在伊克坦临终前见上了一面。

这两次溥仪出行，宫中官员、民国将军都有随侍左右。其实根本不需要如此隆重，完全是多余。但我明白，醉翁之意不在酒，他们根本不是为了溥仪的安全，而是控制溥仪的出行，防止他去往使馆区。

有意思的是，真正想要控制溥仪行踪的，并不是中华民国政府，而是内务府。徐世昌总统私下和我说过，在他的任上，政府是不会干涉溥仪自由的。真正在幕后张牙舞爪的是清朝的朝廷。他们生怕失去，所以需要掌控。

当时很多人，包括段祺瑞、张作霖之流的民国将领都以为内务府和溥仪以及皇室尊严是一体的，其实不然。

有了自己的汽车，溥仪还是不能轻易出宫。顿觉无趣的他又打算装一部电话，这样即便不出宫，也可以和外界联系。

内务府一开始也是反对的。他们说，敌人也会知道这个电话，会骚扰皇室，还有一些人会打电话来骂溥仪。溥仪可不听这些，他坚持要装。最后，皇宫的第一部电话装在了溥仪睡觉的地方。

这部电话的作用也很快发挥了出来。

1921年和1922年，宫里又有几次风波。我想我是这些事情的直接或者间接责任人。

1921年一个偶然的机会，我发现溥仪的视力出了问题。那时溥仪经常头疼，身体也常有不适。一次我看到溥仪在看国外君主送的大钟，而分明书案上就有一个小钟。弃小钟不用，是因为溥仪看不清小钟上的时间。

这件事在我看来是一件大事。我秉着对溥仪负责的态度，告诉了醇亲王、别的帝师还有内务府的官员，我想他们必须知道这件事。但他们对此出人意料地冷淡。

我说想请一个外国眼科医生给溥仪治治眼睛，端康太妃跳出来坚决反对。这是三个太妃中最有话语权的一位。她觉得外国的医生一定会给溥仪配眼镜，中国皇帝戴眼镜，在她看来这是绝对不行的荒唐事。

而我觉得，如果有需要，溥仪能够看清楚字，看清这个世界，有什么不可以的呢？一切为了溥仪好，一切为了孩子好。

我对太妃无理取闹的反对，唯有以离职相要挟。碍于我的坚决，醇亲王和内务府的人依了我，但太妃还是坚持她的意见。

我知道，内务府比太妃更希望我走人大吉。这个时候，溥仪勇敢地站了出来，他明确地说把他眼睛的事交给我负责，还让我继续做他的老师。

对此，内务府的人一定把我记恨上了。

1921年11月7日，一个特别的日子。

美国著名眼科医生霍华德教授接受了我的邀请，他当时就在北京协和医院工作。11月8日带着他在中国的助理李景模博士来到皇宫为溥仪看眼睛。一番检查之后，他们得出结论，溥仪得了高度近视，且眼睛还有别的问题，必须戴眼镜，而且必须在一年之内再次复查。

霍德华教授及助理对溥仪的眼睛问题如此严重了才开始治疗，表示不可思议。当他们知道宫里反对外国医生给溥仪治眼睛时，则更为震惊。霍德华教授叹息，他们怎么能这样对待一个年轻人呢？即使他不再是一个皇帝，他也是一个孩子。

戴上眼镜后，溥仪感觉好多了。之后，他一直佩戴眼镜，哪怕拍照或者画像，他也没有取下来。这说明溥仪戴得很自然，很舒适。

我万万没有想到，这么一件让溥仪开心的事，居然有人不开心，还有人说甚至会引发命案。

端康太妃是在溥仪检查完之后才知道我们最终请了国外的医生来治疗溥仪的眼睛。一个内务府的人说，端康太妃如果真的怒了，那么她会吞鸦片自杀的。到时候我一定担不起这个责任。

这简直不可理喻。溥仪戴眼镜关她什么事呢？如果她真的为溥仪好，她难道不应该高兴吗？

这次之后，我和皇宫的人有了莫名的隔阂与距离。内务府的人见我赢了，甚至还成了此次事件的功臣，自然是不愿意的。当然那位太妃也没有原谅我，因为我对她的意见并不尊重。但我不在意包括她在内的任何人的想法。我一想到她看见溥仪戴着眼镜后，所表现出来的样子，我就想笑。

这件事的后续是，医院虽然没有收溥仪看病的钱，但皇宫还是给医院捐了1000元。霍华德博士因为给皇帝看眼睛，获得了极高的名气。名气高到什么程度了呢？他后来被满洲的土匪盯梢绑架，并被索要赎金。

还有一件引起了某些人不安的事，也是我引发的。

当时很多人，包括皇族里的人都剪了辫子，溥仪要求了好几次剪辫子的事，都被否了。理由是他是皇室的代言人，也是满洲的形象代言人和管理者，他必须遵守旧俗。

面对反对，溥仪开始是保持沉默，过了几天他忽然用皇帝的名义下令让太监帮他剪辫子。太监吓坏了，跪求皇帝饶命，求皇帝不要为难他。

溥仪一个人走进房间，自己把辫子剪了。从头开始，焕然一新。

此后的几天，整个皇宫都是低沉的氛围。我被很多人指指点点。但是二十多天之后，皇宫里除了三个固执保守的帝师，其他人都剪了辫子。

时代在进步，那些象征过去的，自然也会消失，不会停滞。没有什么能够阻挡历史车轮的向前。

接下来的事，再次震动了朝廷，这次比戴眼镜和剪辫子重要得多。

因为我教导的缘故，溥仪被"少年中国"这个想法吸引。我并非想让溥仪成为革新派，让他去追随《新青年》成为文学先锋青年，我只是想让他了解一下当代进步的中国青年的思想和他们的运动。我预测这些运动必将影响中国，不管朝着什么样的方向发展，一定是朝着这个世界的本来面目去进化。当然，别的帝师是不会和溥仪说这些的，他们本身也是两耳不闻窗外事、一心只读圣贤书的人，但我觉得我有责任和义务让溥仪知道外面的世界以及这个世界的真相。

陈宝琛

我那个时候和"新青年""文学改革运动"的几位领导者要好。我们是在一个国际型交友会上遇见的。每隔一段时间，我们就会会面，我甚至一度担任过这个社团的会长。后来，胡适博士从我手中接过这项职务。胡适博士非常有义气，非常有见地，他后期一直致力于文学的革新。我挑了几篇胡适先生的文字，以及几份期刊交给溥仪，我想这是他了解世界的一扇窗户。

果然，溥仪看了之后对胡适博士很有兴趣，要召他入宫一见。

当时是1922年的5月底，胡适找我问见溥仪需要注意一些什么。他以为要下跪，我说不必行叩拜之礼。这次的会见，内务府并不知。我和溥仪是通过电话联系和沟通的。如果内务府知道，是断然会拒绝胡适这种激进分子入宫见溥仪的，怕他把他们的皇帝带坏了。

我在几天之后收到了胡适先生的一封信，里面分享了他和溥仪的见面和聊天内容。他是在6月7日给我写的这封信的。他告诉我溥仪非常礼貌非常客气，他们主要聊了诗歌等文学话题。相谈甚欢。但由于神武门的守卫问题，见面的时间很短。

胡适对他见到了中国最后的皇帝，既兴奋又感触。

胡适博士在信中和我提到了溥仪生活中的一些思想动态。他坦言，倘若没有新思想，那么一朝皇帝现在的生活和牢笼有什么区别？这样的牺牲代价不是太惨重了吗？

1924年3月27日，胡适又被召进宫。1925年，胡适因为之前那么多次见溥仪的经历，被人拉出来责骂，说他不遵守共和原则。

是我为溥仪打开了皇宫的门和窗，让他看到了外面的世界，看到了拥有先进思想的青年人，看到了他们在朝气蓬勃地活跃着。溥仪一步一步与这个世界发生了联结，他也更加清晰地看着这个世界。

我这个外国来的帝师，也渐成某些利益体眼中的威胁因子。面子上内务府对我还是尊重，但内里，我知道我受到了排斥，本来我与皇室的合约在1922年便到期了。当时内务府并无续约的意思，但我的皇帝学生一发话，他们只能把我又留了下来，继续教育孩子们。

第十八章 渴望逃离

到1922年6月时，中国的局势愈发变得动荡不安，最明显的就是以孙中山为代表的广州政府拒不承认北京政府的合法性。但广州政府并不是使北方充满焦虑和冲突的主要因素，而是军阀政治集团之间都斗争导致了动荡。

那些军阀都有各自的想法，其中皖系、奉系和直系军阀都想着要由自己来主导北京。尤以张作霖统领的奉系军阀和以吴佩孚为统帅的直系军阀表现得最为明显。张作霖曾多次公然表示他不但想做东北的主宰，将来还要让北京也乖乖地臣服于自己。而吴佩孚则对此不以为然，他认为，统一中国的大业只有身为勇敢战士和爱国主义者的他方能完成。

我在前面的章节中曾经说到过，在1922年时很多人都认为张作霖在努力地恢复帝制。可到了1923年，他却改变了对于皇室的态度。

当时，张作霖陆陆续续地收买了许多在紫禁城中任职的人，目的是从他们那里打探消息。他对现存的内务府的政治关系、皇室对形势的看法和判断等都想掌握。

在1922年之前，张作霖曾是皇室最有实力的朋友，甚至皇室把保护皇帝免受任何威胁和侮辱的希望，都寄托在他的身上。我这么讲，并不是指皇宫内的人都与张作霖串通一气。其实，溥仪身边的人不过是希冀他可以保证"优待条件"的继续实施，因为他们现有的特殊权力和领取俸禄完全靠的就是皇室的这笔收入。

张作霖

1920年夏天发生的直皖战争，证明了皇室和张作霖的"友谊"。

在开战的前几天，有传言说，和张作霖敌对的政治集团将会实施一系列针对皇帝的阴谋。那时，我在宫里参加了最核心的会议。皇室成员希望如果发生不测的事件，我能够和溥仪共进退。因此，我做好了准备，一旦有什么消息，我会立刻搬到紫禁城中暂住。到了后来，当直皖战争在北京附近持续激战的时候，我一直带着行李箱陪同溥仪住在他的寝宫里。很快张作霖便在战斗中取得胜利，我也不必再为溥仪的处境担忧，便又带着行李箱搬出了皇宫。

但是，到了1923年，皇室对张作霖的信任出现了动摇。

关于吴佩孚是怎么样崛起的，在此我不想多说。吴佩孚当年在洛阳设立了他的司令部，并把他的势力范围覆盖到了华北和华中的大片区域。在这个范围中，内务府认为张作霖已经失势，北京最后的控制者可能会是吴佩孚。

吴佩孚

而张作霖通过他收买的线人得知了内务府的这些想法，他有些惊慌失措。随后，张作霖又得到消息，以康有为为代表的那些知名的保皇派人士都去看望过吴佩孚，吴佩孚也热情地接待了他们。而且在吴佩孚庆祝寿辰的时候，还收到了清廷使者送来的贺礼，吴佩孚还特地把这些贺礼摆放在大厅中最尊贵和引人注目的位置。种种迹象表明，清廷开始和吴佩孚建立友好的关系。

内务府对吴佩孚的主动友好态度使张作霖感到气愤，认为自己受到了侮辱。为此，张作霖和徐世昌发生了激烈的争吵，原因是徐世昌对吴佩孚的妥协态度。张作霖甚至认为是徐世昌在背地里策划了阴谋，使他和吴佩孚之间发生了战争，目的是把他搞垮。不过实际上张作霖并没有垮台，反而倒是徐世昌在失去张作霖的支持后，他的总统位置却变得岌岌可危。而且徐世昌总是想通过压制别人来加强自己的地位，所以吴佩孚和直系军阀也不想再支持他。

1922年春天，直系和奉系发生战争。

这场战争使皇室成员认为溥仪的人身安全可能不保。他们决定由我出面去寻求英国的支持，以达到在溥仪遇到危险时英国政府能够给予庇护的目的。

幸运的是，英国大使比尔地·阿斯顿爵士明了我的来意后，一口答应给予溥仪帮助，但是要避免英国人干预中国内政的嫌疑[1]。他的意见是，就在英国区内给我安排一个住处，以后我就可以以老师的身份邀请溥仪到这里来做客。

我又分别找到了葡萄牙大使和荷兰大使，他们也答应了我的

---

[1] 庄士敦在书中多处表示英、荷、日等不想干涉中国内政，但显然与事实不符。

要求，在危难时刻能够接待其他的皇室成员，给他们以庇护。

张作霖和吴佩孚的直奉战争一连进行了数月，后来战争结束，局势得以稳定，溥仪及皇室成员也就没有必要再去外国领事馆寻求帮助。但身为大总统的徐世昌却因这场战争失去了威信，权力被大大削弱，北京政府因此成了有名无实的政府。

1922年6月2日，徐世昌被迫辞去大总统之位并匆匆离开了北京。

徐世昌的辞职和离开，多少让我们感到了震撼。因为在我们的印象中，他一直是一位彬彬有礼、讲究尊严的绅士，是一名竭尽所能为中国的国民做贡献的知识分子。徐世昌曾经多次邀请我和几位皇室成员到他家举行非正式的聚餐活动。在聚餐时，徐世昌总会耐心询问皇室的"优待条件"是否得到了落实。

徐世昌与袁世凯有着本质上的不同，我认为他不会像后者那样背叛民国，重新恢复帝制。不过我熟悉的一些人在提起这位总统时，总会露出蔑视的眼神。轻蔑的理由就是徐世昌在给溥仪送礼的时候，总是在自己的名字前加上一个"臣"字，一副卑躬屈膝的奴仆样子。关于这件事，我也曾和那些人说过，民国的总统已经不是皇帝的仆人了，虽然在前清的时候做过皇帝的臣子，但是他们绝对没有必要继续恭维皇帝，这既与民国官员的身份不相符，也是对中华民国政府的不尊重。

然而这一切全都过去了。徐世昌辞去总统职务离开北京后径直去了天津，之后他一直居住在英租界。1933年，他还在那里为自己的八十寿诞庆生[①]。

　　渐渐懂事的溥仪越来越不满意自己被禁锢在宫中的命运，对于自己特别不愿意可是又不得不陷在其中的处境，他看得越来越明白。他知道了内务府并不在意他的想法，只是想维持"优待"现状，他也发现了自己的皇帝称号只不过是有名无实。但作为一个热爱国家的人，他对于自己子民的痛苦处境很是担忧，并且希望中国的未来和平繁荣。他也经常跟我谈起，认为自己白白地享受民脂民膏却什么事情都不能做，即使这个优待津贴的数额越来越少，他也感到耻辱。

　　为了稳住溥仪，为了维护宫廷的利益，经过商议，内务府决定为溥仪大婚。

　　1922年3月11日，《邸报》向社会发表了一段简短的声明：册立荣源之女郭布罗·婉容为溥仪的皇后。当然这并不是说他们马上要于近期举办婚礼，至少也要等到几个月之后才会进行。

　　作为一个西方人，我认为中国的皇帝大婚与西方国家不同，年轻的女孩被皇帝册封为皇后，从皇帝的诏令颁布开始，她的身份就已经开始发生变化，而不是等到结婚才成为皇后。尽管颁布诏令的日期与举行婚礼的日期并不是同一时间。

　　溥仪下诏册封婉容为皇后的时候，婉容和她的父母都住在天

---

① 原著有误。徐世昌举办八十寿诞的时间为1934年。

津，并没有在北京的皇宫里。婉容的曾祖父长顺曾经担任过清廷的吉林将军。辛亥革命时，荣源任职候补道台。他的第二位妻子（婉容的继母）的父亲是王公毓朗，因为毓朗是皇室的重要成员——乾隆皇帝的直系后代，所以他的家族也因此显赫起来。

报纸中还宣布了溥仪同时册封了端恭的女儿，额尔德特·文绣为淑妃。

婉容与文绣都是满人，这可能会令很多汉族臣子感到愤愤难平，因为他们更希望溥仪能够迎娶一位汉族女子。但是大清的祖训和法律是非常严格的，要求皇后和贵妃一定得是满族女子。不过当时紫禁城中确实是流传过一则查无实据的谣言，说溥仪想要迎娶徐世昌大总统的女儿作为自己的皇后。事实上，这是毫无根据的谣传。

文秀（第一排左三）和婉容（第一排右二）

同年的3月14日，《邸报》再次刊登了皇帝将要大婚的相关文告。消息说，婉容的父亲荣源和文绣的叔父到紫禁城来对皇室表达他们的感激之情。同时，荣源也被授予了头品顶戴花翎，加封御前侍卫，还具有在宫中骑马的特权。随后，又任命他做了内务府大臣和公爵。

溥仪对没有见到新娘的面就订婚的方式也给予了默认，但是他对自己皇后和淑妃的人选却并不满意。他以不愿意一夫多妻制的理由进行抗争，公开与皇室成员为此事大声争吵。气得太妃们声泪俱下地痛斥他，认为溥仪有悖祖训。溥仪因为拗不过其他皇室成员，最后只得采取妥协的方式，答应同时迎娶二女。

有几位和我关系密切的清廷成员对我说，溥仪说他要做一个西方式的文明君主，实行一夫一妻制。他们还认为造成溥仪有此想法的始作俑者就是我。对此，我感到非常冤枉。有一位法国记者曾公开说过，我是将溥仪训导成一位"英式花花公子"的人，但事实上，我对于溥仪的婚事，只有一个建议，就是晚些举行婚礼。十七岁的溥仪毕竟还是一个孩子，不过我的意见却并没有得到任何人的支持。

同年6月份发生了一件事情，我当时写了一封信给一位懂得英语的前清官员。在信中，我向他介绍了溥仪订婚的过程，此处我对一些没有必要的段落做了删减。

我亲爱的朋友：

　　我在端午节离开北京，三天后回到家中才有人告诉我徐世昌在1号辞去了总统的消息。那天上午，我和皇帝通电话的时候，告诉了他这个消息。随后，我还收到了一张中文信笺，是皇帝身边的一位亲信转交给我的。皇帝说想在当天下午三点的时候与我见面，并且他还让我准备两辆汽车停在东华门外，然而要做什么他却没有说明。只是要求我不要告诉其他的人。

　　我按照皇帝的要求做好了一切准备，于下午三点来到养心殿面见了他。这个会面只有我们两个人，我却觉得很有压力。皇帝坚持要去英国使馆，他已经铁下了心，根本不顾及我的建议，而这也就是他安排两辆车的原因。其中一辆是我和他共同乘坐，另一辆为的是接送他的心腹仆人。溥仪决绝地想要离开紫禁城，到英国使馆寻求庇护，向中华民国政府表明自己不想做皇帝的态度。他甚至认为自己有名无实，只有一个皇帝的称号，每天碌碌无为却还要享受中华民国政府的津贴，这是令人感到羞耻的行为。因此，溥仪决定放弃津贴，同时也不要再继续做这个皇帝，他要离开皇宫到其他地方去住。他打算在向全国通电发布声明后，就去周游欧洲。但当时准备还不充分，所以希望在英国使馆过渡一段时间。

　　溥仪之所以做出这个决定，与国内的政治局势密不可分，当然这不是所有的理由。最近一两年，我经常与他探讨清廷和民国之间的关系。皇帝已经逐渐地明了了他的处境，而且愈发感到羞耻。即使一直安定地居住在北京城里，他也不想再继续扮演这种皇帝的身份。他已经是一位有思想的人了，他感到特别有压力，如果不放弃皇位和宫廷，就不会脱离目前这种尴尬的境地。

溥仪的这些举动都在我的意料之内，我知道他已经经过了深思熟虑。而且他也认为，我很有可能会对他给予支持，这也是他只相信我一个人的原因。但我并不赞成他的做法，我向他说明，徐世昌被迫辞职是出于无奈。假如你现在就去英国大使馆寻求庇护，那么各大报纸和各方势力一定会误解你，甚至唾弃你。人们可能会认为徐世昌与溥仪这样做都是事先策划好的阴谋，宣统皇帝溥仪是因为内疚而离开宫廷、放弃皇位和津贴的，人们甚至还会怀疑，这只不过是做给别人看的而已。

此外，我还对溥仪说，如果他放弃了皇位，英国大使馆也不会帮助他的。因为不管是大使还是英国政府，他们都不会使自己陷入中国的内政纷争之中。何况，这些问题关系到中国政治的未来走向。英国公使曾经做出的承诺是以中国爆发内战作为前提，除非是皇帝在战争中的人身安全不保，英国使馆才会给予帮助。可是现在皇帝的人身是安全的，那么英国大使也就没有理由给他提供所谓的庇护和帮助。此外，溥仪到英国大使馆去仅仅是为了避开皇室成员和朝廷官员，并且皇帝自己设想的行程方案还有弊端，例如通电表明自己的态度之后，准备出国的事宜。仅仅此事就会引起国内政局的动荡，并且英国人也会毫无疑问地陷入其中。所以，皇帝的这一设想根本无法顺利地实施。我建议溥仪允许我马上去使馆协商，并且在一小时之内带回使馆的决定。但是他根本听不进我的建议，只想立即实施他自己的计划安排。

我曾经多次就皇位和民国补助的问题和溥仪展开讨论。对于皇帝突然做出的选择，我认为是有原因的。其一，皇帝非常聪明，对于频频发生的各种政治事件已经有了自己的看法和结论。并且，他也明了自己目前所处的环境并非长久之策。虽然教授他中国文学历史的帝师并不能够分析西方的文明世界，但是他却可以从中西方时局的变化中形成自己的看法。溥仪对清朝的历史非常精通，他知道清朝覆灭的原因。他对那些革命人士持一种宽容的态度，也曾对恶名昭著的慈禧太后进行直言不讳的评价，虽然这是冒着被他的追随者或是身边人指责的风险。最近三年，我发现皇帝对于目前的生活状况非常不满意，他并不想接受民国的津贴，虽然是民国一直拖欠着没有发放到位。

其二，皇帝对于宫中保留下来的腐败传统和封建礼法越来越不满意，某些人的行为恶劣让皇帝特别愤怒，他曾经跟我谈起过这类的事情，在此我不便公开这些人的名字。宫中经常有一些贿赂、偷盗、报假账等情况发生，这使皇家的颜面扫地。甚至在太妃辞世后，那些原本在太妃身边工作的人会因为瓜分太妃遗物不公的事情发生争吵。更让皇帝特别生气的是，他本想处罚人时，会受到宫廷里各色人等以保护皇家颜面为由的阻挠。在那些人眼中，颜面是最重要的事情。如果让外界知道这些事情，就会让太妃们蒙羞，这是万万不可以的。最后，皇帝只好妥协。

皇帝心里明白，如果他失去了尊称和津贴，使皇室失去保障，这一切就会消亡。而皇室成员为了他们自己的利益，就一定会劝阻皇帝这样做。不然，他们就会失去已有的利益。所以溥仪要避开皇室成员，悄悄地实施这个行动。我不敢妄言溥仪的想法是否正确，但是他认为，自己没有必要对这些腐败贪婪的人、这些恶劣的行为再承担任何责任。溥仪认为自己个人生活的花费并不需要很多，国民大众还仍然食不果腹、衣不蔽身，生活在水深火热之中。而自己一事无成却享受这份津贴，这使他感到羞愧和内疚。

溥仪认为"优待条件"应该废除，国民政府许诺的每年给予400万元津贴（尽管一直拖欠这笔津贴），即使能保证皇帝和太妃过上奢侈体面的生活，但其实他们也用不了这么多钱。对溥仪和皇室成员而言，完全有能力不依赖这些津贴，也可以过上这样的生活。因为祖宗留下了很多财产，如宫中所有名贵的文物以及其他固定资产。只要把这些财产管理好，不被某些人贪腐、盗窃、瓜分掉。

在"优待条件"签订之前，管理皇室财产的人还是忠于职守、尽职尽责的。得益于他们的才能和忠心，溥仪以及皇室成员和侍从们一直都过着舒适的生活。我和溥仪都认为，是内务府竭力促成签订"优待条件"的。因为这样做，那些贪污腐败的官员以及内务府成员的收入就能得到永久的保证。因为这些人根本不想自食其力，他们都想在清朝覆灭前借机多捞一笔是一笔。

　　我在担任帝师的这几年，逐渐明白了一些事实，根本没有人真正在乎和关心皇帝的利益。不过，宫内的人都会关心皇帝的安危。因为他们知道，如果没有皇帝的存在，他们就无法保证自己的利益。他们在乎的是皇帝活着，身心健康与否并不重要。否则，在给皇帝治疗眼疾这件事上，我也根本不需要和他们争论那么久，并以离职为要挟，最后才得到他们的允许。

　　以上两条恐怕就是溥仪安排这次出行计划的主要原因，因为他已经无法忍受这个皇帝的身份，急切想要摆脱这一切。溥仪想彻底除掉皇宫中的腐败恶习，虽然其间也有些人提出过一些改革的建议，但是很显然溥仪却已经没有这个耐心再继续等待下去了。他想要解决这些问题，就必须废除皇帝的称号，拒绝领取国民政府所给予的津贴，并使那些依靠皇帝来获取利益的人彻底失去这个靠山。

　　第三个原因是废除的国会可能会再度建立，并且那些激进的革命党和共和人士也极有可能会组建其他的各种组织。溥仪心里明白，只要这种状况出现，皇室"优待条件"就有可能被修改甚至废除。如果国会的运行恢复正常，那么首先要解决的问题就是皇室的存在与否，溥仪及其皇室成员就要自动放弃皇帝的称号和国民政府给予的津贴才能获得国民的支持。与其被勒令放弃，不如自己先走出去。

　　我不同意溥仪现在采取这样的方式，还有一个无法回避的理由。因为当时的中国正处于政坛的空白时期，没有总统没有国会。即使溥仪宣布不再做皇帝和放弃津贴，也没有谁能够有权处理这件事情。对此，溥仪也表示赞同我的看法。但是，无论是旧国会的恢复或是新国会的建立，都是政治家们争论不休的舞台，根本没有人会记得皇帝。

此外，我还要申明一个理由。在此之前，我第一次给你和刘体乾写信，告诉你们皇帝有放弃津贴的打算。你答复我说这样时间显得过于仓促，应该让皇帝和皇室成员将其财产进行全面的清查，然后再考虑下一步如何进行。一直以来皇室的财产根本得不到认真的管理，官员们既腐败又贪婪。对于皇室财产的清理，是一件非常不容易的事情。但是，搞清楚皇室的财产，有非常重大的意义。所以我向溥仪提出建议，成立一个专门负责清查皇室财产的部门，这个想法得到了他的赞同。溥仪心里很清楚，这次清查重点是要揭露出内务府那些腐败的真相，因此组织的成员不能是内务府的人，那些人对于彻查是不会认真的，皇帝要任命的人员应该都是和皇室财产没有瓜葛的人。你和刘体乾也是被皇帝任命的人员，并且皇帝还封你为太保，这是对你的信任，而且特许你可以随时和皇帝见面。当然，对于这样的决定和任命，内务府成员以及与皇室财产关系密切的人员极力反对，但是溥仪对这些人的抗议不理不睬。他直截了当地告诉摄政王，自己不想继续成为傀儡和木偶。皇帝的言行在处理这件事情中一定要给大臣们留下深刻的印象。

不过，我想跟你说，关于皇室清查财产的行动，可能需要很长一段时间，溥仪恐怕没有耐心等到最后的结果。溥仪认为皇家财产是否能保证他自己的生活水平同他放弃津贴没有关联。我非常赞同，假如皇帝得知皇室财产的数目能够保证他优越的生活条件之后才宣布放弃津贴，这恐怕有损皇室的尊严和体面。

你在这个委员会中是一个非常重要的人，所以我一定要跟你说明，皇帝究竟有权支配哪些资产。你一定要向中华民国政府交代清楚。过去的几个月中，一些报纸曾经提出抗议，他们认为皇室根本没有擅自变卖这些财宝的权力，因为它们是属于国家的。比如，《顺天时报》就刊登了这样一篇文章，说是有一个外国人将皇宫内的一些无价之宝转卖到国外的银行，文中还说，这种行为让中国失去了很多珍贵的历史文物。

这些报道也许属实，但我绝不是那篇文章中所说的外国人。因为，不管怎样，这都有关皇室的颜面和名誉。所以在这里，向公众说明，哪些财产属于国家的，哪些财产属于皇帝个人或皇室成员的，均应加以分类区别以正视听。

有关溥仪想要放弃皇帝的身份和津贴这件事情，我曾和刘体乾先生讨论过。他也对溥仪这种做法持不同意见，他认为溥仪可以放弃津贴，但是皇帝的名号应该继续保留。有人赞成刘体乾的观点，但是我却不认同这一观点，我个人认为溥仪如果想真正获得自由，就必须舍弃这一切。因为溥仪只要是名义上的皇帝，就会有人因谋取私利，要求保留皇宫的内务府，那么皇帝就无法真正摆脱目前的困境。他就依然受人摆布，无法摆脱外界的桎梏，也无法处理那些恶劣的中饱私囊的贪腐行为。

社会上一些有极端思想的报纸使用一些粗俗卑鄙的语言来攻击溥仪，那些倡导和支持共和制度的人也会觉得保留皇帝的称号是导致中华民国政府动荡的原因。其实我认为这个观点也有一定的道理，例如：建立共和体制的中华民国政府与保留皇帝的称号是互相矛盾的。西方国家的人认为中国的皇帝和西方下台的君主是相同的，溥仪只是一个前清的末代皇帝而已，他们认为放弃皇帝的称号并不是一件羞耻的事情，而是顺应了时代潮流。这些人在报纸和言论中一直称溥仪为"前朝皇帝"，所以无论溥仪是否放弃自己的皇帝称号，在西方国家的人的眼中，他都是一位已经下台的前朝末代皇帝。

也许，你和别人想的一模一样，认为溥仪如果放弃了自己的皇帝称号，他就没有办法在某一天进行重新复辟帝制的活动。我不愿意让溥仪和我自己卷入到这种丝毫没有希望的计划之中。我所担心的仅仅是皇帝的身心健康，不希望他站在风口浪尖。

假如中国重新实行君主立宪制，这种制度也能够使中国政局稳定，溥仪的决策也没有什么不对。他这样做也可以说是为国家利益着想，也是一种爱国行动。这对于溥仪重登帝位或许大有益处，关于这一点朱尔典伯爵曾经说过，当溥仪出国游历结束学业后，他也可能在某一天当选为总统。其实这种说法也具有较大的可能性，不过需要具备的大前提是，放弃旧日的君主制和中华民国政府给予的优待特权。

除我之外，溥仪另有三位帝师，可他们对于宫廷的丑恶和阴谋视而不见。我们此刻不能从道义的高度评论帝师的错误并加以评论。因为他们都是接受了旧时教育、思想保守的学者。他们对于国家的政局和其他活动根本不感兴趣，因此，他们目光短浅。他们从来就没有到国外进行游历，又不懂得国外民族的语言。大概这些人以为世界上除了中国，再不会有其他发达的文明。

一位帝师曾经将自己的错误观念教授给皇帝，对于这一点，我是不赞同的。现在中华民国政府入不敷出，财政困难，百姓的日子过得艰难。为此，他想放弃津贴。可是这位帝师安抚皇帝，不必为此事担忧，既然是中华民国政府使帝制走向了没落，他们就是皇帝的敌人。皇帝马上反驳道："既然民国是我的敌人，我就更不应该接受他们的津贴。"我认为，皇帝根本就不仇视中华民国政府，他能够理解中华民国政府还有反对他的人。

有一次我同皇帝提起了一位革命派的将军，皇上也是通过报纸对这位将军有一定了解的，他对这位将军非常赞赏，认为他完全有成为一位领导人的资格和能力。我对他说："这位将领和多数南方的革命派人士是一样的，他的思想激进，并且一直在攻击皇帝。"对此，皇帝的态度是如果这个人能够给国家带来好处，其他的事情都不是问题。

溥仪书房的墙壁正中挂着一幅卷轴，内容是勉励他要忧国忧民，心怀天下。当我听完皇帝说其他几位帝师让他把百姓当作敌人时，我对他说，如果以后再听到类似这样的语言，他就应该把这几位帝师叫到卷轴跟前，让他们把这幅卷轴收起来。因为这卷轴上所说的内容，已经失去作用了。

我能一直坚持在溥仪身边任职，是因为不舍与他的师生情谊。在旁人看来，摄政王、内务府以及其他帝师和皇室成员对我都彬彬有礼，但其实我与他们的关系并不亲密。这些人认为我要对溥仪提出放弃皇帝称号和津贴的行为负责，因为溥仪越来越想摆脱皇室的束缚和皇宫的禁锢。对于这些议论，我不想与之争辩。

我最终可能会离开溥仪到新的地方去，溥仪也会依照自己的意愿采取行动，这可能会导致皇宫内的一些人也必须离开他。虽然我现在还留在皇宫，但一辈子担任帝师那是不可能的。皇宫内所有的人都知道，我与溥仪的关系比同其他的人更加亲密。所以那些被迫离开的人会怪罪于我，把我视为罪魁祸首。因为我是西方人（中国人眼中的洋人），所以他们会更加仇视我。对此我是真的无可奈何，我所做的事情都是作为帝师的分内工作，但是却遭到了一些人的误解，他们无端地认为，是我的私心和虚伪，使他们失去了谋取个人利益的生活方式，我并不想给别人打下这样的烙印。

你的好朋友庄士敦
1922年6月8日北京

从这封信中你可以看到，我曾经竭尽全力地劝阻溥仪离开紫禁城，尤其是在那个特殊的时间段。不过，在信中我并没有说出我认为不必要说的原因，其中有一个就是在清宫制度即将崩溃的时候，我忧心内务府的那些官员和皇室成员是否会采取一些极端下流的手段，来保全他们自己。毕竟他们需要依赖那种体系生存下去，就算是使用非常手段，例如我相信他们可能会选出一位新的皇帝，这位皇帝一定会听命于他们。他们知道，北京政府就是不支持他们，也绝不会反对这个计划。另外，在宫廷制度解散之前，强迫内务府拿出一份非常精准的皇室财产的账簿也是特别困难的。因为根本没有人准确地知道这些财产的分属关系和它们的价值。所以，即使有了账簿，也是真假难辨。

使我更为忧虑的是，溥仪一旦离开了皇宫，他就是一位普通的公民了。但是被溥仪放弃的皇帝身份依然会被拥护帝制的人士所利用。

那些梦想恢复帝制的人，暂时还没有让溥仪卷入他们的阴谋活动当中。因为中华民国政府提出的"优待条件"限制了皇帝的行动，如果他们让溥仪过早地参与他们的阴谋，既不光彩，也不容易。但是如果皇帝放弃了"优待条件"，那情况就大不相同了。他们会很轻易地让皇帝陷入他们的阴谋之中，一旦皇帝脱离了紫禁城，这些人士就会以各种方式围堵他，让他成为公认的领导人物。再加之在活跃帝制分子的鼓动之下，我们根本没有办法期望一个情绪尚未稳定的十六七岁的孩子不会被利用。

我忧虑的另外一点是，溥仪主动放弃皇室特权，是否能够得到中华民国政府和国民的理解和善意对待。我认为有很多人会误解他的动机，反对帝制的人会认为这是他假装胸襟宽广，只是单纯地为了摆脱退位诏书中所规定的义务。甚至他们可能公开断言，这是皇帝用隐蔽的方式对民国的背叛。

英国使馆是最有可能接纳他的地方，如果皇帝的公告在那里发布，则英国就会被中国视为一个敌对的力量。同时，我也会受到各方人士的谴责和污蔑，人们也会认为皇帝做了英国的傀儡，他的所有行为都是英国授意让我诱使他去做的。

想到这些，我提出了与溥仪不同的计划。我建议他召集皇室成员和内务府官员开会，向他们说明自己打算搬到颐和园居住的条款，并提出任命皇室财产清查委员会的人员名单，让该委员会的成员立刻着手制订一份大幅度减少皇室开销和改革内务府的计划草案。溥仪搬到颐和园居住之后，应该尽快通知中华民国政府，要他们派出代表进行谈判，共同协商修改"优待条件"，并且自愿放弃那早已让他感到耻辱的特殊权力。只要双方都表示满意（排除丝毫没有诚信的内务府），那么溥仪就可以出发前去欧美游历了，然后去英国或是美国的大学读书，这是溥仪心心相念、期盼已久的愿望。

在信里我还提及了一件特别重要的事情，那就是北京的皇宫中藏有大量的珍宝。这些大量的珍宝，溥仪本人见到的也只是九牛一毛，中华民国政府一直认为这些宝物都是皇家的私有财产，但是一些人却提出了抗议，认为这些宝物应该归国家所有。但是中华民国政府并不认为这些珍宝属于国家，他们知道内务府为了消除宫里的财政赤字，只好陆续变卖这些宝物，对此中华民国政府也没有阻止他们。而且，徐世昌任大总统期间以及他后来的继任者，并没有对"优待条件"做出改变。相反，中华民国政府还因为拖延支付津贴，造成内务府财政紧张不得不出售这些珍宝文物来获取金钱而进行过道歉。

藏在紫禁城里的珍宝主要存放在武英殿还有文华殿，包括大量的字画、瓷器、古籍、玉石玉器和其他物品。溥仪离开紫禁城之后，这里被改造成为故宫博物院，并对外界开放。每一年，都有不计其数的来自世界各地的游客到这里参观，对这里收藏的珍宝赞叹不已。

不过，这些参观游览的人并不知道这些珍宝的所有权和使用权到底归谁。事实上，我也无法回答。一直到1923年，我得到了一份中文文件的副本后，才弄清了这些财产的真正归属。

据我所知，中国国内从未公开过我拿到的这份文件。如果中国读者没有对它感到惊讶，那可就奇怪万分了。

这是一份写于1916年9月11日的文件，文件中提及了在1914年1月，中华民国政府和皇宫内务府共同派遣了一些人到沈阳故宫和热河避暑山庄带回了藏在那里的珍宝。中华民国政府承认这些收藏属于溥仪及其所代表的皇室成员的私有财产，并派出专家对这些财产进行了估价，这里面很多都属于无价之宝，根本无法估计出其真实的价值。

"优待条件"签订之后，除了上述收回的珍宝之外，中华民国政府还按照专家给出的估价购买了其他的珍宝。当时中华民国政府由于入不敷出、财政紧张，没有马上付款。而是将这些珍宝作为民国向皇室借的债款，一直到中华民国政府完全有付款能力为止。同时，武英殿辟为国家艺术馆对外界公开开放，并且由皇室的官员负责这些珍宝的管理和监护。

另外一份文件则列出了令人最感兴趣的、这些珍宝的评估价值，从这份文件的表格中可以看出，中华民国政府承认了这批珍宝属于皇室，专家给出的评估价值共达350多万元。在这里我可以代表溥仪声明，中华民国政府只是以文字形式承认这是属于皇室的财产，实际上并没有为此支付过一块钱。直到最终这些财产全部被收归国有，所有的款项也没有给予支付。它与"优待条件"一样，只不过是一纸空文。

毫无疑问，这些都是无价之宝（我估计当时的估价太低了）。后来在中华民国政府没收的时候，有人曾询问过这些珍宝的价格到底是多少，但没有人能够真正地说出一个贴切的数字来。不过我听说这些珍宝当时的价值最少也要在一千万英镑以上，后来在1933年日本军队和伪满洲国军队即将攻克北京的时候，这些珍宝再一次出现在国民的视野之中，它们被仓促地运到华中地区。最终这些珍宝到底流落到了哪里，没有人能够说得清楚。

那些热爱中国文化和中华文明的人，都希望这些珍宝不要流散或者流失在海外。当然，这是不可能完全做到的。有一部分珍贵的文物，将永远不可能在中国出现，这是让人遗憾而又痛苦的事实。

紫禁城因为这些珍宝变得更加瑰丽辉煌，这里也是一个让人百感交集的地方。人们向往这里曾经奢华的生活，可是又有谁能够设身处地地体会到在这里被囚禁的痛苦？并且有谁会比明朝的最后一任皇帝崇祯更加痛苦？崇祯最终被自己的朝臣和仆人们所遗弃，最后留在他身边的只有一位效忠于他的太监。后来在绝望中，他亲手杀死了自己的皇后，自己也随着皇后的死亡终于摆脱了宫中的束缚，冲向那死亡的自由之门——假如死亡也可以被称作自由的话。在他死后，清朝的顺治皇帝成了紫禁城的新主人。

紫禁城里的生活实质上并没有丝毫的幸福可言。我也曾在其他的地方给别人讲过紫禁城的故事。

"如果世界上有一座宫殿可以称为监狱，那就是紫禁城。在这里，顺治皇帝渴望自由；大约十二年前，清朝倒数第二位继任者光绪皇帝结束了忧郁的一生。那些不祥的高大建筑群是二百六十多年前一位皇帝的监狱；二百六十年后，仍然是另一位皇帝的监狱。"

目前，又有一位年轻的天子（溥仪）正焦灼不安地、不遗余力地想要振动起自己精心准备已久的双翅离开这里，这又有什么好诧异的呢？

第十九章 皇帝的大婚

1922年3月11日是个特别的日子。皇帝订婚了。

那一天，清皇室昭告天下，皇后选出来了。

12月1日是选定的正式举行婚礼的时间。从昭告订婚开始，宫里便不断发出各种诏令，都是关于婚礼的各种礼仪准备情况的。听起来都觉隆重而幸福。

在诏令发布的第四天，皇室又发了一份《邸报》，皇后之父荣源进宫了面见溥仪表达感谢和激动的心情。那天他还被加封，并得到大赏，他被册为御前大臣，赐头品顶戴，还可以在宫里骑马代步，一时风光无两。

同时诏令还宣布载涛亲王、帝师朱益藩、内务府的头领绍英以及内务府大臣耆龄作为婚礼的大臣，负责皇帝大婚的全部大小事情。结个婚都需要四位重臣来负责，可见皇帝大婚之重要。

之后，皇后被人从天津送回了北京城，她需要在入宫之前接受皇室的礼仪教育。当然她还没有进宫的资格，更没有见皇帝的资格，一切要看她的学习情况。一些朝臣被派到迎接皇后的队伍里。

1922年溥仪与婉容大婚时,在养心殿接见外国来宾

3月17日，朝臣们在专列上迎接到了皇后。除了朝廷，中华民国政府也派了仪仗队来接皇后。无论皇后从火车站到她父亲在北京的住地，还是在她经过的道路两旁，所经之处都会受到隆重的致礼。

中华民国政府在和皇室在这件事上做足了面子。

这时离大婚尚有九个月的时间。婉容回京后，就一直待在她父亲的住地，这里是北京城东北部的"帽儿胡同"，离神武门约七百多米。这个不起眼的小街巷成了"后第"，成了皇后的住所，她的父亲当然心甘情愿把这里让给女儿。他所得到的比这所房子要多得多。

溥仪这边也没闲着。

4月6日，溥仪要身着华美的礼服到庄严的寿皇殿祭拜他的祖先。那里有皇室宗亲先祖的画像。在这儿，溥仪要告诉自己的祖先，他要订婚了，他要迎娶皇后了。这是大婚非常重要的一个环节，到了大婚的一两天前，溥仪还要到太庙里告诉祖先婚礼的日期。就像寻常儿孙告诉自己家的祖辈们一样。

在溥仪大婚之前，最重要的三步曲是：纳彩礼，10月21日；大徵礼，11月12日；册封礼，11月30日。这都是皇宫里的钦天监选出来的好日子，祥瑞无比。其实这三个仪式有很多共同之处，比如每场仪式，都会让仪仗队由紫禁城的乾清宫走到"后第"。走在最前面的人，是溥仪特别委任的一位亲王，他们手里都拿着一根代表皇室威仪的"节杖"。作为皇后的父亲，荣源要跪在大门口的红地毯上恭迎。哪怕他的女婿只是派了一个特使过来，这个过程已经是他们家族的无上荣誉。所有的仪式中的重复与相似恰恰是隆重与华贵的象征与代表。每个仪式又有其不同的意义。

我一个皇帝的洋帝师，除了看热闹，还记住了当中的皇族风范。那是我此生见过的，最盛大的婚礼。

"纳彩礼"里的彩礼是按照大清先例，精选细选出来的。包括有马两匹、羊十八只、绸缎四十匹和布八十匹。如果说这还不够隆重，有钱都可以买得到，那接下来的阵式便尽显皇宫的尊贵，多少钱也买不来的。

能够参加纳彩礼的当然都是一些王公贵族、内务府的官员。他们在乾清宫前方的方正广场集合，在天子特使和司仪的指挥下排队站好，队伍又要整齐又要威仪。列队后，传令官来到龙椅东侧的某个地方大声宣读圣旨：奉天承运，已颁令诏示候补道台、世袭六品贵族荣源之女为皇后，现特令亲王持皇权节杖行纳彩礼。

那柄节杖被人从龙椅前的案桌上举起来，庄严地交到皇帝特使手里。这个过程皇帝本人并不在场，但大家分明都能感觉到皇帝就在那里。拿到节杖的特使在队伍的最头部，带着队伍穿过皇宫，走出神武门，在人潮涌动的街道上一直走，走到皇后的家。同行者，不仅有代表皇帝一方的宫里的人，民国的骑兵和步兵也来了不少。中华民国总统和政府都乐见皇帝大婚，觉得这样的大喜事，也要沾沾喜庆。当然更深的原因是政治上的。还有骨子里的，在这些人的骨子里，皇帝还是一个不一样的存在。他们也觉得神圣而新鲜。

两周之后便是大婚的第二步，"大徵礼"。也是尽显皇室的威仪与荣华。仪式是差不多的，就连圣旨也是大同小异，只是结束语稍有不同。还是有节杖，但这次亲王带来的礼物是给皇后和她家里人的。这次的礼比第一次更贵重。

最隆重的当然是"册封礼"。就在溥仪大婚的前晚。御座前有三个礼桌，帝王节杖在中，东边桌放金册，西边桌放金印。皇后要在出嫁大婚那天将这两样带回宫里。这里是有寓意的，皇家的礼仪从不嫌麻烦。

法国《插画报》（*L'Illustration*）长篇报道溥仪大婚

节杖、金册、金印之外，还有一件重要的大婚用品，那便是迎接皇后的二十二抬大轿。顶部有四只银凤，因此也被叫作"凤舆"，轿子的周边挂满了精美的红色和金色绸布，每匹绸布上有不同含义的图案。那是一针一线的绣品。"凤"为百鸟之王，象征着幸福和好运，"凤"又被译作"长生鸟"，虽然这个凤和希腊神话里的长生鸟没什么关联，唯一的关联可能是凤凰又作不死鸟。不死与长生有相近的意思。龙凤呈祥，龙是皇帝的代表，是一个幸福又富有的新郎，而凤是皇后的代表，是一个同样幸福又富有的新娘子。他们两个相得益彰，就像龙和凤，天生的一对。

在宫里，东西屋檐下，悬挂的不是风铃，而是一些乐器。这是一些在大典上用的。宫里的乐师们每逢盛典便用这些乐器奏响华夏古老的乐章。在音乐里，可以感到这个民族历史的悠久、文化的厚重，还有这皇宫的尊贵。

一切就绪，龙袍加身。皇帝在宫殿检查金册和金印后便登上龙椅。韶乐响起，据说这是两千多年前舜所亲创，那也是一个登帝之人。这"中和乐"中的一段，意义非凡。

音乐收尾，余音还在。朝臣和贵族们在大理石台阶上行三拜九叩之礼。礼毕，传令官宣第三道圣旨。宣读完，就会有人将那三件宝交到使者手里，这最终是要交到皇后手里的。仪仗队排好位置后，溥仪就从龙椅而起。乐师们奏响"中和乐"中的"咸池"。

迎新的队伍到了皇后的住所，接下来的仪式是皇后第一次出席。她要接受金册和金印，听圣旨。在听圣谕的全程，她必须跪着。要经过六次垂臂，三次下跪、三次鞠躬她才能接到圣旨。哪怕发这个圣旨的人，是她的夫君，她也必须遵守皇家的礼仪。她已经经过训练，被训练成一个合乎规矩的标准皇后了。一切结束，队伍开始回宫，皇后在福晋的陪伴下，将队伍送到内院中门。

她的未来，才刚刚开始。

溥仪大婚，新娘不单皇后这一个。一大早，淑妃就以新娘的身份先入宫了。

这在西方人看来是很荒谬的。不是皇帝和皇后的大婚吗？她是谁，她来做什么？中国的皇帝大婚，从来不只是两个人的浪漫。这个女人虽然不是皇后，但她未来有可能会成为皇后，甚至她的儿子有可能成为下一个皇帝。她的订婚和结婚礼和皇后类似，不过比皇后要矮一级，先皇后进宫，而后由她率领着宫内所有的妇女来引接皇后。大约这就是宫斗的开始吧，也是又一轮帝位之争的开始。

皇后和妃嫔都是不能完全接受这样的婚礼的吧，哪个女人愿意自己的夫君在一天之内娶多个女人呢？爱是可以分享的吗？中国皇帝的爱就可以。

在满族的婚俗中，新娘入宫是在凌晨的四点，皓月当空，新娘三点就要出门了。

凤舆从乾清宫抬到皇后家，再从皇后家抬出来，全程庄严、隆重、喜庆。太仆寺的普通轿夫将那二十二抬大轿抬到前院交给太监，然后抬到主客厅，放下的时候要面朝东南方，据说那个地方是幸福吉祥之地。打扮一新的皇后穿着华美的婚袍，由福晋引入大轿之中，进了这轿，她就是人中之凤，轿子抬出主客厅，穿过院落，在大门处停放。这时普通的轿夫上前抬轿。队伍这才向皇宫的方向走去。娘家人无一能进这个队伍，就连皇后的父亲，也只能跪在红毯上，眼看着队伍消失在视野中。这样的目送，为皇帝的大婚增加了几抹伤感。不过多少人想着人生可以有此一跪啊。

这个队伍彰显皇家风范，队列中还有民国的步兵、骑兵、警察，也有皇宫的护卫队。甚至有两个乐队，一支演奏中国的曲子，一支演奏外国的曲子。队伍就这样浩浩荡荡。随行的有一顶盖着黄绸顶有银球的空轿，还有三辆北京马车，其装饰与空轿相同。这都是皇后以后的代步工具。在这支队伍里还有六十人提着宫灯，还有七十多人抬着龙凤旗和华盖。还有一些仆人捧着黄色龙亭，里面装着金册、金印还有嫁妆。

队伍最前面是皇帝特使庆亲王。圣旨在郑亲王手上。他们二人之后是端香炉的人。香炉里飘出的香气让队伍有了一些神秘的仙气。后面是二十二抬大轿，两侧都是皇帝贴身的太监、守卫，还有内务府的朝臣、侍卫、护卫官员。这一行人排成的长长的队伍，在北京城里，仿佛一条喜庆祥和的龙。

约一小时的时间，这支长长的队伍就会从主门的中间通道进入皇宫之内。一直到离乾清宫不远处的通道才停。凤舆那时也会被轻轻放下，早已恭候多时的太监们过来代替普通的轿夫。他们小心地将凤舆抬上台阶，进到四方广场。然后，凤舆被抬入乾清宫，在皇帝的座前，亲王、福晋、宫女、太监，以及我等帝师还有一些官员都站在两侧。这是皇帝的大婚，我们都需要参与。

参加完这场婚礼，除了累，我还觉得溥仪和婉容真是人中龙凤，挺配的。

皇后下轿之后，只有女人和太监可以留下，亲王和宫廷里的官员都转过身离开大殿，甚至大门也被关了起来。

福晋和太监们会帮着皇后下了轿，然后皇后会被带到坤宁宫。十七岁的她，马上要去见她十七岁的丈夫，宣统皇帝。他们将结为夫妇，共度此生。与普通百姓不同的是，除了是他的妻子，她还要母仪天下。掀起红盖头的那个时刻最是庄严，也最是浪漫，溥仪的心也是紧张的，所以他会在她面前站一会儿，再去掀红盖头。

接下来和满族的婚仪是差不多的，交杯酒、长寿面必不可少。皇后还要祭拜皇室的先人。这些一场一场的庆典无一例外给已经冷清许久的皇宫添了不少的喜气。

最精彩的当然是12月3日，溥仪在龙椅上接受群臣们的朝拜和祝福。所有的人都穿着正式，无论是朝中官员，还是民国要员；无论是满族服饰还是西装革履；无论他们代表政府还是个人。那些民国官员来参加这场婚礼，无非也是在用实际行动表达对那份协议的履约。无论面子上还是里子上，形式上还是内容上，在溥仪大婚这件事上，民国是以对外国君主元首的标准来的。对此，不知溥仪内心的滋味几何。对于宫里的人，他是皇帝；对于民国来参加的人，他只是另一国的元首而已。而宫里宫外，都曾是他的国土啊。

这场大婚有一个新颖之处，就是第二天溥仪就办了前所未有的对外国友人专场的非正式聚会。以前老佛爷虽然也搞过外宾晚宴，但她是分开的，男女分开。即使她也是以君主之礼在招待外宾，但也没有大婚第二天溥仪专门开接待会来得别致。

外宾宴会安排在皇亲国戚的宴会之后，两百多个外国人聚集乾清宫。有茶点，还有一个小银盒纪念品。溥仪和婉容是一同出席的，溥仪甚至连龙椅都没有坐，他们在西暖阁的小房间与来宾一个一个见面。皇帝皇后的两边是两位福晋和两位内务府大臣，还有四个专门介绍来宾的人。来者都觉既亲切又新鲜。

必须要说的是，参加这个会的人大都是外国使节，是国外驻民国的大使。他们不是代表国家而是代表个人来表达对皇帝皇后的祝福的。

那天溥仪来到御座前的台阶，向众位来宾致辞，他慢条斯理地用英文说："今天在此，迎接来自世界各地的友人，实在是朕的荣幸。在此感谢各位的光临，并祝愿大家健康隆昌！"他从梁敦彦手里接过香槟，向所有的宾客举杯致敬，然后开始把杯子举到嘴边。

那些外国的来宾看到一直以来神秘莫测的皇帝居然和他们一

样喝香槟，还这么近距离地站在他们面前，都很惊讶。要知道，溥仪当时的情况是那么艰难，但他还是面色从容，保持着皇室的华贵。这是一种与生俱来的气质。溥仪那天也是开心的，他看到那么多外国的男男女女走到一起，仿佛是他与这个世界也融到了一起。

当然，溥仪大婚花了不少银子，但也收到了不少贺礼。现金都有一百多万元。虽然他已经不再是那个清朝的皇帝了，但各地都还是有所表示。内务府有个红册子，记载了大件贵重礼品的名单和物件。这个红册子似乎像试金石一样，可以试出对清朝的忠实度。

孙中山和他的人当然都不在这个册子上。冯玉祥送了一柄大喜白玉如意。前总统徐世昌送了两万元现金还有别的贵重物件。张勋送了一万元现金。各地民国官员也有现金礼品相赠。张作霖送了一万元，黎元洪送了两万元。送礼的人不仅有皇室王公，还有政府的官员，甚至还有活佛喇嘛。溥仪并没有将这些钱收了自己用，他全赠给了慈善组织，帮助北京生活困难的人。

至于婚礼期间收到的礼品物件，1924年11月都被军阀政客拿走了。虽然民国保证过不动皇室的私有财产，但是他们的理由是这些都是国家的。这是溥仪在退位之后收到的，难道不是个人财产吗？和国家有什么关系呢？当然，他们的行为之可笑和当年溥仪把收到的礼钱捐了出去形成了鲜明的对比。就连我赠送给溥仪的几件婚礼小物件也被收走了。

有件事很有趣，冯玉祥从没收的物品中，找到了自己当年赠给溥仪的大喜白玉如意，又完璧归赵地还给了溥仪。

溥仪大婚之前，还有一件事，下诏书升三位太妃为皇贵太妃。穆宗先帝的敬懿皇妃和荣惠皇妃两位，以及德宗先帝的端康皇妃，因侍奉先帝有功，而被赐皇贵太妃。这些都是有册子专门登记的，所以叫册封。

一些皇亲国戚还有一些帝师包括我在内，也都沾了大婚的光，授予"大婚荣典"。皇弟溥杰成了辅国公，我升了头品顶戴。太傅是陈宝琛，太子少保是朱益藩，太保是内务府首领绍英，少保是耆龄。就连溥仪的祖父，醇亲王的父亲，也有了一个新的谥号。对活着的人，溥仪都有一个交代，皇恩浩荡。

溥仪大婚时的乾清宫

大婚后三天，即1922年12月3日到5日，宫里成了戏园子。宫里戏院轮番上演各种戏曲，只有内廷成员才有资格被邀请。这也是一种至高的荣誉。都是溥仪亲自下的诏书。

我也收到了如下邀请——

尊敬的阁下：

现由奏事处传递圣旨，赏庄士敦于十四、十五、十六日在漱芳斋听戏等因，钦此，顺祝安好。

内务府

那三天，国内很多大腕名角都来了，一共三十三部全戏和折子戏。满族和蒙古族贵宾会穿着他们的民族礼服，头戴孔雀翎。

我有幸与从前"老佛爷"的一位宠臣在席间邻座，他说从1893年到现在，这是宫里最热闹最喜庆的时候了。皇后和女眷们都是坐在屏风后面赏戏，这让这份喜庆和热闹少了颜色和趣味。

冬天的三天，明明是冷的天气，但是宫里的黄昏就像白天一样。虽然大家知道，这是黄昏，不是白天。但那三天真的，仿佛是一直是白天，没有夜晚，也不存在黄昏。

第二十章　内务府的诡计

虽然人们正在精心地为溥仪的大婚而忙碌，但他依然对宫里的状况感到不满。他希望赶紧成立一个调查改革紫禁城的机构和一个调查确定皇室财产的组织，他的想法遭到了内务府和皇室成员们的一致阻挠。这一次，溥仪坚持了自己的想法。于是，我对溥仪提议，让汉人成为内务府成员，参与调查。

内务府的组织一直是非常严密的，它始终拥有特殊权力，并且还有许多不能对外人道的机密。如果这些机密败露，整个皇室都将颜面扫地。并且内务府官员都是满人，他们认为如果有汉人出现在内务府，那是多么不可思议的事情。在外人看来，内务府就是对清廷最忠心的侍卫，就连那里空缺人员的补充也是由溥仪直接任命的。所以他们坚定地认为必须全部由满族人组成调查委员会，他们担心，一旦打破了满族人的垄断，对于内务府的存在没有任何好处。

但我的努力还是有了一定的成效，虽然汉族人仍然没有机会成为内务府专职人员，但是在调查组织中却有汉族人加入其中。

其实，我个人的想法，倒是希望所有的委员会成员都是汉族，至少现在在内务府任职的官员不能加入这个委员会，但是这件事情还是做不到的。

在这种情势下，我在这个委员会中尽力加入了两个汉人。这两个人一个是在前面的信件中我曾经提到过的那个人，还有一个是地地道道的中原人，他的名字叫刘体乾。

让人扼腕叹息的是，前者因身患重病无法走马上任，而且他认为只要不废除内务府，宫廷制度的改革就不会成功。同时他还认为，即使是成立了这个清查委员会，在那些既得利益集团的强大阻挠之下，同样也会以失败而告终。但是刘体乾还是履行了他的任命，由于他势单力薄，在委员会中也没有起到多少作用。但是让人振奋的是，无论怎样，内务府都有了汉人的存在，这一改革破除了内务府一直被满人把持的现象。

由于我建议汉人成为清查委员会的成员，我和内务府的官员的关系越发地剑拔弩张，这种情形可以从1923年年初的一件小事上看出端倪。

清室退位之后，虽然皇室成员仍然享有中华民国政府的"优待条件"，在紫禁城内依旧具有皇室的特权，但其主要经济来源，都是由内务府经常变卖一些珍宝或者是抵押其他资产而来的。这些珍宝通常都被内务府卖给了和自己有亲密关系的人。双方在心知肚明的情形下，所敲定的价格比一般的市价低很多。这就是一种亏本的买卖，但溥仪根本不会过问，因为他对金钱根本没有概念。他根本不了解，被卖掉的那些珍宝价值究竟几何。对此现象，我多次提醒溥仪，应该彻底改变这种状况。

一次，内务府拿出了一批价格不菲的收藏品，当中有一个金塔高约六尺。内务府上奏宣统皇帝请求由他们变卖或是抵押出去。这次的结果很是出乎意料，溥仪怒气冲冲，他借用我的话对内务府的人大加斥责，说是如果这些珍宝拿到拍卖公司去公开拍卖，获得的金钱将大大高于他们私下卖给的那些中间商人。

当天晚上，有人将金塔送到了我家。来人向我口头传达，说是皇帝让我去处理这件事情。我怀疑来人是假借此事，对我栽赃陷害。因此，我说必须要皇帝的手谕才能办理这件事情。可他们却说没有，于是我便坚持要他们把金塔又带回宫去。我还说，如果是皇帝要我办理这件事情，为什么我在今天面见他的时候，他没有跟我提起过。但来人却仍说自己是奉了皇帝的口谕才来的，他们坚持要把金塔放在我的住处，并让我开张收条。我既坚决不收，也没有给他们开什么收条。而且还跟他们说，如果一定要把金塔留在我这里，那我就会当着他们的面把东西扔到大街上。最后，他们见拗不过我，只好悻悻地将金塔又重新拿回了宫里。

次日，我面对溥仪将这件事情告诉了他。溥仪明白地告诉我这就是圈套，于是，溥仪把内务府的官员叫来，对其大加斥责，要求即刻给出一个合理的说法。内务府的官员只好谎称说这或许是个误会，最终这件事情也就没人再提起了。

如果说这件事还不算严重，那后来的事情现在我回忆起来都让我后怕不已。

在溥仪举行婚礼后未满三个月的某一天，我记得是1923年的2月24日。当时的民国大总统黎元洪举办了一个盛大的招待会，我有幸作为清廷的代表参加。在那次宴会上，我遇到了一位驻北京的外国公使夫人。她告诉我，她的丈夫因患病没有办法前来，但是他希望能够尽快见到我，与我有要事相商。

招待会结束之后，我马上坐车去面见这位外国公使。在那里，我得到了一个惊天秘密，那就是：溥仪的弟弟溥杰亲王曾与他多次见面，当面向他表达了溥仪执意要离开皇宫的想法，并恳求该公使能够给予帮助，把溥仪接到他们的大使馆，随后能从那里护送到天津。

值得庆幸的是，公使当场向溥杰发问，他本人或者溥仪是否就这件事情跟我商量过。溥杰的回答是，他们认为我不会同意，所以没有告知，但还有另外的一位皇室成员参与了这个计划。按照计划，等溥仪到达天津之后，就会在那位王公位于英国使馆区的住宅里居住，同意这一计划的那位皇室成员已经开始秘密地将很多宫中珍宝陆续转移到了那里。该公使还对我说，他留下了溥杰和那位皇室成员的电话号码，愿意就这件事情加以斟酌。但是溥杰回到紫禁城后却给公使回话说，请不要给那位皇室成员打电话，因为那位皇室成员不愿意被暴露。

公使讲完这件事情之后，说他就这件事情做了认真的权衡，也对居住在紫禁城中的溥仪的囚禁处境表示同情，决定让溥仪首先到达使馆，然后再由他亲自陪同去往天津。不过，他说，溥仪虽然在宫中贵为天子，但是离开了皇宫到达使馆以后，就不能再以天子的身份出现，只能是客随主便。

我了解了这些情况之后，告诉了公使另一件事情。1922年6月，溥仪想让我带他去英国使馆，但当时我没有同意。因为我知道，他不可能在太监和侍卫毫不知情的情况下秘密离开皇宫。假使这些人发现了他的行踪有异，必然会立刻报警。

会谈结束后，我彻夜难眠，第二天便写信向公使说明了这件事情：昨天晚上回来后，我仔细权衡了你对我说的这件事情，觉得溥杰提出的方案是非常轻率的。一旦执行这个方案，未来的结果可想而知是十分不幸的。所以，我不会赞同这个方案，我也坚信这个方案肯定会遭到英国使馆和英国政府的反对。如果溥仪当面询问我的意见，我也会阻止他那样做。不过，由于你对我的信任，我也不会采取任何主动的方式来阻止溥仪的这个念头。

不久，我就接到了公使的回信，在信中他表示仍然会坚持自己的决定。他说，溥杰告诉过他，即将实施的这个方案中，还有另外一个态度非常坚决的人。他说这个行动是经过这个人缜密思考的，并且决定今晚立刻就要付诸实施。他说他把见过我的事情告诉了溥杰，溥杰一点都不感到意外，反而认为有必要告诉我。

如果我认为有必要的话，请我在今天下午到使馆内去看望他们，并且请我能够告诉他，我们商量的结果。

我当即做了回复："非常感谢公使先生的回信，我已经做出决定，今天下午不去使馆见溥仪他们。据我对他的了解，我现在根本不可能改变他的方案。而且他也明白，我是发自内心支持他放弃皇位和津贴的。事实上，我一直都希望他能够尽快摆脱皇宫的禁锢。我不同意，只是因为他现在的计划并不成熟。既然他们已经采取了行动，我只希望他们一切顺利。有了你的帮助，我相信他们会比较顺利的。"

这封信是在黄昏时分送达使馆的，我一直待在家里焦灼地等待着消息。一直到当天晚上去往天津的最后一列火车驶离站台，我才又接到了这位公使先生的电话。他在电话里沮丧地对我说，方案并没能顺利实施，因为溥仪并没有按照约定准时出现在使馆。

次日，我一大早便匆匆地赶到了使馆，和这位公使见面。他对该事件的来龙去脉也不太知晓，只是说按照原定方案，溥杰要用自己的马车将溥仪送到大使馆，然而到了约定的时间他们没有来。过后，溥仪又给公使打电话，希望公使的车辆可以去紫禁城门口将他带出来，但是这个请求被公使拒绝了。他只能是在皇帝以个人名义到达使馆之后，方能让他进入使馆，然后，负责陪着他前往天津。公使还对我说，就在前一天晚上，他还为前往天津做好了一切周密的准备。比如买车票订包厢，他本人对于为什么溥仪没有及时地到达使馆并不知晓。

　　直到2月27日，我才知道了方案没有执行的原因。因为第二天溥仪就要过生日了，所以，我到皇宫和他见了面。在和溥仪谈话的时候，溥杰恰好也在场。溥仪已经明了我知道他计划离开紫禁城的事情，他对我解释说，他没有征求我意见的原因是参与计划的王公再三叮嘱他坚决不能把这个计划告诉其他人①。

　　此次的计划失败是有多方面的原因的，溥杰为了让这个方案得以顺利实施，数次往返于宫中和使馆区。每一次出宫，他都会随身带上一些小皮箱。这样来来往往反复多次，并且还带了这么多的物品，定然会引起内务府和皇室成员的疑心。

　　而且溥杰的下人已经将这个秘密计划回禀给了醇亲王。同时，太监也注意到了溥仪的一些异常行为。于是，内务府就此进行紧急部署。当天，他们在溥仪出宫之前，将看守皇宫大门的所有门卫重新进行了调整，每一扇的看门人都是自己的心腹。所以溥仪他们在离开皇宫时不管走哪一处宫门，都必将会受到阻拦无法成行。所以在没有办法的情况下，溥仪才给公使打电话，希望对方能够调派车辆迎接自己。不过现在看来依照当时的情形，即使那晚该公使真的派车过来，溥仪他们也无法顺利离开宫门坐到车上。

---

① 庄士敦对这次溥仪出逃事件事先一无所知的说法，与溥仪在《我的前半生》中所述相悖。

对于这次计划没有顺利实施，溥仪表现得极度沮丧。之后溥仪和溥杰对这件事一直保持缄默。因为他们知道，只要自己一直缄默下去，就不会遭到什么惩罚。因为溥仪和溥杰都是醇亲王的儿子，就算他们拒不认错，别人也不敢将他们怎么样。在与溥仪谈过话后，我明白了其中的原因。原来这个方案并不是他主动提出来的，他只不过是接受别人的劝说，这件事的始作俑者应该是那位不愿暴露的皇室成员（我始终不屑说出他的姓名）。

有一位王公猜测出逃事件的主谋是我，而且这种说法很快就在宫中传开了。事实上，在溥仪生日那天这个流言就出现了。往年我到宫中祝寿，王公和官员们都会对我优待有加。但这一次，我只受到了普通茶点的招待。在我离开皇宫之前，也只有苏拉和太监和我打过招呼。

同样身为帝师的陈宝琛在溥仪生日的第二天到我家来看我，我怀疑他可能多多少少受到了内务府的暗示想要向我打听一些事情，以便寻到一些细微的线索。当然，我是不会向他坦诚事件的真相的，也不会将我的怀疑和盘托出。我只是告诉他自己和这件事情压根就没有关系，不过据我看来他根本就不相信我说的话。

第二位来到我家的是民国总统的一位秘书，他带来一个令我震惊的消息。中华民国政府、议会成员、曹锟、吴佩孚还有徐世昌统统都知道了皇帝计划离宫这件事情，他们一致认为我是这件事情的主谋。我对这位秘书的答复和对陈宝琛说的一样。后来我们又见过两次面，我也没有更多地透露什么。他倒是向我透露，政府已经决定由王怀庆将军负责调查那些在此次事件中有被收买嫌疑却没有起到什么作用的仆人和侍卫。由此可见，受冤枉和惩罚的又是这些地位低下的可怜人了。

值得庆幸的是，这个方案还没有启用，整个事情的来龙去脉便公布于世了。

4月18日，我给一位英国官员写了一封信，这样说道：

皇帝和溥杰并没有因为这件事受到惩罚和限制，也不可能有人要求他们这么做。皇帝曾和我说过，守卫宫中各门被调换的侍卫曾经遭到过重要官员的警告，如果将他和溥杰放出紫禁城，这些守卫就会丢了性命。皇上的私人电话还在畅通，这真是幸运。内务府的那些官员很庆幸自己没有卷入这次事件。否则，他们就会遭到惩罚，被贬为老百姓了。

我的感觉是，这件事不了了之的根本原因，在于那位位高权重、躲在幕后的皇室成员。他是一个实实在在的参与者，我听说皇帝在天津的英租界借了一处房子。那处房子和那个王爷的家相距很近。前些天，那位王爷到我这里来，说那座房子是他本人的，假如皇帝出走成功，那里就会成为皇帝的住所。说这个话的同时，他告诉我不要向任何人吐露这件事。很显然，在他们的计划中我应该到那里和皇帝会面，并且安排皇帝出国。我还想到，那位王爷计划请求张作霖庇护皇帝，我突然意识到那位王爷和张作霖有着不浅的交情。

当然在这整件事中，溥仪是并不了解这一方案的详细步骤的，他唯一能够知道的就是自己可以离开皇宫，前去国外游览和求学。

后来，有一些蛛丝马迹证明当时皇上是不可能真正离开中国的，那位王爷的真实计划是将皇上送往东北。张勋会在天津成为皇上的保护人，并且告诉皇上，他需要先去祭拜位于沈阳的祖先陵墓，并在那里宣布他的婚礼。只要皇上同意这个意见，并且成功地到达满洲，那么，他也就会受到在东北掌握实权的人物的保护。

我当时认为这一计划的主谋是东北王张作霖以及他的姻亲张勋。而那位皇室成员其实在这件事情中，并没有起到太重要的作用。他唯一的任务就是想方设法安排溥仪离开皇宫，并将他平安护送到天津。对于张作霖来说，不管这个方案成功还是失败，他都不会受到别人的怀疑，这也是为何会选择溥仪成婚后再执行这一方案的原因。因为只有这样做，才能找到合理的借口送溥仪前往东北，因为皇上大婚后祭拜祖先是最好的理由。

此刻，我们终于知道了溥仪离开北京紫禁城会在中国政界引起怎样的轩然大波和剧烈的动荡。如果在东北建立一个由张作霖幕后操纵的皇权，那么从北京的中华民国政府到洛阳一带的割据军阀，都会无一例外地受到挑战和威胁。

方案终究是失败了，尽管那位参与计划的皇室成员我不愿意再次提起，而且如果没有他的允许我根本不会向外界披露他的名字。最不能原谅他失败的人是张作霖，每次涉及这位王公，张作霖都会非常生气。同时令他感到非常遗憾的是，张勋这次也失败了，而这也加速了张勋生命的终结，在同年的9月他便去世了。

溥仪计划秘密出逃的事情，过了三个月之后才在外国的一些纸媒上见报。其实，这件事早就过去了，我也很少在私下谈话中提及。溥仪的生活已经步入正轨，他所做的事情就是将自己投入到皇室的财务管理和调查委员会的工作中。假使没有溥仪的支持和激励，这个委员会是无法与手握实权的内务府抗衡的。毕竟这个委员会的成员仅有一个汉人。

某一天，溥仪忽然发布了一个令皇室成员震惊的诏令。在这份诏令中，他表明了自己对内务府各项花费的不满，同时下令要从现在的600万元减少到50万元。不过这一点还不足以让内务府遭受重创，对于内务府来说，直接的打击是，溥仪要清查委员会即刻将宫中现有的珍宝数量清点清楚，并要审计核查紫禁城里收支开销的各种账目。同时，他还要对宫内珍藏的各种物品进行抽检。不久，溥仪就发现了，有许多自己想要看到的珍宝都不翼而飞了。他对此十分震怒，即刻便引爆了内务府的一次大恐慌。

某一日，溥仪宣称他要对宫内的部分闲置房子和存储珍宝的宫殿进行全面的检查，当时我也在那里。位于紫禁城西北部的建福宫是当时第一个被检查的地方，但令人始料不及的是，6月27

日清晨，建福宫突然毫无预兆地燃起了一场大火，宫内的一切都被烧毁，损失惨重①。随即，损失的结果报告给了溥仪，化为灰烬的贵重物品多达6643件，经全力抢救出来的仅有387件。在大火中失踪或是无法弥补的珍贵物品共计有2685座金佛、1157幅画卷、1675件佛教祭祀礼器，435件价值连城的珍贵艺术品，以及数千册古籍书刊和31只装有黑色貂皮大衣与皇家服饰的箱子。

火灾后的建福宫

火灾的起因人们没能查到，就是查到了又怎么样呢？内务府认为随着时间的过去，人们就会渐渐地忘掉这件事情，这对相关有责任的人来说是一个最好的办法。

但是事情的进展可能令他们失望了，溥仪不仅记着这件事情，而且还曾多次责问，但内务府一直没有一个切实的说法。

这件事看似蒙混了过去，但是一场暴风雨却在悄悄地酝

———
① 建福宫大火是 6 月 26 日晚上开始，一直到 6 月 27 日清晨才扑灭。

酿着。

火灾发生后的第十八天，暴风雨突如其来，这件事在当时给北京乃至全国的满汉人士造成的震动和影响是那场火灾根本无法比拟的。一言以蔽之，就是在这一天，中国几千年间传承下来的太监制度被彻底废除，紫禁城内的全部太监统统地被赶出了宫门。

为了使这个目的顺利实现，溥仪仔细而周密地制订了计划。为了避免纰漏，溥仪还让王怀庆将军援手，以达成这个计划。

当天，在王将军部队的监视下，所有的太监们被召集在了一起，当他们知道了即将被遣散的消息后，现场鸦雀无声。不到一个小时，他们就经由神武门永远地出宫去了。在接下来的几天内，他们又三五结伴地陆续回到宫中，拿走自己的物品和遣散费。遣散费的数额多少，是根据他们的年龄和资历测算的。

被溥仪驱逐出紫禁城的太监

　　废除太监制度，看似顺利，其实溥仪遇到了巨大的阻力。虽然在他的坚持下，父亲醇亲王支持了他的决定，但最后他还是败在了三位哭闹着的老太妃的手下。太监对于她们来说，是绝不可以缺少的。也许是通过母权和眼泪的争取，溥仪终于答应留下五十名太监给她们。

　　对于溥仪的这一举动，国内的报刊表示了少有的一致赞同。很多文章都对溥仪赞颂有加，评论溥仪是一个有头脑、有品位、喜欢接纳现代思潮的人。有一位国内新闻界的泰斗这样写道："退位的宣统皇帝的这次行动，本报和国民对此表示支持和赞扬。宣统皇帝被业界评为现在极少出现的充满进步思想的皇室成员之一，假使他能早出生三五十年坐上帝位，中国可能就不会发生辛亥革命，也就没有中华民国什么事情了。"

　　有些报刊的文章中还提到了我对溥仪的引导，不过态度并不友好。在废除太监制度几个月后，我也经常收到一些没有落款的匿名信件。有的信中希望我可以改变溥仪的想法，有的更是直截了当地对我进行了恐吓——倘若不能重新恢复太监制度就要我的命。

第二十一章 御花园里的旧时光

　　火灾之后的建福宫满目疮痍，以至于再也不可能恢复如初。

　　因祸得福的是，清理完毕的建福宫成为溥仪绝佳的娱乐场所。皇宫的御花园内假山环绕，亭台楼阁，塞得太满，所以没有足够大的空间活动。而火灾后的建福宫空地则正好可以让溥仪自由活动，玩乐或者锻炼都是可以的。

　　1923年10月22日，皇宫内举行了第一场网球对战比赛。我和婉容的弟弟润麟一组，对战溥仪同他的弟弟溥杰，比赛结果不重要，也没有悬念。如果1934年能有机会再战一次，胜负怕是另一番结局了。

　　到了1923年时，我和溥仪之间不再是单纯的师生之谊，我们已经成为故交知己，有着珍贵的友谊。

　　在溥仪大婚之后，我见他的时间和地点不再固定。不过我随时可以和这个不再天天去书房学习的溥仪见面，我们有时候会在他的寝宫见，有时候也会在他的花园，那是他和他的后宫皇后妃子们散步之地。当然，也可以在建福宫的空地上见。

除了户外的活动之外，溥仪还有很多正事要处理。在把那些
太监都打发走之后，他似乎想要走上一条改革之路，但内务府总
是阻碍他的想法。有一天溥仪终于认识到，内务府的大臣不应是
绍英，他无法胜任这个职位。

这个职位需要的是一个极富经验又没有私心的人，否则溥仪
的改革将举步维艰。当时的满族官员里，没一个人符合溥仪的心
意。反倒是汉族官员里，有好几个合适的人选。他们不但学识过
人，而且对政事熟悉。最让溥仪欣赏的是他们屡屡拒绝了中华民
国政府的邀请，不做民国高官。而且，以他们的声名可以给那时
的朝廷带来不一样的气息和光彩。例如，史学泰斗罗振玉、考古
专家王国维，这二人当时都已声名远播。

溥仪（左三）、庄士敦（右三）和溥杰（右二）在养性斋

郑孝胥也是溥仪中意的人之一，不过他在海外的名气稍逊于
前面二人。

郑孝胥也是帝师陈宝琛推荐的人，溥仪在1923年下半年召见了他。仅仅两次短短的见面，溥仪就对他欣赏有加，说这人人品不错。

我也和他有过一次面谈，那次我同郑孝胥父子就朝廷黑暗以及溥仪的政治问题聊了聊。溥仪后来问我郑这个人怎么样，我说他是我到中国二十多年来最佩服的人。

那次面谈时，郑孝胥对我说："功名如鸿毛。"这在当时是非常难得的思想深度。

郑孝胥，字苏戡，早先在朝中任职，能文能武，所以既做过文官也当过军事机构的主管。本来是前途无量的一个人，民国成立时，他断然拒绝中华民国政府的官职。如果他是一个重利之人，那他早就是一方的富翁了，但他宁可过得清清淡淡，画点书画，简单过活，真正地大隐隐于市。

郑孝胥

这个淡泊名利的人最终遇到了他的伯乐，宣统皇帝。

宣统皇帝邀请郑孝胥任内务府总管大臣，把改革内务府的担子交给了他。面上，是他和绍英一起负责，其实大家都知道，那不过是溥仪还给绍英留点面子罢了。内务府的大权很快就毫无悬念地到了郑孝胥手里。当然，他的出现也触犯了一些人的利益。反对的，威胁的，各种声音都有，但郑孝胥完全不把这些放在眼里。

有一次我和他在蒙古亲王的宴会上相逢，他给我看他收到的威胁信件。信里以性命威胁，让他离开内务府。当着我的面，他一把撕了那些信，他不在乎、也不怕。

威胁无用，内务府的人开始卑鄙地诋毁郑孝胥，说他就是想掌控整个宫里的珍宝才来当这个总管的。了解郑孝胥为人的人，怎么会听信这些呢？所以这些话没传多久，就消散在了空气之中。

郑孝胥继续认认真真地做他的事，在他的治理下，三个月后，宫里每个人的开销缩减为几千元，这对于当时的皇宫来说，真是一个好消息。如果他继续做下去，那么宫里的财务状况将走上正轨。

1924年初始，我收到了一份来自溥仪的大礼。他把御花园的一座楼阁赐给了我，宫里的官员告诉我，这是史无前例的事。溥仪的老师那么多，我只是他的一个英文老师而已，却得到了这独一无二的赏赐。

这座名为"养性斋"的阁楼，在御花园的西南位，分上下两层，离溥仪的养心殿很近。溥仪想着我是西方人，修筑的时候都是按着欧式风来的。他没有问我的意见，其实我挺想在里面放一些中式家具，还有我的书，这样的阁楼才有神韵。

养性斋里有几间房，还有卧室。除了我，即便是我的侍从或者是宫里的侍从来了都有地方可以住。

婉容与英格拉姆、庄士敦

自从有了这地方，溥仪经常到这里来，我们像老朋友一样相聚。平时，我在这里读书写字，或者休息。溥仪还会让他的侍从送御膳到这里来吃，他偶尔也会带几个皇亲国戚过来小坐用膳。有的时候，皇后和端康太妃也会过来，他们也经常在这里用膳。美国姑娘伊莎贝尔·英格拉姆小姐是婉容的英语老师，她也经常陪着婉容过来。还有的时候，溥仪会邀请我去婉容的寝宫储秀宫，这也是一处自在之地。

溥仪经常带新朋友来阁楼，来者中我印象特别深刻的有一个老者，名字叫辜鸿铭。和溥仪一起用膳时，年轻的皇帝畅所欲言，他却一直小心谨慎，略显紧张。

辜鸿铭并不是一个没有见过世面的老头子，他曾留学英国、德国，还有很多外国友人。但是他对溥仪十分尊敬，并且他非常不喜欢西方人。

辛亥革命之后，辜鸿铭变本加厉地排斥西方人，认为是西方的思潮进入中国，才把中国害成这样的。他一直觉得西方与中国是不相融的两种思想体系，是格格不入的。他甚至还指出：暴力的行为是英美传入中国的，这是爆发革命、形成共和的万恶之源。中国精神传统文化之纯粹是世界的珍宝，应该受到保护而不是冲击。

辜鸿铭不是传统意义上的著名学者，他和很多出国的人一样，将很多时间放在了英语学习和别的知识上，对中国国学的学习相对薄弱。但他回国后却又热衷于儒学，甚至还翻译出版了《论语》。老实说他翻译的并不是太好，甚至还有一些错误。他坚持认为中国文明发扬光大的源头就是儒家。

辜鸿铭常说自己英语好，但水平实在一般，比起那些留学国外的年轻学者来更是差了些。他对拉丁文知道一些，他是一个理想主义者，对自己热衷的话题更是理想化，他还爱和别人争论，

有一些狂妄自大。当然，他也有些可取之处值得我等尊重。他是
一个刚正不阿的人，不会受金钱的诱惑而做一些有违道义的事，
要不然他在朝中任职时，有大把机会中饱私囊，但他一直保持着
两袖清风，直到在潦倒中死去。

　　辜鸿铭心中一直觉得中国是礼仪之邦，但是当泰戈尔来北京
访问时，北京的学生团体做了件非常不妥的事。

　　1924年4月，一个文学社团将泰戈尔邀请到北京。胡适和徐
志摩都在这个社团里，一个是学术权威，一个是才华横溢的诗
人。那个时候很多人对西方的抵触情绪很大，以至于泰戈尔这个
大文豪来华受到冷遇。我不想他觉得中国人缺乏礼貌，就祈请溥
仪召泰戈尔进宫见上一面。

泰戈尔和溥仪在御花园

　　我还把泰戈尔的诗歌集，当然是翻译后的版本给溥仪看了，溥仪应允了。

　　见面的地点定在我的小阁楼。溥仪和泰戈尔都对那次见面很满意、很开心，郑孝胥也参加了那次别具一格的聚会。我一直认为郑孝胥应该算得上是当时中国诗人的代表，加上溥仪本身也是爱诗之人，两国最杰出的诗人欢聚，这是千载难逢的幸事。

　　1924年，溥仪已经渐渐摆脱了宫里那烦琐的规矩束缚。在溥仪的御花园，他见了很多外国友人，虽然见面并不算正式，但这些人中有英海军驻中国的总司令——海军将领阿瑟·莱维森先生及其家属，还有一些外国使馆人员，这也算得上某种意义上的谈笑有鸿儒吧。虽然那段时光，溥仪的实权已不在，但是他看世界的视野却更开阔了，他站在那个朝代的青年人前列，这是我和他都非常愿意看到和经历的事。

　　1923年之后，溥仪在他的花园里见的都是以欧洲人居多，也有日本人。日本使馆参赞吉田茂就是我向溥仪引荐的，另外有一个来自日本的代表团。

　　1923年9月3日那天，日本地震了，影响范围有些广，我把这件事告诉了溥仪，他也对日本的不幸感到担忧，还要给日本捐款。但内务府的官员们并不支持溥仪的这一行动，他们说溥仪捐的赈灾款已经超支了，超出了他们认为的合理范围。溥仪坚持了自己的想法，捐了一些艺术品，希望日本用以换得赈灾费用。

　　老实说，那个时候溥仪自己的日子也不太好过。

当时日本使馆的使者芳泽谦吉看到那批艺术品之后，向日本皇室建议买下这批艺术品，下拨充当赈灾费用，而这批艺术品可被存于天皇的收藏品中。据估值，那批艺术品价值达20万元以上。

后来日本皇室代表团出访中国，对溥仪的慷慨表示感谢。那是1923年11月初的事，溥仪召见了代表团成员，虽然我不在场，但后来一个代表团成员告诉我，那次虽然并非正式大型的仪式，却让他一辈子都忘不了，他深深被宣统皇帝感动了。

是的，溥仪这么做，就是出于爱。他没有任何的政治目的，只是出于人性本能的同情①。就像他之前给北京的困难百姓捐款一样。他很慷慨，而且完全不留名。这就是溥仪可爱的地方。

当时有很多中国人找我，希望我把他们引荐给溥仪，我基本都婉拒了。我唯一引荐给溥仪的一个中国人，家世一流，品格也一流。他是一个隐居着的贵族，1924年9月，我在《邸报》上看到了他的名字：今朱侯到明陵祭祀。朱侯延恩祭祀回归，陛下圣恩浩荡。

朱侯本名朱煜勋。他祖上是明朝皇亲。"朱"在明朝是皇帝的姓，他是明朝皇室的后人，"延恩"是册封的封号。后浪推前浪，清朝把明朝所取代，这是历史也是事实。当时的雍正皇帝为

---

① 这是庄士敦对溥仪的美化。溥仪在《我的前半生》中提到自己捐款的动机就是想让全世界的知道他的善意。

彰显清朝的大度，特赐明朝后裔世袭封号。此后，延恩每半年都会去明朝皇陵祭祀，费用之前是清朝廷付，他需要上报祭祀相关内容。但是辛亥革命后，民国不承认延恩侯的封号更不用说给其相应的待遇了。

过去都是内务府在和延恩打交道，所以他和皇帝并未见过。这个人在中国都很少有人知道了，在西方更是一个无名小辈。

祭祀明朝皇帝，中华民国政府也参加了一份。明朝建都南京，所以民国大典时，孙中山特地到明朝开国皇帝朱元璋墓前拜谒。这也是一个标志性意义的举动，寓意着从今以后，汉人已经将领土夺了回来，老祖宗安息吧。那次的拜谒，明朝皇家的后人没有参加。

当我知道中国有一个延恩时，我便觉得他和溥仪应该见一见。一个是明朝最后一位帝王的后人，一个是清朝最后的皇帝。既然在此之前两个人都有奇妙的因缘，为什么不见呢？溥仪也表示有意，于是就召了朱煜勋。

9月通知内务府，9月7日朱煜勋就来到了紫禁城。当时我在景山北侧的家里，侍从给我名片，上面写着：朱煜勋，字炳南，明朝皇室后裔封延恩侯，东直门北小街羊管胡同。简洁明了，又彰显了特殊的身份和住的地方。不知怎的，让人看了有一些伤感。

后来我和他见了一面，他着官服，一脸歉意地说自己奉皇命而来，深知这是我幕后的努力牵线，非常感谢我。他并没有读很多书，却很明理，他说他已三十，有两个淘气的小儿。我喜欢和他这样淡淡地聊着天。他身上有一种谦和的气质。他同意我为他拍照，我想去他府上看看，他真诚地拒绝了我。他说他住的地方非常简陋，就连官服和帽子也是为了见皇帝，不想失礼而借来的。他甚至把里面破旧的里衣也露出来给我看。这是一个坦荡的人，他的言行举止都透着真诚。他再三嘱咐我的侍从，让我不要去他那里，我最终选择了尊重他。我送了他一件礼物还有照片。他后来又拜访了我一次，是一个知恩图报之人。

这位延恩候与溥仪见面两个月后，溥仪被关了起来。事发后不久，溥仪很快逃到在天津的外国租界。知道消息的延恩候辛苦筹了笔钱来到天津，看望溥仪。那个时候，他哪里知道，他心中神一样的皇帝马上要和他一样了。而溥仪，对他的来访也十分感谢。

人世间的祸福，瞬息而至，谁能说得清呢？

第二十二章　颐和园里的秘密

人们已经知道了，"优待条件"里有一个条款，溥仪可以临时居住在宫中，但长远还是要在颐和园居住。

颐和园是一座建在乡间的皇家园林，以夏宫之名被外国人所知。

我在任职帝师之后，就建议溥仪到颐和园里去居住，这也符合"优待条件"的规定。同时，我还曾多次向内务府的官员和皇室成员提出这一建议，希望能够尽快地搬到那里。

颐和园旧照

我之所以提出这样的建议，其理由是：

其一，中华民国政府给予的"优待条件"，使皇室成员生活条件得到保障。但是，皇室成员也要按照相关的条约规定，完全履行。除了袁世凯当权之外，中华民国政府的其他总统虽然没有正式提出让溥仪和其他皇室成员到颐和园居住，但他们也没有公开表示拒绝这一要求。这也代表着，他们愿意遵守这一约定。可是，从"优待条件"签订和执行至今，溥仪和其他皇室成员在紫禁城已经生活了十二年，看起来还没有做出搬离的决定。如果这种状态仍然继续下去，人们就会指责溥仪违背了退位协议的相关规定。如此一来，他就为那些企图废止"优待条件"的激进党人提供了口实。而那些反对帝制的政治人物以及支持共产主义学说的学生运动的领导人会以这件事情为理由，以溥仪违背"优待条件"为借口，趁机要求废除该"优待条件"。

其二，我觉得假如皇室成员搬到颐和园去，会节约很多开销。其实，现有很多官职的设置都是没有必要的，如果减去这些人员，过几年后，溥仪肯定会攒下一些钱财。这样，他就可能依靠自己的能力，生活得很好。

然而，我的这种想法却遭到了内务府的反对。

1923年，我曾和内务府大臣耆龄就溥仪迁往颐和园的事宜进行了讨论，他提出了反对意见。他认为，颐和园的居住条件有限，内务府和仆人们根本就没有地方住。我的意见是，只要削减皇室成员和仆人，剩下的人在颐和园安顿完全没有问题。要是能够把机构精简下来，压缩现有的开支规模，溥仪还可以有些自己的积蓄。日后需要用钱的时候，就会方便一些。

而且，按照协议，溥仪迟早也得搬到颐和园。但耆龄强烈反对简化机构，对我的理论置之不理。当我和其他的官员交流这些问题时，也得到了他们一致的反对。看起来这些人并不是真心为溥仪好，所谓对皇帝的毕恭毕敬，也仅是做表面文章而已。在皇帝大难临头的时候，是不能寄希望于他们为了皇帝而牺牲自己的利益的。

其实溥仪搬到颐和园居住，对他的身心健康也非常有好处。由于内务府的阻挠，颐和园究竟是什么样的，溥仪根本就没有见过。内务府为了达到阻止溥仪迁居的目的，还想出了各种说辞，费尽心机地使溥仪认为颐和园地处偏远，荒凉残破，而且经常有盗匪出没，并且许多对帝制持有反对态度的所谓爱国人士，也会威胁到溥仪的安全。

我认为，内务府一直坚持要留在紫禁城的真实目的，就是紫禁城中的珍宝没有办法全部向颐和园转移。如果这些珍宝留在紫禁城，那么它们就会归中华民国政府所有。

其实，这些珍宝到底应该归谁所有，始终没有一个各方能够认可的定论。然而，这个问题迟早要有个答案。而且明摆着的事实是，让步的还应该是皇室。皇室应与中华民国政府联合起来成立调查组，认定这批珍宝的珍贵程度，让它们的所有变得明确。

　　后来，郑孝胥被溥仪任命为内务府总管大臣。我觉得这是一个绝佳的机会，能够把上述问题仔细认真地处理圆满。对于此，郑孝胥和我的意见达成了一致，只是在一些细节上略有不同，这使我感到非常欣慰。

　　不过因为兹事体大，做好筹划还是需要一段时间的。眼下郑孝胥还有许多别的事务要着手处理，包括对内务府的整顿、裁减多余的官员，并且还要把颐和园及其周边的地产重新登记清点，并合理地管理起来。此外，还要对颐和园进行部分修缮和改建，计划好经费预算。虽然宫里这几年有不少经费进账，但还是不能满足日常的开销。

颐和园石舫

　　之前颐和园一直都是由内务府管理的，为了方便改革，郑孝胥提议要我全权负责颐和园的管理事务。为此，他特意面见溥仪，请求任命我为钦差大臣，直接在溥仪的直属领导下，来管理颐和园的相关事务。而内务府的其他官员听闻此事，全都震惊不已。他们认为，内务府总管大臣的执行权被郑孝胥一个汉人掌控，这就已经是不可思议的事情了，而更令他们难堪的是，我这样一个外国人竟然也可以使用皇族的特权。这样的做法，当然令他们无法接受。但在溥仪的施压下，屈服的内务府送来了这份前无来者的任命书。

尊敬的阁下，今天，总管内务府大臣当面受领皇帝陛下的旨意：派遣庄士敦管理颐和园、静明园、玉泉山的相关事务。

特此诏令。现谨慎致函告知，凡得到通知者，遵照旨意行事即可，顺祝安好。

内务府

在我得到内务府对我的任命后，却得到了一个更令人震惊的消息，溥仪和婉容突然决定要去颐和园看看。溥仪在有这个打算之前，向我问了些关于颐和园的情况。然后，就命令侍从为他和婉容安排好所用的汽车，在此之前溥仪很少出宫，最远的经历也只是到过城北的醇亲王府，北京城其他地方则根本没有去过。

内务府不出意外地对皇帝夫妇的出行加以阻止，不过溥仪不予理睬，绍英只好让我来帮助他劝说溥仪，当他知道我同意并支持溥仪的此次出行后非常愤怒，甚至还威胁我说，如果溥仪此行遇到危险，责任需要我来承担，我爽快地答应了。

随后，内务府又谋求了中华民国政府的帮助，希望由对方来劝说溥仪。然而对于此事，中华民国政府并不愿意介入。不过，为了防止溥仪擅自前往使馆区，中华民国政府还是派了六辆车护驾。内务府也只好调动了六辆车，由绍英率领着一些相关的官员伴驾随行。结果，去往颐和园的车多达十四辆，我陪同溥仪坐在第一辆车上，皇后婉容和淑妃文绣则坐在第二辆车上，紧随其后。

此行特别顺利，溥仪在整个游览过程中都很开心，对颐和园的印象也很不错。此处并不是像内务府某些人描述的那样，已经荒芜破败。相反，景色非常漂亮，保存相当完好。整个游玩的过程中，溥仪分别登上了不同的阁楼，眺望湖光山色。

颐和园有一个叫作南湖岛的地方，被人们称为明珠，这是一个景色异常美丽的地方。溥仪登临亭台楼阁已毕，便弃岸登船去了南湖岛，婉容和文绣则登上另一艘船一同观光游览。

从这日开始，我便正式接管了颐和园的管理，并且和负责园区的其他官员进行了会面。从此以后，我常常往返于紫禁城与颐和园之间。间或，也去到我在樱桃沟的一处宅院休息。溥仪也会时常到颐和园游玩，当然依旧是大量官员和士兵随行。有时，溥仪也会接受我的邀请在颐和园和我吃个午饭。同时，我会介绍我在颐和园内新结交的中国朋友和外国朋友给他认识。

乾隆皇帝对于西山半山腰处的八大处寺庙群非常喜欢。1924年8月，我也陪同溥仪到这个地方赏玩，这是他有生以来第一次游览自然山川。

在颐和园的昆明湖，我也和他划过船。一开始，为了方便慈禧太后使用，颐和园里的渡船都设计得比较笨重。但是溥仪和我并不喜欢这样的船，所以我派人赶往上海、天津和烟台的造船厂各造了一艘新的游船，分别为它们取名"爱丽儿""阿特拉斯的女巫"和"阿拉斯托耳"。"爱丽儿"的座位能够前后移动，并且有外弦支架。"阿特拉斯的女巫"是一艘有固定座位的划艇，"阿拉斯托耳"则是一艘小型的皮划艇。

到了1924年11月，我因为旁的事情解除了在颐和园的工作。那时，这三艘船都已经完工，其中两艘船也已运到了颐和园。颐和园里的官员见到这两艘船都非常新奇，他们从没有见过这样的船只。新船到了之后，溥仪还举行了被皇室贵族认为是低贱运动的划船比赛。

我在颐和园工作的时候，可以随意地选择住处，最后我把住处选择在了南湖岛，它不仅景色优美，更是方便生活。但过了一段时间，我发现在这里并不方便，于是搬到了湛清轩。这是一处清幽的小花园，四周的围墙之内，有淙淙流淌的小溪和几座形态各异的凉亭，建筑风格和谐趣园类似。虽然我处在景色优美的环境里，但是仍然感到繁重的工作和复杂的人际关系带给我的压力。

在北京的一些西方朋友却认为我的工作非常清闲，那是因为他们根本不明白我是在一个什么样的环境中工作的。我对于同僚中的不友好必须隐忍，并且，为了重建紫禁城的管理模式，我也会和相关官员发生激烈的争吵。这些人对我表面客气，但遇事并不会让步，尤其是在减少宫廷内部开支这件事上。

颐和园里的杂役太监

在负责颐和园管理期间，凡是涉及房屋修缮的问题，就定会遭到这些人的阻挠。一开始，他们提供给我两个承包商，这两个承包商都来自海淀村。见面之后，我让这两个承包商拿出一个修缮所需费用的报告。他们提出的价钱远远超过正常费用，但是介绍先前那两个承包商的官员却说，他们提出的报价是合理的。

为了节省费用，于是我采取招标的方式，将房屋修缮的广告刊登在报纸上。这件事引起各家媒体的评论。最后，按照这种招标方式，修缮工程不仅按期完成，而且还减少了将近百分之八十六的费用。虽然改革的成果比我预想的要来得晚一些，但是到了当年秋季，颐和园的收支基本上已经达到了自负盈亏、收支平衡了。

过去，颐和园的开销一直让皇室感到头痛，压力巨大。在采取了我的办法之后，可以通过收取农田的租金，加上游览颐和园和玉泉山的门票收入，昆明湖出售渔业资源的收入，以及同一些商人合作，例如合办开设旅馆、照相馆、茶馆获得的分红，这些收入的总和使得颐和园的收支达到了平衡。

很多反对我的人想方设法逼我离职，有些人甚至还采用了很低劣的手段。1924年，我就曾收到多封恐吓信。信里说，有人想要暗中刺杀我，让我收敛我的言行。确实有一次，一个受别人雇用的杀手埋伏在颐和园和皇宫之间的路上朝我开了一枪，子弹擦身而过，却并未将我击伤。当然我也会感到紧张和恐惧，不过这些杀手一定比我更加懦弱无能。我曾多次骑马往返于这条路上，他们却总是抓不住机会来伤害我。

我的对立面不单单是内务府以及颐和园中那些被辞退的闲人，还有一些媒体。

1924年9月，《世界晚报》上发表了这样一篇文章，字里行间粗鄙不堪，这位作者声称，溥仪的英语老师带着自己的女儿进入紫禁城，创造机会同溥仪会面，这完全就是心怀叵测。溥仪非常喜欢这个漂亮的外国女孩，老师为了大局着想，将女儿送给了溥仪。

文章漏洞百出，最直接的证据是我根本就没有女儿。

胡适博士曾经给我写信，表示北京的报刊居然刊登出这样的文章非常令人遗憾。他在1924年10月10日写给我的信中说道："那些卑鄙的人对你侮辱诋毁，让在宫中任职的你处境艰难。不过，我认为那些尊重你的人是不会相信这些言语的，并一直对你表示支持。这也说明中国还没有承认和敬佩骑士行为的勇气。"

胡适博士所提到的那些人不仅仅单纯地指向那些制造舆论的无耻之徒，更包括那些热衷攻击我的所谓政界名流。在中国声名狼藉的议会中，就有这样一些所谓的政治家多次诋毁我。在这些人中，李燮阳就是一个代表。他曾在报纸上公开发声，说颐和园的经济收入通过我的手积攒起来，是为了日后作为皇帝复辟的经济保障。这种诋毁和《世界晚报》上的八卦文章截然不同，我立即写信公开反击。我将一封很长的信件在英文报纸上发表，《华北每日邮报》对此做出了评价，文章的内容如下：

皇帝和国会议员：

我们今天将庄士敦先生的信件发表出来，信件内容就李燮阳先生对皇室和他的诋毁做出了有力且有趣的回应。这是一篇非常具有阅读价值的文章。目前，李先生的攻击会影响到整个中国，假如现在民主的情绪不稳，这样的攻击与诋毁会让皇帝的生命受到威胁。我们只是想知道李先生出于何种目的对庄士敦先生进行诽谤，污蔑他利用职务之便为皇帝筹划恢复帝制行动。所以，作

为一名国会成员，李先生应该公开向庄士敦先生表示歉意，这是
他的义务。

　　李燮阳是根本不可能在公开场合对我道歉的。两个月之
后，在我的要求下，一位中国朋友陪同我参加了一个私人宴
会，同时在那里见到了李燮阳。那天，他迫不得已地向我表示
他是被误解了。

　　除了郑孝胥以外的内务府成员以及颐和园内官员对我恶意相
加，这是我早已预料到的事情。但是，政坛和中国的舆论机构对
我连连的诽谤诋毁，就令我费解了。直到1924年10月，我才弄清
楚了其中的原因。

　　有一位中国友人告诉我，有人蓄意不择手段地逼迫我离开皇
宫。对于这件事情，我曾在10月4日给徐善伯的信中提到过。徐
善伯追随康有为，一直效忠溥仪。我觉得有必要向大家透露一下
信件的内容，特别是我标出重点的那句话，因为它前瞻性地预测
了在11月份将要发生的事情。

　　昨天有一位朋友到我这里来告诉我，有一个阴谋正在议会中
悄悄酝酿，想方设法不让我留在皇帝溥仪身边。他们借助报纸对
我进行人身攻击和诽谤，还打算把我污蔑成保皇派，积富敛财，
与溥仪一起计划复辟。他们这么做的目的是让皇帝声誉受损，把
他从宫中赶出去，好霸占他的财产。

　　在1924年夏天，郑孝胥也和我一同受到了诋毁。但是，攻击

他的只是宫廷中的人。因为他顶着内务府和几个有影响力的满族亲王的压力，对宫廷进行了一系列改革。某一次，他实在是心灰意倦，告假回家调整了一段时间。

我在颐和园工作时，多次邀请郑孝胥父子到颐和园游览观光。此外，王国维、罗振玉也经常到我这里来。他们二人都是我的好友，当时均在南书房任职。我曾在前面的文章中提及过王国维和罗振玉，这两个人在学术上声名极高、颇有造诣。当时他们二人正在竭尽全力保护一批有关清朝早期历史的秘密资料，而中华民国政府却打算把这些资料销毁。

王国维和罗振玉为了保护好这批资料，四处寻访，看能否找到一个安全可靠、宽敞干燥的地方，以对这批资料进行学术研究和校刊。当他们二人来到颐和园，得知这里有合适的闲置房屋时，异常兴奋。我陪同他们认真进行了实地考察，王国维和罗振玉同时认为玉泉山西边的房屋适合保存这些资料。这些房屋建造于乾隆时期，两次火灾都幸免于难，宽敞、安全、干燥、隐秘，完全有利于保存这些资料。

考察之后，我们坐在颐和园昆明湖边，畅谈如何将玉泉山建成一个研究历史和考古学的理想场所，将来能够有条件帮助立志研究该学术的学者。最终因为多种原因我们的梦想未能成真，数年之后，罗振玉追随溥仪去了伪满洲国。我也回到了伦敦，给英国的孩子讲授中文。而王国维却似乎对未来不再抱有任何希望，于1927年6月2日，跳入昆明湖溺水而亡。当天下午，有人发现了他，把他从水中打捞上来，经过奋力抢救，但已无回天之力。

　　我在负责管理颐和园期间，就对存放在园中的大量文献资料进行过整理和妥善保管。其中的一些文献资料详细记载了有关颐和园扩建、修缮的相关历史，也有一些文献详细记载了宋元明清的历代皇帝对园林以及一些宫殿的修建史实。

　　此外，还有一些文献资料，记载了慈禧太后与光绪皇帝之间的关系。这些资料表明，1888年，在光绪皇帝大婚后，慈禧太后原本打算放弃垂帘听政，将皇权交给光绪皇帝，并准备搬到颐和园来颐养天年。于是光绪皇帝出于孝心，颁布圣旨，令人将颐和园重新修建。也有人说，为了修建颐和园，光绪甚至不惜动用了军费。所以，光绪皇帝要为甲午海战的失败，承担责任。

　　我认为，光绪皇帝的这道圣旨其实只是用来掩人耳目的，其真正的目的是打消人们对修建颐和园这个穷奢极欲的工程所造成的巨大开销的质疑。慈禧太后在谕旨中说自己是为了回应光绪皇帝的孝顺之心，才不得已接受了这份大礼，现将这道圣旨摘录如下。

　　光绪十四年（1888年），农历戊子年二月（癸未月）初一

　　通告内阁，我自幼年时登基为帝，仰仗慈禧太后临朝听政，日夜勤于政事，已有十余年了。现在国内外一片安定，百姓乐享太平。去年，太后命我亲理朝政，但仍然下察儿子的仰慕之情，应允了我请求太后对朝政予以指导训示的要求。回顾自同治年

至今，已有二十多年时间，尊贵的太后为天下事务操劳，体察入微，日理万机，没有片刻闲暇，不能颐养天年。我每每内心自省，着实觉得寝食难安。考虑到西苑接近皇宫，康熙皇帝曾居住于此，宫殿建筑基本完好，只需略微修复翻新，居住于此可以修养心性，怡悦心神。万寿山前的大报恩延寿寺，是乾隆皇帝服侍奉养孝圣宪皇后（乾隆之母）时，三次祝寿的场所。遵循前朝旧制，更能彰显祥和融洽。计划将旧名清漪园，改为颐和园。宫殿建筑等所有物件尽可能进行修复翻新，用以准备太后车驾的驾临。遇到盛大庆祝的年份，我将携文武百官，一同呈献诚挚的祝祷之情，以略尽我对太后的孝心。经过我反复的恳求邀请，太后终于应允。特此诏令。

太后的旨意：

自从我临朝听政以来，日夜小心谨慎，时刻如临险境。当下，虽然全国政局基本安定，但仍不能有安闲享乐之心，也没有时间略微松弛。我牢记列祖列宗的遗命主持国政，关心黎民百姓的疾苦。凡是涉及建设皇家园林、举行围猎等事宜，都不再像前朝那般随意而定。此番皇帝修葺颐和园，源自他对我的孝心，我实在不忍拒绝。况且修葺费用均出自国库结余，没有动用国家建设的资金，也不会影响国计民生。但朝野传闻不止，有的竟怀疑皇家大建园林，此风即将盛起，这与我小心勤勉的本心是完全相悖的。以现在的情况而言，当然不能像雍正年间一样，大修宫殿，广建公署。即使在百姓富足、物资丰富、天下处于太平盛世的时候，仍应当继承历代先皇的遗志。历史上，败坏祖宗基业的子孙不知道有多少。我们更应当仔细研究并估计时势的特点和变化，确定重点工作并努力达成。我内心的真正愿望，又岂在于游玩这种小事，想必天下人也都能够理解。只是念及皇帝现在正值盛年，更好地孝顺尊长的行为，应当是勤于国政，精于学业，约束自己，爱护万民，而不能因为一心侍奉尊长，而逐渐兴起大吃大喝、贪图享乐的不良风气。至于国内外大大小小的官吏，更应当忠君勤勉，齐心协力，坚决杜绝浮华、奢侈的风气。希望皇帝能够尽善尽美地治理天下，方不辜负我渴望国家强盛的殷切苦心。这实在是我深切的期望。特此诏令。

我亲自受领太后的训示。自当恭敬谨慎地遵守，绝不敢有略微的奢侈放纵。文武百官也应当细心领会和遵守太后的训勉，各自恪尽职守，共创太平盛世。现在，西苑的修复工作即将完成。特选择四月初十这天，恭迎太后车驾亲临于此。有关值班守卫的事宜，一切都按照议政王大臣等人先前奏报的安排执行。请恭敬慎重地办理此事，并将我的旨意通告下去。

我认为这份文件内容恰好印证了清廷的虚伪。我们从中不难看出，这份文件的内容是别人假造的，并且光绪皇帝和慈禧太后都知晓全部内情。

慈禧太后是一个非常精明的人，她当然知道，光绪皇帝根本不会这样孝顺她。同样聪慧的光绪皇帝也非常明了，慈禧太后会毫不犹豫地接受他的这份厚礼，根本不会考虑财政赤字问题。

慈禧当然希望她的余生能够在一个环境优美的地方度过，还可以随时垂帘听政。光绪皇帝却盼着慈禧太后早点去世，不要回到紫禁城，来对他进行干预。

这道圣旨的意思，朝中的人士们也不会简单地进行表面化理解。他们想知道怎么样遵照圣谕找一个最合理的理由大兴土木。因为当时的中国正是财政紧张并且面临着危难之时，圣谕中暗示臣子们想办法以国库多余的资金来建造这座园林，但最后却是私下里挪用海军的军费来达到这个目的的。事实上据我所知，自乾隆皇帝之后，清政府就变得穷凶奢靡，怎么还会有多余的资金呢？

慈禧太后挪用海军军费修建颐和园，为了对军队有个交代，她将颐和园的石舫名义上送给了海军，但却安置在了颐和园的昆明湖中。现在，这座石舫仍然保存完好。之前，在威海卫战役中，中国的舰队惨败。然而这座号称是海军的石舫却一直保留到清朝灭亡之后。

除了这座石舫，在颐和园中慈禧太后还有一处能够说明她个人品行的遗址，那就是坐落在昆明湖畔的仁寿堂，它是慈禧太后会见国内外重要来宾的所在。具有讽刺意味的是，在仁寿堂的后面就是光绪皇帝的寓所玉澜堂。我在前文中曾经说过，那里的风景很好，可惜的是，光绪皇帝却无缘享受。

我在颐和园的时候，园内绝大多数的景观都对游人开放，只有玉澜堂除外。它很久以前就被闲置，而且门上贴着封条。我接手管理颐和园后，就让人打开了这个院子。

我进入玉澜堂后看见这座院子非常宽敞，房屋建筑由正殿和配殿组合而成。正殿是四个房间，居中的房间光绪皇帝用来做会客之用，光绪皇帝在这里生活和起居。所有的房屋都是依照古制设计，会客厅的北侧，安放了一个宝座。在宝座的两侧各有一个门。这个房间狭小并且通风不好，在一面墙上还挂着一幅象征着长寿的图画。

通过皇帝宝座东侧的小门可以进入寝室，寝室的墙壁上挂着徐会沣的书法与沈师桥的画作。顺着皇帝宝座西侧的小门进入那间房内，摆放着几件黑木精雕细刻的雕塑作品，这是著名雕刻师吴石仙的作品。

假使皇帝可以使用偏殿，我想他的活动空间会大了许多。可是当我进入这个房间，却震惊地看到，屋内四壁都砌了砖墙，墙壁和相邻院子的门窗之间仅仅有几个厘米的缝隙。门是朝里面开的，假如不开门的话，院里的人是看不到屋里情形的。玉澜堂本是建在湖边，在这里原本可以随时欣赏到优美的湖光潋滟。但是屋里却建了这堵砖墙，将所有外面的景物全部隔离开来。我最初不知道，采取这样的建筑结构的用意是什么。后来，负责管理颐和园的官员告诉我说，采取这样的建筑结构是慈禧太后为囚禁光绪皇帝而故意所为。是时时刻刻地提醒着光绪皇帝，自己是被囚禁的，是没有人身自由的一名囚徒。由此可见，慈禧太后是多么残忍凶恶。她用限制光绪皇帝的空间及视线的方式让他感受到耻辱，她不想让光绪皇帝看到外面的世界，她要皇帝面对着这些墙壁，明了自己的处境。

这些砖墙从另一个侧面也印证了慈禧太后对光绪皇帝实施维新运动的憎恨之情，也证实了光绪皇帝被囚禁十年生不如死的悲惨处境。我将看到的这些告诉了宣统皇帝，他听后也感到非常震惊。

后来，溥仪到颐和园，特地去了玉澜堂。他站在那些砖墙前面，默默伫立，沉思良久。我不知道溥仪当时心里在想什么，我也不清楚那些砖墙现在是否还存在。如果仍然原样保留，我想它可以作为慈禧太后阴险毒辣的证据，而被世人所认知。

这位在清朝的历史上操纵朝政、将皇帝玩弄于股掌之中的凶狠女人，不仅毁掉了光绪皇帝和大清王朝，中国百姓所遭遇的二十年来的深重苦难她也难辞其咎。

如果要建立一块历史的丰碑，来纪念那些为中国革命牺牲的人们。我想，其中也应该有光绪皇帝的名号。

光绪皇帝的一生是不幸的，他的命运多舛与同一时代的那些爱国人士有很大的关系。然而现在，一些年轻的爱国者却对光绪皇帝的所作所为表现得极为轻视和冷淡。

第二十三章 十一月五日的故事

　　1924年，又一场内战在中国爆发。浙江和江苏的军事首领卢永祥和齐燮元形成敌对势力，后来演变成为奉系军阀张作霖和直系军阀吴佩孚、曹锟之间的武装冲突。

　　始于华中地区的这场冲突最终升级成为南北大战。

　　在这场对决中，吴佩孚以"讨逆"之名直逼山海关，还在北京及周边驻军了些时日，似乎时刻准备着进攻。山海关是到满洲的关口之地，只要过了这里，吴佩孚自信自己只需要一个月左右就可以进到沈阳城里。

　　宫里对九十月间的这些战事并未放在心上。他们不觉得这些是很大的问题，在他们心里最大的假想敌还是手握北方重兵的冯玉祥。他们觉得只要冯玉祥仍在吴佩孚的控制中，就不会对皇宫造成太大的影响。

　　这就是皇宫里的自信，来自井底青蛙般的自信。

　　吴佩孚是一个有勇有谋并不重利的人。他对人仁厚，在朋友中口碑不错，大家也愿意支持他。但同时他自信到自负，特别是对于自己的军事才能，他自比拿破仑，甚至认为自己比后者更胜一筹。轻敌是吴佩孚致命的弱点，他还有一个老毛病是贪杯。吴佩孚的这些缺点是不被冯玉祥这个"基督将军"所认同的，这也是他们之间的罅隙，也许这些小小的差异正是日后那场政变的诱因。

　　冯玉祥曾送吴佩孚一个特别的生日礼物，一瓶水，意在提醒吴佩孚他的小癖好恰与自己一向信奉的原则相冲突。

冯玉祥

　　吴佩孚还有一个大的弱点就是在不了解别人人品的时候，就轻易相信别人。他不断地相信别人，不断受骗，甚至被人误导走上错误的道路。他的下属们一次次抛弃他，这是他最后失败的主要原因。可惜，那个时候的他，并不以为然。

民国成立以来，吴佩孚在北方就是一个旷世的英雄，是一个神一般的存在。受到的欢迎比起别的军阀来说要多得多。他甚至直接间接地感染激励了一批爱国仁人志士。这种影响力比起当年的孙中山都要自然而热烈。

吴佩孚的军队一路高歌猛进，胜利的喜悦很快就一波波传来。沈阳作为满洲的首府所在地，很快就被占领。一时间，冯玉祥和吴佩孚领军向古北口，重点守着北部的各个关口，同时防着张作霖从侧翼进攻。

吴佩孚把北部关口交给冯玉祥，这让他在后来付出了一生中最惨痛的代价。他可能是想拖住冯玉祥，不想与他分享沈阳的胜利果实，让他留在北京呢也有顾虑，所以干脆让冯玉祥守住北部关口。

吴佩孚以为这是一个并不重要的岗位，但是他低估了冯玉祥这个人，这简直是给了冯玉祥背叛他的理由。

10月17日宫里传来消息，端康太妃身患重病，人快不行了。她是德宗皇帝的遗孀。溥仪因此变得沉默少语，他的忧郁有时候没有人说，也没有人能有耐心去听。那天我并没有得到太妃薨逝的消失，于是回到樱桃沟的家里稍稍休整了一下。21日我回到颐和园，那天夜里太妃薨逝。

第二天，我赶回北京，听到了很多不同的谣言。那天我没进宫。心里总有预感，比这更大的事即将发生。

10月23日，我的仆人慌慌张张地跑来找我。果然发生了比太妃过世更可怕的事，城北兵变了。

后城门关了，电话线也断了，路上没什么人走，大家都往家里赶。一些有钱人躲到了使馆区，还在六国宾馆订了房间。穷人的担忧和恐惧更多。

这场骚乱并不是大家以为的小兵变，而是冯玉祥自导自演的政变。他居然还成功了，真是超出大家的想象。

冯玉祥并没有听吴佩孚的要求去古北口。他在中途停了下来，23日凌晨才返回北京。在孙岳和胡景翼的内应下，冯玉祥顺利占领了电报局、火车站，断了电话，围了总统府，最后把整个北京城都占领了。

在民国，兵变是常态和常事。所以我并不觉得有什么特别，以为仅仅是小小兵变。

我开车去了皇宫。车窗外，路上人很少，街上也没有了之前的繁荣之景。我在皇室的礼仪性建筑吉安所见到，那里的大门都被武装士兵把手，在紫禁城和景山之间的空地处，俯瞰北京，满眼都是行走的兵，就连景山的亭子里也是人挤人。在景山的大门那里也有持枪的士兵在保护着我们，虽然他们并非皇室的护卫军队。

一切正在发生着，以我们看得见的，想不到的方式。

在神武门，一切如初。寻常我进宫的轿子正在那里安静地等我。这里和外面是两个世界。就连门前的护军也还和从前一样，举枪向我表示敬意。溥仪已经在他御花园的房间等我多时。他特别想要见我。

我去时他身边还有几个仆人，我到了之后，他支开了所有人。

一见到溥仪，我先对端康太妃去世表示了深切的同情。溥仪则比我直接得多，开门见山地问我是否知道景山被占的事。我如实回答了。他说："那些人没有经允许就来了，不知意图何在。绍英说应该将他们当客人，端点茶和点心过去。"我忙问："那他们谢了吗？"溥仪的回答在我的想象之中："没有，他们要更多的东西。"

聊了几分钟，溥仪邀请我到假山上去看看，用望远镜看去，景山那里全是官兵。

之后，我和溥仪两人在养心殿共进午餐，后来绍英和内务府别的官员都过来交流兵变的事。一切既然已经发生了，我们还能做些什么呢？他们说囚犯都被释放了，学生们最高兴，到处发一些共产党的宣传。醇亲王来后，我便离开了。走之前，溥仪特意叮嘱我去使馆区打听一些情况。

那时，北京的头号新闻就是关于政变，大家都在推测议论，但没有人知道真正的原因，也说不清其中的原委。我故意在回家的路上慢慢地走，即使是从路人那里，有时候也能得到一些有价值的东西。

最终两个消息得以印证。其一，总统曹锟是在自己府里成为阶下囚的，他甚至都没有逃到使馆区去。其二，财政总长也没有成功逃去使馆区，在自己府邸里沦为了阶下囚；另一则消息是财政总长受到了严格军管。

冯玉祥的手下怀疑财政总长私吞了大量财物而没有退还。他们审了他足足十分钟，最后还公开处决了。早就传说非常腐败的议会也被解散了。他们甚至买卖选票，故意让曹锟当选总统。

曹锟和国会议员之外的所有人都对这个政变心有好感，新政权强迫曹锟解散了腐败的国会，又逼迫他以总统之名解了吴佩孚的军职。同时，曹锟还被迫下令停止内战，组建新的内阁。

政变的发动者迫使曹锟完成了一系列指令之后，要求他辞去总统。辞职手续办好了，他也就自由了，想去哪里去哪里，否则哪里都别想去。

在这件事情上，曹锟做不到只是淡定而麻木地执行。他想到的自救方法就是悄悄去了天津的外国租界。他的如意算盘是，逃走之后就撤回那些指令。他甚至把总统印玺也带在了身上。溥仪可以换个地方做皇帝，总统为何不可？

但曹锟的车还没到达天津，大家就发现印玺不知所踪。政变者立刻拦停了曹锟的火车，逼他交出印玺。曹锟只好交了，命总比权力更重要。

一些从前的内阁成员及被曹锟任命的官员是第一波受影响的人。外交部部长顾维钧博士是其中的一个。他先是躲到外国使馆好几周，然后通过一个加拿大友人的帮助去了天津。他还是担心会被抓，于是又去了威海卫。他选了这块特别之地做避难所，因为这里是英国统治的地方。就在不久前，顾维钧还以外交总长的身份和英国谈判，想要回那个地方的主权。这真是令人哭笑不得。他应该是庆幸幸好当时没谈成功，至少现在避难还有个去处。

很快，政变发动者成立了新内阁。每个人都身兼数职，黄郛是总理，王正廷博士是外交总长，全面负责外交工作。

冯玉祥为了让自己的政变得到更多人的支持，于是发表了一个对外声明，要将中国人民从内战中救出来，要结束中国人的苦难。

真是豪言壮语。

但是，中国的内战还在继续，战争更加频繁，对于普通的中国人不过雪上加霜。但冯玉祥达到了心中所想，打败了吴佩孚。

政变的时候吴佩孚在前方作战，消息从北京传过去也很快。吴佩孚不得不撤回兵力，对付叛军冯玉祥。接下来的事，大家都知道，吴佩孚败了。

战败后的吴佩孚带上残兵败将，从海上撤到了长江流域附近。作为战败的一方，吴佩孚消失了很长一段时间。胜利的一方冯玉祥也没有进攻东北，他在长城以南的华北成了一霸。

由于冯玉祥的政变，间接帮助了张作霖，所以后来他甚至和冯玉祥形成了一个联盟。

1924年10月26日《北京导报》这样评价这场政变："中国历史上毫无疑问的最精彩的一场政变。"

此刻的皇宫之内，恐慌像瘟疫一样四处蔓延。

端康太妃去世了，鉴于现状，在为她准备葬礼时，一些仪式不得不一减再减。

11月2日星期天，天刚亮我就被召进宫里。溥仪和我还有他的岳父荣源以及郑孝胥一起讨论，要不要在冯玉祥对溥仪发动政变前做点什么，比如主动将溥仪送到使馆区。

出宫之路每一道门都很森严。进出皇宫的每一道门，都会被严格地监视。还有一个问题，平时在神武门外的护卫队已经退到了里面，而冯玉祥的手下孙岳的军队就在外面。

溥仪将一些重要文件和物品亲手交到我手里，让我帮忙找个安全的地方。我最后选择了帮他托管在汇丰银行。

办完托管，我又回到了皇宫之中，一是得去祭拜去世的端康太妃，二是需要向溥仪汇报任务的完成情况。聊完正事，溥仪拿出一个装满了玉石戒指的小木篮子，让我选一个作为珍藏。这是太妃的遗物，就当是对她的纪念吧。

11月3日，我进宫了。那天天阴沉得可怕，宫里的人也没见几个。能够看到的全是穿着白衣忙进忙出的人，他们在忙太妃的葬仪。

11月4日，我先是和溥仪一起午餐，然后去储秀宫拜见婉容。最后回到花园里自己的房间，我和郑孝胥已经决定第二天带溥仪逃出紫禁城。我们单纯地想，只要出了宫什么都好办。

11月5日，载涛告诉我，冯玉祥的军队已经进驻紫禁城，还占领了神武门，不准任何人出入。溥仪的电话已经被切断，我们都不知道溥仪是否安好，十分担心。载涛问我能否进宫见见溥仪，我想我应该可以吧。

十分钟后，载涛来到我住的地方，和我一起乘车到神武门。果然，士兵把我们拦了，我拿出我的中文名片告诉他我的身份，士兵拿着名片去问了他的长官，亲王说："如果你可以进，那么就说我是你的随从人员。"为了溥仪，他宁愿放低自己。

我明白，那个时候的载涛亲王内心是很煎熬的。硬闯紫禁城，他肯定性命不保，但凭着他对溥仪的感情和忠诚，他不得不去。但是我们等来的消息却是不得进入。那里曾是他的家，曾是他工作的地方啊，却连进都进不了。

我们只好离开这个伤心之地。载涛噙着眼泪问我，怎么办？我说现在唯一的办法就是到使馆区去求大使们保护好溥仪。

我们的车直接开到荷兰使馆的门口，荷兰大使欧登科先生，也是外国使团的首席大使，是值得信赖的朋友。当时英国的大公使麻克类爵士也在那里，我告诉了他这些紧急情况，他也愿意和我们一起去见荷兰大使。几分钟后我们四个人开始了圆桌会议。

无论是紫禁城被占还是别的什么，两位公使没有听到任何风声。我们又从头到尾梳理了一遍，把所有我们知道的消息都告诉了他们，我们四个人商量了一些举措。当时决定，当天下午两位大使去拜访新任的外交总长王正廷，表达抗议，尽一切所能保障溥仪的生命安全。

那时候的北京城被谣言所淹没，甚至有人说紫禁城经历了一场大屠杀。皇帝、皇后还有两个太妃都已经被处死。当然更让皇族不安、害怕的是，谣言称所有满族人都会被处死。

恐慌之情与日俱增。对未来的恐惧，对死亡的恐惧，笼罩着整个紫禁城。我们帮助几十位皇族来到了使馆区，并在德国领事馆卫队那里找了个空房安顿他们。

不久后我得知，溥仪还活着。

这真是一个令人安心的好消息。大家也没有最初那么害怕恐慌了。

一波未平一波又起。

当天下午，溥仪和婉容等人被赶出了紫禁城，溥仪成了一个政治犯，被送到城北醇亲王的府上软禁。与此同时，皇家护卫队也取消了，并把枪支都上缴。内务府也从即日起停止运作。

受我所托去拜访王正廷的大使带回了消息，说新政权承诺皇帝不会有任何的危险，也没有人会虐待他。还说新内阁希望和皇帝达成共识，例如皇帝放弃现有的一切，包括头衔，废除内务府和朝廷等。其实这些事是溥仪早就想做的，但一想到从此他就只是一个民国的普通公民，我的内心还是有一点难受。

他们都说溥仪现在是自由的，但我知道，身为政治犯的他，自由也是有限的。

从大使馆出来，我沿着街道走了五公里步行去醇亲王府。去的时候，我还不确定自己能不能进去，但是我觉得只有到了那里，才能安心一些。当时天已经暗了，冯玉祥的兵还在醇亲王府门口巡逻。当我把自己的名片递给士兵之后，居然被允许进入王府。府里的仆人一眼就看到了我，说皇帝已经等我很久了。

很多满洲的贵族还有内务府的官员也都来了，溥仪一直在大客厅里等着我。他异常冷静，反之醇亲王焦虑不安，走来走去。

载涛把我们之前在荷兰使馆的事一五一十地告诉了大家，所有人都在安静地等待，等着我汇报王正廷那边给出的处理意见。在我讲述的过程中，醇亲王会忽然跑到我面前来，对我说一些诸如让皇帝不要慌之类的话语。好几次都如此，我有些莫名其妙，溥仪就在他眼前啊。我说："陛下就在我身边，您直接说吧。"我当时心烦意乱，言语中难免有不周和冒失之处，在此希望能获得他的谅解。

后来，我和溥仪又回到他的房间密谈，在这个过程中他一直表现得很镇定，对于外面那些人的焦虑不安，他觉得可笑和轻蔑。

溥仪被驱逐离宫

他简单对我讲述了这一天发生的事。当天早上九点，冯玉祥的参谋带队冲进神武门，他们赶走了皇家护卫，安排了新的武装卫兵，任何人不得进出。之后，他们要求溥仪和他的妻子，还有两个太妃三小时内离开紫禁城。如果晚了，就后果自负，哪怕只晚一分钟。

同时，他们通过绍英转给"溥仪先生"一份文件，那是修正版的"优待条件"。他们要求溥仪完完全全地接受文件上的所有内容。在这个文件的基础上，溥仪提出加上一条内容，那条内容成了新"优待条例"的第一条。

再后来，我有了这个文件的副本。

修正清室优待条件

如今因为大清皇帝想要将我国的共和制度贯彻下去，并且不愿违反现有的中华民国政府制度，因此特意将清廷皇室的"优待条件"进行如下修订：

一、大清宣统皇帝从今天开始不再以皇帝的尊号自居，在法律上，和中华民国政府的普通民众享有同样待遇。

二、从本条例修订之日起，中华民国政府每年给予清朝皇室五十万元进行补助，并且拿出两百万元专门在北京开办贫民工厂，优先安排收留满族贫民。

三、清朝皇室应该按照原来签订的"优待条件"中的第三款，马上搬出紫禁城，自由选择其他住处，但中华民国政府仍应该对其安全加以保护。

四、永远保留祭祀清朝宗庙陵寝的制度，并由中华民国政府派出士兵对其进行保护。

五、清皇族的私有财产仍归清王室拥有并支配，中华民国政府应对其安全尽保护之责，其他的一切公共财产，应完全划归中华民国政府管理。

文件的日期是民国十三年（1924年）十一月五日，签名是鹿钟麟，还有北京督军兼市长王芝祥和警察总长张璧。

绍英看了文件后气得说不了话。但即使气，他也没胆子公然和这些人抗衡。

溥仪按"优待条件"带了一两名随身仆人以及一些能够带走的随身物品，他现在是民国的自由公民，却没有选择自己住所的权利。

当汽车从紫禁城北门的一个旁门开出后，溥仪立即明白，从此他就是一个普通百姓了，不同的是，他比普通人身上还多了一些限制，并且这个限制还是终身的。

溥仪并不想回父亲家。如果有得选择，他更想去的是五公里之外的外国使馆。到达醇亲王府后不久，溥仪说自己想在城里转转，让仆人准备好车，但是守在这里的士兵说："溥仪先生只能待在家里。"那个时候，溥仪完全明白了自己的新身份，一个政治犯。他，分明是被软禁在这里了。

醇亲王府很大，但在每个出口都有冯玉祥的人守着。

到了晚上八点，溥仪才讲完这一天在他身上发生的事，我问他是否需要我留在这里陪伴，其实他是希望的，但是他觉得让我出去，并和使馆保持联系更为重要。

我离开前他依依不舍地说，明天早上等我来。我没有向醇亲王告别，直接出了王府。当我坐上车时，守卫的士兵把我的车彻底搜查了一遍，他们大概以为我会把溥仪藏着带出去吧。

我永远记得那日我离开时，溥仪的眼神。

从醇亲王府出来，我又回到使馆区，和大使们碰面并说了这一天的情况，也向他们打听了些消息。回家已经是两个小时后了。

当时我的内心依然焦虑而难过。

内务府被推翻不正是我们之前也想做的吗？溥仪从宫中解脱出来就是我们之前的愿望，为什么这一天真的来了，我们却如此地彷徨。可能是因为这一切都发生在毫无准备，且不是自主离开的基础上吧。

应该是我们共同加油可以实现，并且更圆满实现的。

除了不安和遗憾，我不知道该怎么形容我当时的感觉。说来可能没什么人相信，溥仪早就打算放弃他的一切所谓特权。这是他看透一切之后，自愿放下的。

但现在，却是由新内阁来强行废除，这样的做法对一个少年——不说一个皇帝，充满了敌意。少年曾是一国之君，深爱自己的国与子民，他有一颗无私无染的心。

但是有多少人相信这个呢？

在北京的一些人还认为，只要这个前皇帝还活着，就会对他们的政权造成不安定因素。我担忧冯玉祥和他的人还会采取进一步的措施。我能感觉到溥仪的难过。他可以不要皇权，只要自由地活着，但现在这也难以实现。

溥仪签署的新"优待条件"，并无文字保证中华民国政府会完全去遵守。这其实就是新内阁制定的单方协议，不过是让那些关心溥仪的中外人士看一看，中华民国政府给了溥仪"自由"，并且继续在"优待"他。

后来发生了一些事，证实了我对新政府的看法是对的。

皇宫帝师的生活已然成为历史。

我常一个人静坐，想起颐和园还有我曾希望在那里建筑起来的小世界。那是一个宁静有序的小世界，在那里溥仪可以得到他想要的自由与快乐。这个小世界海市蜃楼般幻灭了。我之于颐和园只是一个突然闯进又离开的人。

老佛爷的灵魂若是回那里了，她一定不喜欢我这样一个洋人去打扰她。如果真有灵魂，不知道她是否会想起，她曾经给某人建了一个囚笼，只属于他的笼。那是害不是爱。

从成为普通人的时候起，溥仪就注定要过一种异于常人的生活，注定有折磨也有痛苦。前皇帝们都是这么过来的，他当然也会如此。想到这里，我倒巴不得冯玉祥快点到来，给我们一个痛快。

这就是发生在紫禁城的，11月5日那天的故事。

清朝廷十三年的黄昏终于要落幕了，黑夜真的来了。英国的孩子可以不记得这个日子，但中国的孩子应该记住这历史性的一天。

第二十四章 离开紫禁城

11月5日夜里，我回到了家。家里的仆人都很异样，他们不仅听到了各种流言，也知晓了皇宫里发生的事。我的晚归则让他们的担忧变得更加严重。

他们告诉我，我的住处外一直都有警察和密探来往，只要是中国人接近这里就会被迅速赶走。我的朋友傅泾波也是被赶走的人之一，他非常担心我的安全，赶来想要告诉我危险就在眼前。

现在溥仪已经被驱逐出了皇宫，那身为外国帝师的我也可能会因为阻碍政治活动而没有存在的必要了。并且在极短的时间内，我到外国大使馆去为溥仪寻求庇护的事便传开了，新政府的人对我的行为十分痛恨。

6日一早，我到醇亲王府拜访，然而刚到大门外就被拦了下来，士兵严禁我进入府内。这种情况，一直延续了三个星期。

事实上，一开始，任何人进入醇亲王府都是不允许的。到了7日，可以出入醇亲王府的只是王府的几个仆人。又过了两天，教授溥仪中文的老师方才获准进入。同时，可以进入的还有郑孝胥和绍英。但我始终不能获准入内，为此溥仪和我都强烈地抗议，但抗议的结果却始终无效。

溥仪暂居醇亲王府

政变之后，冯玉祥一直对外宣称他在紫禁城中没有动用武力来逼迫溥仪离宫。为了制造舆论，让全世界的人相信他的说法，他甚至还买通了中外媒介。冯玉祥等人甚至还希望让人们相信此时获得人身自由的溥仪是很开心的，双方也是通过友好协商的方式达成了"优待条件"的相关修正。

新政权不遗余力地为自己驱赶溥仪寻找着合适的理由，他们说冯玉祥这么做是为了阻止国家走上帝制复辟的道路，是为了挽救国家和民众于水火之中。吴佩孚则顶替了张作霖被冠以这个复辟计划的始作俑者。

冯玉祥和他的同党努力地在溥仪的文件中查找复辟的证据，结果却什么都没有找到。随后，王正廷也向外界坦诚了他们并没有找到复辟的任何蛛丝马迹，但是临时内阁却并不想将这件事情公布给外界知道。而且，他们还想方设法地寻找渠道大量地散布谣传。①

有一家中英文双语出版的英国报业非常恶毒地传播了这种谣言，它的名字是《东方时报》。作为一家在当时很有影响力的外国报纸，居然为了给冯玉祥找到合理的借口，对溥仪进行子虚乌有的指控。以至于溥仪的处境变得非常危险，自然而然地成了政治犯。

溥仪的朋友认为冯玉祥之所以没有对他进行审讯和宣判，是因为害怕外国人干涉。而冯玉祥之所以大着胆子驱逐皇帝，是因为知道他断言皇帝有罪的这一说法迟早会有办法让所有外国人相信。

以下要说的就是那些臭名远扬的不实传言之一。一个英国人在关键时刻别有用心地传播出来，并且在政变后的次日就刊登在了《东方时报》上。

11月5日中午，一起复辟帝制的阴谋在北京被挫败。这是一

---

① 溥仪被驱逐出紫禁城后，清理善后委员会在养心殿发现了一些有关复辟的文件，这表明溥仪一直在谋求复辟，并时常通过庄士敦与康有为等人传递消息。而庄士敦在书中多处针对冯玉祥，也掺杂了过多私人感情，有扭曲事实之嫌。

场可与二百年前发生在欧洲的"快乐王子查尔斯"事件相提并论的阴谋。趁国家正处在动乱之时，一些满洲人密谋策划复辟帝制，以便让已退位的宣统皇帝重新登基。目前，还不能确定的是阴谋的细节，譬如说：登基大典上的服饰、嘉宾的人选和出场顺序，还有哪些人被加官晋爵，委以重任。现在这种惊世之举以及内部情况已经败露，毋庸置疑的是，此前吴佩孚如果能打败张作霖，就会以皇帝的保护者自居进行复辟。当然，有一些证据尚未公开，而这些细节，无疑会证明吴佩孚对此次复辟进行了策划和部署，并直接参与了这次复辟的阴谋。

四天以后，《东方时报》又对以上报道进行了补充。

在这次事件发生以前，曾有一位高级特使受皇室指派去往洛阳，就复辟的相关事宜同吴佩孚进行商谈。此种行为说明了，复辟在满洲集团内部已经达成了一致。吴佩孚曾表示同意并支持复辟，不过具体行动的实施要根据具体情况的进展来决定……满族人在北京的影响力依然很大，有一定观察力的人就会发现这里随时可能发生政变。鉴于这些因素，冯玉祥的士兵从11月1日起便围堵了皇宫大门，并将沙袋堆放在大门口，之后进入皇宫接管了皇上的全部印玺。

这些报道也证实了这是一个没有诚信的民国政治机构，并不符合各阶层人士和大批群众的期望。张作霖和吴佩孚也都不可能是虔诚的共和主义者。

若是有人因此认定溥仪卷入了这场子虚乌有的复辟阴谋，那就是错误到了极点。本来君主派的做法就是处处小心谨慎，全力地避免皇帝牵涉到复辟计划当中。并且内务府也会严密地阻止皇帝参与任何政治活动，以保护自身利益不受到侵害。

不过并不是所有的报纸都在散布这种谣言，11月11日的《华北正报》就此事发表了社论，表明了中外人士的一致态度。社论说《东方时报》上的那篇围绕着君主派所撰写的论述，是一场大家都知道的不折不扣的骗局。同样，11月17日的《京津泰晤士报》也指出：

所谓的君主派的复辟阴谋是子虚乌有的，也与宣统皇帝没有任何牵连，所谓复辟阴谋只是没有任何依据的捏造，只是为了给此次野蛮的行径找一个借口。他们所做的这一切，就是为了撕毁退位条约找一个合适的理由。他们强加给皇帝新的协议，甚至把皇帝监禁，很明显，就是为了不给皇上在公开场合否认这个协议的机会。

文章的作者还围绕着协议进行了一番探讨。

王正廷博士对有的人把宣统皇帝退位协议当作"一项条约"的想法持以嘲讽的态度。可是，当年成功地迫使皇帝退位的段祺瑞将军却认为，民国的军队会保证皇室接受条约，并且把这份条约通过海牙法庭进行公证。可是，海牙法庭根本不会登记一份没有协定性质的条约。共和派这样做，就是为了给退位协议赋予条约的色彩。假使不是这样，人们又该怎样去理解这个条款？可是现在本该双方共同同意制定并对双方同样具有约束力的条约，却完全地单方面掌握在一小撮暂时在北京掌权的暴发户手中。

我曾经努力寻找证据，以证实制定"优待条件"的人并不是为了溥仪的利益，而是另有阴谋。

袁世凯当初承诺"优待条件"，不过是蒙骗皇室成员和共和派的手段而已。应该注意的是这份条约的修改必须经过共和派和皇室两方的同意，否则谁都无权进行修改或取消。但此次的修改是通过暴力和非法内阁制定出来的总统指令。

不过，据我所知，这份总统指令不管是中文的还是英文的，都没对外公开过。那时，这份文件是由已经成为政治犯，被囚禁在自己家中的曹锟署名颁布的。之后，冯玉祥在北京大肆煽动百姓对溥仪的仇视情绪，很多学生受到极端激进派的影响，对溥仪产生了敌视的想法。其实，大多数的北京老百姓对皇室没有什么敌意，尽管冯玉祥想把自己当成英雄，但报纸上不断出现他背叛吴佩孚的文章，另外各种小册子和传单也在不断地对他进行指责。最后，他不得不无奈地解散了议会，留下笑柄。

一位并不支持君主制的西方作家曾经这样说过："政府擅自取消退位条例，引起了广泛的惊恐。这个事件的影响甚至比背叛吴佩孚的影响还要大。"

华北的一家外国主流报纸就这次政变做出评论："冯玉祥的这两次北京政变性质都是一样地极不光彩。尤其是这第二次，更是中华民国时期最不光彩的一幕。"

在所有的观点中，唐绍仪提出的最有分量。他当年在皇帝退位和"优待条件"的谈判过程中都有举足轻重的作用。在一次访谈中，他表示必须用具有绅士风度而又公平的方式才能够改善中华民国政府和皇帝的关系。他认为，在皇帝退位后，"优待条件"的执行缩短了革命的时间，并且挽救了许多人的生命。至于在提到冯玉祥将军时，他则认为冯玉祥并没有想把事情办得更加体面，尤其是在道德上从来都缺乏伦理性的考虑。

满清皇族离开后的紫禁城

这与"少年中国"的知识领袖胡适博士的观点相同，他在给王正廷博士的公开信中写道，冯玉祥和内阁的所作所为，将作为"中国共和政府最丑陋的行为"而被载入史册。事实上，双方应该通过友好商榷的方式来就退位协议进行修改或取消，并最终达成一致。①

① 对于溥仪被逐出宫，胡适起初反对，但在后来的《胡适日记》中，他坦言自己当时的想法是错误的。

废除"优待条件"也引起了蒙古王公和满洲王公的极大不满，毕竟条约的废除意味着这些人也会被剥夺所有的特权。

在政变后，时任曹锟内阁成员的顾维钧博士潜入使馆区寻求保护。他离开北京政界的主要原因是王正廷博士。人们都知道，即使他们两个人没有什么积怨，也算是势如水火的冤家。他们其中某一人成为内阁要员，另一个必然就被赶下台。尽管我和顾维钧博士并不很熟悉，但在11月却同时遭到了王正廷和冯玉祥政治集团的非议，被指控是为虎作伥的人。

11月15日，《世界晚报》发文称，在北京的各种引起人们恐慌的流言，根源都是来自我和顾维钧博士。我们在被定义为反派角色的同时，还有一家英语报刊和另一家英国新闻社也遭受了如此厄运。

《世界晚报》说，近期的政变使顾维钧博士失去了外交总长的职位，同时失去职务的还有溥仪的英语老师庄士敦。出于报复，他们伙同两家报社同流合污阴谋颠覆新政权，他们每天都躲在六国饭店的某个房间秘密策划。报纸上还说是吴佩孚花钱收买了这两家报社。

对于这些编造出来的谎言，我根本不想理会，就像他们当初也曾经诬蔑过我带着我的"女儿"进入紫禁城一样。

东北王张作霖从英国人那里听到了冯玉祥夺取皇宫和驱逐皇

帝的消息。由于冯玉祥背叛吴佩孚，以致张作霖取得了战事的胜利。原本张作霖应该是感激冯玉祥的，但冯玉祥却不和他打招呼就擅自占领了紫禁城并且取消优待协议，他认为冯玉祥等人侵犯了紫禁城的尊严，还掠夺宫中的财宝，粗暴地对待已经退位的溥仪，这个错误不能原谅。

看来，张作霖对于溥仪的安危还是记挂在心的。

六年后，一位中国官员告诉了我一个惊人的消息。说的是冯玉祥在驱逐溥仪和取消退位协议后，本来计划武力强行占据领事馆区，后来这个计划被新内阁几个头脑清醒的官员阻止而未成事。如果冯玉祥真的按计划行事，那么各国使馆卫队肯定会反击。一旦中外军队发生交火，中国必定会遭受灾难性的后果。

溥仪虽然被驱逐，但依然有皇族留在紫禁城内。

当时正值端康太妃的丧礼，这件事让冯玉祥左右为难。依照宫廷的制度，两位健在的太妃需要主持丧仪，于是她们用这个借口，强行留在了紫禁城中。新政府威胁她们，假如不离开后果很严重，然而这两位太妃却坚定地表示，宁愿自杀也不离开。

如果老太妃被逼自杀的话，必然会对冯玉祥不利，同时也会让百姓感到愤怒。所以，冯玉祥派自己的副官鹿钟麟去见溥仪，让溥仪出面劝说两位太妃离开紫禁城。溥仪回复说自己并没有这个义务解决冯玉祥的难题，但是两位老太妃如果真的自戕，他也在责难逃。经过双方协商，两位太妃得以在端康太妃丧礼期间暂时留在紫禁城。

11月19日，丧礼完毕后，两位老太妃也无奈地离开了紫禁城。由几名忠心的太监将她们送到了位于城东的住所。

闻讯而来的张作霖没有进入北京，而是留在了天津。得知张作霖在天津后，冯玉祥便赶去相见。

有传言说，他们二人的会面并不愉快。

冯玉祥的天津之行不但受到怠慢，同时段祺瑞也没有给他好脸色。本就在共和派人士中有着很高威望的段祺瑞在张作霖的支持下成了新总统的候选人。并且，段祺瑞掌握了对退位协议进行修改的特殊权力，所有条款只有他同意后才能正式生效。但冯玉祥并不认可段祺瑞的权力，双方自然又是一番争吵。

冯玉祥郁闷不堪地返回北京，宣称要辞去官职，回家养老，可惜没人在意。对于官员们天天喊着要辞职回乡却从来都没有行动的事情，新内阁早已司空见惯。他们更为在乎的是，谁才是冯玉祥要打击的下一个人。

成立新内阁的情况，我不再多谈。需要重点关注的是，段祺瑞邀请郑孝胥加入新政府，他非常赏识郑孝胥，如果郑孝胥如约进入政府，或许溥仪的利益就可以得到保护。

许多人都期待郑孝胥能够接受任命，他却断然回绝了。他不想让自己朝秦暮楚、转投他人，曾为清朝官员的他不会在民国做官，以前是，以后也是。

第二十五章 逃离王府事件

1924年11月22日，段祺瑞没有带任何兵士，只身一人到达北京。次日，张作霖在一个随身侍卫的陪同下，也到达北京。

当时旧的议会已经解散，按照中华民国宪法程序选举新总统的条件也不具备，所以24日段祺瑞便就任中华民国临时政府的临时执政（相当于大总统职位）。此举表明，段祺瑞仅是一位临时掌管政务的政府首脑。

段祺瑞上任后的第二天，国内外的许多报刊纷纷做了如下的报道：

昨日，段祺瑞大帅荣任临时总执政要职。上任伊始，他就撤销了对退位皇帝具有争议的不合理的限制条款，并允许教授英文的帝师庄士敦先生去皇宫拜访他的学生。

张作霖到北京以后，仅"对皇帝的洋老师感兴趣"，极有会见他的可能。因此，对于清朝相关人员的求见，他一再给予回绝。紧接着，又有消息说，冯玉祥的军队已经撤离，由执行段祺瑞命令的京城警备司令部派出的警卫人员对北府进行守护。

消息是正确的。

因为我得到了来自段祺瑞政府的正式通知，允许我去王府探访溥仪。紧接着我也收到了溥仪传来的消息，冯玉祥军队已经撤离北府，他希望能够与我马上进行面谈。

接到消息后，我立刻驾车前往北府，得知溥仪一直都在他居住的庭院里等着见我。当他从仆人处得知我已经到了的消息后，立即迎了出来，紧紧握住我的双手，沉默良久，似乎有许多话要与我说。我随着他来到了他的房间，我们的谈话进行了很久。在此期间，张大帅的下属来请我晚上去他的府邸见面，我答应了。

我和溥仪的谈话一直到天黑。因为还要去和张作霖见面，所以才依依不舍地作别。临别前，溥仪给了我一张他的签名照和一枚镶宝石的黄玉戒指，让我送给张作霖，以表敬意。

晚上六点钟左右，天色已经黑了下来，我驾车向位于城西的张作霖司令部进发，与我同去的还有一个叫作张文治的醇亲王管家。此人和张作霖的关系非同一般。稍顷，我们两个人穿过庭院，这里有武装警卫把守，戒备森严。我们来到张作霖所在的房间，见到了张大帅和陪同他的几位副官。

张作霖身着便装，像普通朋友一样接待了我们。寒暄过后，他将我们带进了小书房中交谈。张作霖先让端茶侍者退出，然后紧锁书房房门，我们就这样秘密地谈了大约一个小时的时间。

我向他转交了溥仪的礼物，张作霖良久端详着溥仪的签名照片。而那一枚镶着宝石的黄玉戒指，他只是漫不经心地瞥了两眼，就又还给了我，只是收下了那张照片。

对冯玉祥驱赶溥仪的行为，张作霖也谈了自己的看法，他期望今后可以有机会帮助溥仪。在我的追问下，张作霖表示他会采取一些不会引起共和派猜疑的行动。同时，张作霖还制订了一个计划，如果实施这一计划，溥仪既可以重新获得其已失去的权力，又能使别人不会怀疑是他参与制订了这个计划。不了解内情的人一定会认为这些都是满族人暗中帮助溥仪实现的，这个计划的第一步，要由满族、蒙古族人和反对废除"优待条件"的汉族人共同去完成，因为他们对溥仪忠心耿耿。

我们讨论并确定了该计划的主要内容，张作霖希望借助我的帮助把这一计划传达给外交使团，我欣然答应。张作霖还跟我约定在几天后把完成这一任务的情况向他汇报，以便他能及时了解外交使团的意见。

回到家之后，我马上把这次会谈的内容做成了一份备忘录，随后又复制了三份同样的文本。当天晚上，我亲自到荷兰、日本和英国大使馆递交了副本，这三位大使在11月5日的事件中都对溥仪给予了必要的帮助和保护。和我一同到司令部去的张文治，也就此事向溥仪和醇亲王递交了一份报告。

过去的几天，一切事情都得到了顺利的推进。每天，我都会到北府拜访溥仪。他在那里承受了来自各方面的压力，但是仍然保持着应有的尊严和勇气。他讨厌被别人保护，认为这是一种对自己的羞辱。这段时间，国外的报刊纷纷对冯玉祥和王正廷等人的暴力行为加以谴责。我把情况也都告诉了溥仪，他听后心情慢慢也就平复了下来。

在众人的谴责下，冯玉祥被迫撤离了驻守在紫禁城的军队。作为曾经的下属，他背叛了吴佩孚，使得张作霖获得了大战的胜利。然而张作霖却并没有因此对冯玉祥有所感激，反而对他心怀不满。所以或早或晚，二人都会分道扬镳，甚至再次交火。

对此，冯玉祥比任何人都看得清楚。只是，他已经放出了要立地成佛的话，只能是暂时避免开战。那下一步该如何做呢？他有了这样一个想法：张作霖总是只带一名贴身侍卫，而北京目前还是由冯玉祥的军队掌控着。他只要看准时机，将侍卫的武器卸掉，然后邀请张作霖到司令部来喝茶聊天，再然后在喝茶的过程中发生一个让张作霖消失的小事故，一切就完美了。

冯玉祥是否真的有谋划这一事件，真真假假扑朔迷离，但是溥仪身边的人却觉得这是千真万确的。据我所掌握的情况看，这一坊间传说比起外国大使馆的消息来源要可靠得多。我曾经对英国的友人说过，张作霖有可能在毫不知情的状况下遭到他人的暗算，也有可能发生难以预料的意外事故，还有可能在他从北京去天津的火车或者汽车中遭到无可抵挡的攻击。

张作霖个性突出，优缺点非常鲜明。他刚愎自用，自信骄傲，这些性格使他能够从一名绿林好汉迅速爬升到东北地区的最高统治者。张作霖所统治的面积，相当于法国和德国加起来一样大。他个性中最大的缺点就是喜欢轻视对手，吴佩孚就曾是被他鄙视的对象。结果表明，正是张作霖目中无人自高自大的个性，导致他听不进去别人的意见和警告，从不相信冯玉祥针对自己有暗杀计划。他差一点就在北京结束了令人瞩目的一生。虽然张作霖根本没有相信过冯玉祥，他曾对我说过，冯玉祥对任何人和事都能够背叛。但是由于没有获得切实的证明，再加上他自高自大的个性，他怎么也不会想到，冯玉祥胆敢对他这位威武一世的东北军阀暗下毒手。

我和溥仪身边的人多次进行讨论，既然皇帝已是自由之身，就应该想办法离开他父亲的府邸，搬到可以确保安全的使馆区中去。如果错过了这次难得的机会，可能就再也没有机会了。可是，内务府官员、太傅和皇族的王公们却另有看法。他们认为溥仪住进使馆区后，就会表明不再需要恢复优待。

11月18日，郑孝胥和陈宝琛到我家商量这件事情。另外，他们还带来了一个不好的消息，说国外的一些报纸发表了北京将再次发生动乱的消息。虽然，当时中国的报纸也曾经有人发表文章极力否认这件事情。

我告诉郑孝胥和陈宝琛，外国使馆一致认为在短期内不会发生政治动乱，但是他们两人仍然对此事忧心忡忡。临别前，我们商定即使冒着得罪段祺瑞和张作霖的风险，也要将溥仪送到一个安全的地方。溥仪本人也希望能尽快搬往使馆区的附近。经过沟通，我和他们约定在第二天上午再会面，经过考察，我们一致认为比较理想的地方就是坐落在苏州胡同的一处空闲的大宅院。这里紧连崇文门，离外国使馆区的东门也不远。而且内务府的官员之前就和大宅院的主人商谈过，打算租来做办公场所。

11月29日上午，我到了北府的时候，陈宝琛已经焦急地在那里等我，此时郑孝胥还没有到达。陈宝琛对我说，冯玉祥的军队已经开始在城里调动，并且紧急召集部分高级军官到西山他所居住的庙里开会。尽管当时段祺瑞和张作霖联合给冯玉祥施加压力，但他仍然有实力随时调动部队控制溥仪。如果北府被围，溥仪出逃的计划就必然会化为泡影。

目前，整个北京城里都驻扎着冯玉祥的军队。溥仪此时动身，已经为时过晚。我认同陈宝琛的看法，即使晚了也必须即刻动身。不过，我反对他将此事告知醇亲王。假如溥仪成功出走，必定会给醇亲王带来麻烦，因此醇亲王会极力地阻止溥仪离开。陈宝琛觉得我的想法有一定道理，也就不打算告知亲王了。

我们迅速来到了溥仪的房间，告诉他，目前局势紧张，应该立刻动身前往使馆区寻求庇护。溥仪同意我们的意见，事情到了现在，他也别无他法，只能听取我们的建议。假如溥仪和婉容一起出走的话，那肯定得要乘坐汽车，这必然会引来别人的警觉导致事情的败露，我向溥仪保证，随后就会安排婉容去和他会面，溥仪对我们的计划没有提出异议。

为了掩人耳目，溥仪没有携带任何随身行李。在出发之前，他将一袋珠宝交给了我，我把它们藏进了皮大衣的夹层。一切就绪，我们悄悄来到前院找人备车，所幸顺利地避开了别人的视线。然而就在即将开车之际，醇亲王的心腹张文治突然走了过来打听我们的去向。陈宝琛机警地回答道，我们陪皇上出去散散心，过一会儿就回来。张文治听到这样的回答不禁有些诧异，并且产生了怀疑，说他也要陪同前往。大家没办法反对。

第一辆车上，溥仪坐在后面的位置上，我坐在他的身旁，同时我还需要给司机指路。司机是一个非常忠于溥仪的人，同行的还有一个仆人，他是一个年轻的满族人，坐在副驾驶的位置上。陈宝琛让一个车夫回去通知郑孝胥，我们要到苏州胡同去，然后他和张文治一同上了另一辆车。

两辆汽车驶出了院子的大门，当时门口有一位警卫站岗，但是没有上司的命令，他也不敢阻拦我们。两名全面武装的警官站在车子的脚踏板上，护卫我们一起前行。

我们尽量避开景山和紫禁城的中轴大道，凡是主要的街道，我们都尽量地避开，因为在那里有很多冯玉祥的士兵。汽车还没有驶离北府，我就提前告诉司机我们的方向是往东，我们要去的地方是内务府租的房子，它的位置在苏州胡同内。陈宝琛已经提前秘密地通知了郑孝胥，告诉他我们要将溥仪送到使馆区，溥仪将暂时住在德国医院里。

我们没有按照正常的路线行驶。有两次，我让司机变换了行进的路线，这样做是为了避开冯玉祥的士兵。原本的路程不到三里地，我们却整整地兜了五里地的圈子。幸运的是，路上一切顺利，似乎连老天都在支持我们的行动。绕圈途中，突然刮起了风沙，在漫天的尘土中，所有人的视野都会变得不清晰。汽车很快进入了崇文门大街。眼见东面就是苏州胡同，而西面则是外国使馆区。为了扰乱同行警官的视线，我对司机说，暂时先不去苏州胡同，因为溥仪想看一看我之前提到过的那张照片。接着，我们的车拐到了西边，在一家照相馆前面停了下来。

司机顺着车窗往外瞄了一眼，侧过头对我说道："哦，我来过那家店，就在使馆区里面。"他有些担心同行警官会有异议。我语气坚定地对他说："有可能，不要停下来，直接开到店门口去吧。"这时站在踏板上的那两名警官并没有发表什么意见，到此时，我才暗暗地松了一口气。

两分钟后，我们的车子停在了位于使馆区的照相馆门前。我们在照相馆内，给满意的几张照片交了钱。同时，我由于疏忽犯了一个错误，那就是顺口向溥仪叫了声"皇上"。照相馆里的其他中国人听我这么说，顿时露出了惊诧的眼神盯视着我们。当我们走出照相馆的时候，外面已经围满了许多中国人。他们并没有恶意，只是听说是溥仪来了，大家都带着好奇心来围观而已。

位高权重的陈宝琛一直轻松地在车上坐着，同行的张文治却感到非常的茫然："我们为什么来到这里？"他语气紧张地追问，"不是要去苏州胡同的吗？"对他的问题我没有回答，而是对溥仪说："棣柏博士的诊所就在这里，我们去拜访他一下吧。"棣柏博士是一位非常有名望的德国医生，一两年前他就经常进宫，为皇室的人看病。现在开车过去也就是一两分钟，他的诊所就在德国医院附近。

溥仪听从了我的建议，我们开车直接来到了医院。走进医院后，我们递上了名片，希望马上见到棣柏博士。博士走出诊所，马上就认出了溥仪。我直接问他，可不可以有一个私密的房间，我们要在那里商议事情，棣柏博士就带我们来到了楼上空置的房间。

我把事情的主要情况简单扼要地向棣柏博士做了介绍，并且说出了我们的下一步安排。我郑重地对他说："从现在开始，我要把皇帝的安危托付给你。然后我去拜见各国公使，请你一定要尽心尽力。"

我把溥仪刚才交给我的珠宝给了棣柏博士，同时，让陈宝琛陪伴在溥仪的身旁。张文治此时既惊讶又气愤，他一语未发就走了出去，回到府邸之后把这件事情向懊恼不已的醇亲王做了禀告。

经过认真分析，我觉得在这些外国使馆中最有能力也最愿意帮助溥仪的，应该是日本公使。所以，我第一时间便去了日本使馆。

下午一点多钟我到了日本使馆，恰巧日本公使因为外出吃饭没有在使馆里，我没有见到他。事不宜迟，我马上到了荷兰使馆，公使还是外出。最后，我来到英国使馆，幸运的是英国公使罗纳德·马克雷恰好在使馆里。见面后，我简单扼要地向他介绍了溥仪出行的经过和途中的过程，并且说溥仪现在已经在使馆区内。因为我知道，英国并不想卷入中国的内政中，所以，对于我在其中的作用，我只是轻描淡写地加以说明。

我对公使说，在跟他见面前我已经去过日本使馆了，最好能由日本公使芳泽先生为溥仪提供保护。公使对我的想法表示了支持，他很缜密周到，说如果这个计划能够顺利实施，他以后会邀请我常来使馆，为我探望溥仪开启方便之门。因为日本使馆和英国使馆仅仅隔着一条街道，距离很近。

随后，我又去了日本使馆，芳泽公使仍然没有回来。我在那里等待，直到下午三点的时候，他才回来和我见面。我把溥仪已经到了使馆区的事情通报给他，并寻求他的庇护。对此事，他没有立即答复，而是在房间里踱步。良久，经过他的再三权衡，还是表示同意了，他让我在德国医院等候他的回复。后来我才了解到，芳泽公使把他和妻子住的房间也就是使馆中最好的房间让给了溥仪居住，这样溥仪就能住得更舒服一些。

在回德国医院的路上，我碰到了那位叫作佟济煦的内务府官员，他急匆匆地赶了过来。佟济煦是一个对溥仪忠心耿耿的人，也是第一个到使馆区追随溥仪的。他匆匆忙忙地赶着问："皇上在哪里？"我在领着他上楼期间，遇到一位德国男护士，问我们到哪里去，我说去见皇上。他反问我什么皇上，这里没有皇上。我气急败坏地说："是我刚才陪着皇上到这里来的，你不要胡说八道。"

他一脸懵懂地看着我说："皇上是来过，可是他走了。"

佟济煦和我对视一眼，异常紧张。我急忙追问："皇上去哪里了？"

"我不知道。"他如此回答。

"可我刚才在日本使馆刚刚为他做好了安排。"我手足无措地说道。

"他是真的走了。"年轻人神情笃定地说道。

我找不到溥仪了，而且不知道他去了哪里。那棣柏博士又在哪儿呢？护士接着说道："他回家了，不过博士叮嘱我，如果有不认识的人询问皇上的行踪，就告诉他我们没有见过皇帝。"

我向那位男护士道了谢，和佟济煦再次慌慌张张地赶到日本使馆。在那里，我们还是没有见到溥仪。后来，终于在竹本大佐司令部找到了他。竹本大佐是当时负责保卫日本使馆卫队的司令官，在那里，我没有见到芳泽公使，只见到溥仪、郑孝胥和陈宝琛。

经过询问我才得知，出行的那天上午，没有来得及和我们一起走的郑孝胥在半路上遇到了给他送信的那位车夫。经过车夫的讲述，郑孝胥知道了我们一行人坐着两辆车前往苏州胡同的大宅院去了。随后，他立即叫上一辆马车也赶往了苏州胡同。然而在那里，郑孝胥却并没有见到我们。于是就按照事前的约定去了那家德国诊所，直到看到溥仪平安地站在自己的面前时，他的一颗悬着的心才彻底放了下来。

但是，细心的郑孝胥转念又想到，在诊所里还是无法保证溥仪的安危，一定要把溥仪安排到外国使馆避难才能够放心。同时，他早就知道，竹本大佐非常同情溥仪的遭遇，也表示愿意提供帮助。再加上，郑孝胥和竹本大佐的私交原本就很好。于是，他提议要溥仪到日本使馆去，接受竹本大佐的帮助。溥仪经过认真考虑，认为这样可行。然而，郑孝胥、陈宝琛等人陪同溥仪前往竹本大佐司令部的时候，我却正在跟芳泽公使谈话，所以完美地错过了。郑孝胥本来以为，竹本大佐提供帮助之后，会马上把此事报告给芳泽公使，但对方却并没有这么做。

溥仪坐上郑孝胥的马车前往日本使馆，由于那位车夫有点迷糊，或者是他不熟悉外国使馆区的道路，竟然把马车赶到了外国使馆区外的长安街上。所幸，那天风沙很大，沙尘暴打得路人睁不开眼睛，所以没有引起路人的察觉。跑了几分钟后，马车才从南面重新进入了使馆区。这次走的是一条狭窄的小街，在这条小街上，英国使馆和意大利使馆毗邻，它们的对面就是日本使馆。马车到达的时候，竹本大佐已经等在门口迎候，我是在他们到达之后不久才从德国诊所又返回日本使馆的。那时，竹本大佐已经向芳泽公使做了相关的汇报。所以在我到达时，芳泽公使也到了，他立刻走进房间，对溥仪的到来表示了最诚挚的欢迎。在之后的数个月内，溥仪就一直住在这里。

很快，溥仪就住进了芳泽公使为他特意安排的舒适房间。黄昏时分，醇亲王率领部分皇室成员和内务府的主要官员也赶到了这里，溥仪接见了他们。

见面伊始，这些人便苦求溥仪收回成命，直至声泪俱下。醇亲王更是激动不已，他向溥仪请完安后，忍不住高声地斥责溥仪，再三要求溥仪跟随自己返回北府。不过，溥仪拒绝了他们的请求。

有关溥仪出走的报道在次日的报纸上铺天盖地登载了出来。这一消息的轰动程度，不亚于他被冯玉祥赶出皇宫。当然这些报纸上的消息虚虚实实，并不完全准确，其中有一些谣言存在。在采访中，芳泽公使十分坦诚地说明了接待溥仪的过程。但是，却还是遭受了来自多方面的指责和攻击。同时，我也成了《京报》和《晨报》谩骂和攻击的对象。这两家报纸用各种恶劣的语言对我进行了辱骂和抨击，指责我是溥仪出走的幕后操纵者。这两家报纸是有着鲜明政治立场的，《京报》是作为共产党的宣传工具，而《晨报》则是学生运动的喉舌。

那两名跟随我们站在汽车踏板上的警官因未能阻止我们出

走，害怕担当责任受到惩罚，也请求留在使馆区。溥仪批准了他
们的请求，让他们作为自己的随从暂时留在身边。事实上，这两
名警官之所以当时没有拦阻我们，是因为没有接到上面的命令，
根本不需要对此事件承担责任。如果冯玉祥一旦控制了北京城，
那两位警官一定会受到惩处。不出所料，溥仪出走的第二天，安
排婉容出行的汽车就被拦在了北府大门内。有人态度委婉地对她
说明，她是不能不经批准就离开北府的。

　　回到王府后，婉容便给溥仪写了一张便条希望能够设法救她
出去。溥仪看后，随即把便条交给了我。芳泽公使了解这个情况
后，马上派他的外交秘书前往北府，去接婉容。没过多久他得到
了秘书的回话，告知婉容无法离开。

溥仪和婉容在日本公使馆

　　芳泽公使看到接人受阻，顾不上多想便亲自乘车前往拜访段
祺瑞。芳泽公使虽然措辞委婉，但是语气却极为强硬，要求段祺
瑞即刻下达命令，解除对婉容的限制。很快，不到一个小时的时

间，溥仪的皇后便随着芳泽公使的秘书赶到了日本使馆。

11月30日的晚上，我又一次拜访了张作霖。此行的主要目的：第一，践行我之前的承诺，向他通报我在使馆的情况。第二，就关于溥仪避难外国使馆的问题，给张作霖一个相关的解释。

就是这次的见面，却让我看到张作霖的另外一面，甚至与前几天判若两人。以前的他，平易近人、文质彬彬。而此刻的他竟摇身变成了一个态度傲慢粗俗、脾气暴躁如雷的土匪。上次会面我们的谈话是在密室里悄悄进行的，而这一次的会面我们却是在一个敞开三道大门的大客厅里，每一道门外都有人在倾听。非常明显，张作霖对这场会见根本不想保密。

没有任何寒暄客套，张作霖一张嘴就对我大加斥责，指责我不该把溥仪带到日本使馆。从他说话的态度和内容可以推断，北府已经把这件事情的责任完全推到了我的身上。我想要做出解释，但是却没有两全之策。面对张作霖狂傲粗俗的态度，既要避开他个人安全的敏感话题，又要为我自己摆脱责任进行辩解，确实困难。而且大门敞开、耳目众多，有些事情为了保密，我也很难直接进行解释。其间，张作霖不断打断我说话，他甚至蛮横地质问我，有他张作霖在北京掌权，溥仪留居北府又会有什么危险？我很难当着众人之面回答这个问题，只好婉转地说，怕溥仪不愿在北京长住，所以我们在他需要离开北京之前，先把他转移到另一个地方才可能安全地离开北京。

对于我们上次的谈话，张作霖显然不愿意提及，而且也不愿意让我重新提起。他突然毫不客气地打断了我的话，没有再说什么，愤愤地离开了房间。

张作霖也许此时已经意识到了自己危险的处境，如果说当时他还没有认识到自己身处险境的形势，那么在短短的几天以后，他就明白了。12月间的一个寒冷的早上，他的仆人敲开了我在英国使馆的房间的门，告诉我，张作霖在当天的拂晓已经乘坐专列离开了北京。北京又一次被冯玉祥强大的军事力量所控制。

在齐洪林写的《中国政党》一书中，他说冯玉祥是大阴谋家，并且还说："在西山寺庙中召开的秘密会议上，冯玉祥决定了针对张作霖、溥仪和其他人的计划。"我从中国友人那里得到证实，西山寺庙就是当时香火鼎盛、善男信女无数的佛教圣地天台寺。

该书对相关会议内容的描述是这样的：

首先，冯玉祥的计划是暗杀张作霖、段祺瑞、曹锟和已经退位的宣统皇帝，也就是众所周知的亨利·溥仪先生。当时有一个叫作李景林的将军对奉系军阀头子非常憎恶，所以义无反顾地参与进来。

李景林突然在1924年12月初一个阳光明媚的下午离开了北京，前往天津。当时有消息说，一旦张作霖在北京遭到暗杀，他便会截断东北军的退路。因为张作霖和张学良父子觉察到了西山阴谋，所以，他们连夜抛下段祺瑞和其他不知真相的同伙，去往了天津。

冯玉祥及其同伙见张作霖父子侥幸逃脱，觉得如果按照原计划执行，容易暴露阴谋，于是就此罢手。因此，段祺瑞、曹锟和亨利·溥仪也侥幸地脱离了虎口。

事实上是，亨利·溥仪并不是在那时脱离了虎口，而是占了先机，早已经安全地进入了日本使馆。

郑孝胥的日记上对当时的情况做了这样的记载：

农历十二月三日，陈宝琛、罗振玉到我这里来。他们告诉我，昨天报纸刊登消息说，现在皇宫内外已经连续不断地发生了好几起事件。张文治对别人说，要是不斩草除根，这些事情就无法了断。老百姓也自己编唱歌谣："留下宣统的称号，是一桩怪事，只剩下了这个污点还没有铲除。"我在听完后，对陈宝琛说："事情紧急。"

于是我马上到德国医院跟皇上商量对策。

下午，到王府宣读皇上的圣旨，刚走到鼓楼，恰逢陈宝琛的马车，我对他说："皇上已经到苏州胡同去了。"

等我办完事情，乘坐马车来到苏州胡同时，并没有见到皇上。我又前往德国医院，上楼后，只见到了皇上和陈宝琛。

他们对我说，庄士敦已经到荷兰和英国使馆去了。我决定带着皇上前往日本使馆，皇上命令我先通知日本使馆。我随即拜访竹本，告知他皇上已到。竹本将这件事情告诉了日本公使芳泽先生。

那天天气十分恶劣，狂风怒吼，黄沙漫卷，几步外见不到人影。我到了医院，恐怕找不到汽车，便商议要皇上改乘马车，又恐怕院子前门人多眼杂，于是便让马车从后门走。

一个德国医生拿着钥匙，一个护士引导皇上下楼。皇上走出后门，登上马车，我和一个仆从在旁边跟随。

德国医院和日本使馆隔两条道，大约有一里路。一条从东交民巷向北，一条从长安街向南。

我大声对赶车的车夫说，要他再去趟日本使馆。车夫认为从北面走比较近，于是便赶车过了长安街，皇上见状惊恐地喊道："街上有警察，为什么要从这条道走？"

这时车已经飞快地跑了起来，于是我便对他说："因为很快就到了。马车外的人怎么会知道您在这里，还请皇上不要害怕。"很快马车便从南边转到了河边，我又对皇上说，已经来到了使馆地界，随即进入了日本使馆。

竹本和中平在得知皇上到来的消息后，出来将他迎进了兵营。随后，陈宝琛也赶到了这里来。刚才马车走到长安街的时候，风沙骤起，几乎无法前行。

在昏暗的光线中，皇上进入屋子进行了短暂的休息。随后，他对我说："王府的人知道我已经到医院去了，庄士敦和张文治一定会去那里找我，最好告诉他们我在这儿。"于是，我就又来到了医院，看到摄政王和涛贝勒已经在那里。我与他们一同来到日本使馆，朝廷的大臣很快便也得知了消息，很多人纷至沓来，看望皇上。随后，皇上又让我将这件事情告诉了段祺瑞，让张文治去给张作霖送信……

郑孝胥在日记中所记载的内容，基本上符合实际情况。但日记中提到的日本公使芳泽先生先批准的竹本，竹本大佐才接纳了溥仪于事实不符。虽然英国使馆及其他使馆负责外交的人员和军事守备人员关系比较和谐，但是日本使馆却不是这样。所以，竹本大佐又怎么会听从芳泽公使的命令呢？

实际上，竹本大佐也没有必要向日本公使芳泽先生请示汇报。竹本非常欢迎溥仪的到来，他也并不希望芳泽先生将溥仪接走。只是溥仪已经到达了竹本的司令部，芳泽先生之后才得到了溥仪已经到达的消息。这才是关于溥仪出走外国使馆的真实情况，对那些歪曲事实的描述，在这里不必再提起。

不过，我还是要就一篇美国作家的报道给予反驳，他在报道中写道：

1924年10月，溥仪和他的妻子正在享用着早餐。突然，一位侍女惊慌地跑了进来，她哭喊着说门外被一批粗暴的中国士兵包围，他们高喊着"处死退位皇帝和皇后"，溥仪和婉容马上逃到英国使馆。但是，门口警卫不让他们进去。他们跑遍了所有使馆。在是否去美国使馆的问题上，两人意见不一致，最终认定美国使馆也会拒绝他们，于是两人犹犹豫豫地来到了日本使馆。日本使馆的警卫放了他们进去，挡住了追赶者。日本公使友好地给他们提供援助，公使夫人还拿出了他们的衣服，让慌不择路的溥仪和婉容换上体面的衣服。

显然这是一个不实的报道。报道还说，在关于投奔美国使馆的问题上，帝后两人的意见相左，最终却一致认为美国使馆也不会接纳他们，这种说法严重失实。人们知道美国使馆在过去的数年内，已经为一些被追捕的中国人提供了保护。我坚信，如果溥仪和婉容当时真的去美国使馆请求避难，美国使馆是肯定不会把这两位逃亡中的皇室贵族交给冯玉祥的士兵的。

有识别能力的英美人士绝不会相信这些杜撰的不实报道。现在，日本、中国的政治局势日益紧张，中国的各界人士和报刊媒体对日本接纳已经逊位的溥仪纷纷加以指责和抗议。他们认为这是日本人策划的阴谋诡计，因为人们都觉得在高层政治的竞争中溥仪皇帝就是一个极其有力的砝码。如果人们看到我此刻阐明的事实，他们就会明了，日本公使只是在我的恳求之下，才对溥仪皇帝进行了接纳。而真相就是，在我没有到达使馆之前，日本公使根本就不知道这件事情。也就是说，日本公使并没有参与到溥仪出走的事件中来。①

---

① 庄士敦出于自己的立场，在书中多处为日、美、英等帝国主义行径进行辩护。

第二十六章 回到最初的起点

紫禁城就要淹没在黑暗之中了，慢慢地，慢慢地。

那被无边黑暗浸润的紫禁城，也在一点一点地消失。那些黑暗里的故事，我想了想，还是有值得记录的地方。

那些黎明前的曙光就恕我不在这里写了。

日本使馆一度成了溥仪居住的地方。1924年11月29日至1925年2月23日，溥仪在那里一待就是两个多月。公使和公馆都拿溥仪当贵客，他们还记得日本受灾时，溥仪的捐赠。当病重的孙中山来北京时，溥仪仍在日本使馆。

在那些日子里，除非是访问别国的外交官及使节，溥仪基本上没离开过日本使馆。但溥仪经常去我的住处，我们经常在不受中国管辖的使馆南那一段城墙边散步。那里天空被绿树环绕，祭坛是巨大的白色大理石，隐于树后。假如溥仪没有退位，作为天子和百姓之父，他理所当然要去祭祖和祭神灵。祈祷上天让他的子民风调雨顺，安居乐业。

远处的琉璃瓦顶泛着黄色的光，那是紫禁城，溥仪的出生地，也是他的牢狱。是生养他的地方，也是把他赶出来让他无家可归的地方。散步的时候，我们常会遇到一些老熟人，有天晚上散步，一个身影从身边走过，我对溥仪说，他是苏联大使加拉罕。

寓居张园时的溥仪

在天津的日本租界，溥仪度过了七年的孤寂岁月。这是一段异常艰难的日子。在一些中文报刊上总会看到关于溥仪的流言，"反清同盟"的组织造谣说日本想利用溥仪做政治傀儡，不仅要劝溥仪去日本，还专门为他造皇宫等他入住。还有的人有鼻子有眼地说，日本政府曾经在1925年到1931年时期，暗示溥仪去日本，这样他就可以脱离天津单调乏味的生活，过得自由自在了。若真有这样的机会，能够在东京、富士山、乡村院落好好度假也没什么不好，但是溥仪没有收到什么暗示或者明示，倘若有这样的机会，溥仪也许会为此高兴。人们通过我告诉溥仪，不管他是在日本，还是在满洲关东的日本租借地，日本政府始终很尴尬。

这些人对溥仪的去留怎么那么感兴趣呢？即使他已经退位了，也因为他特殊的身份不放过对他的品味和咀嚼。

1925年的秋天，冯玉祥和张作霖盟友关系破裂。

没有永远的朋友，只有永远的利益。

之前，吴佩孚和张作霖互相瞧不上眼，现在反而结盟，一起倒冯。同盟中的主席是唐绍仪，他是一位有资历的政治家，一个正直干练的人，虽然受各大派系尊重，但不参与任何一个派系的活动，保有自身的清高。吴佩孚和张作霖看中了这个人，极力拉他进同盟。

吴佩孚那时候在长江一带，正在汇聚新生力量，试图东山再起。

据传，吴、张同盟会宣布，将对溥仪提起的起诉作废，将"优待条件"中的特权给予恢复。倒冯联盟最重要的就是打倒冯玉祥。1926年，冯玉祥到莫斯科去了，比起政治权力角逐，精神归宿之于他是更重要的存在。跟冯玉祥几乎没什么接触的我一直看不出他对精神的追求如此之高。

"中华大阴谋家"冯玉祥此后又先后多次出现在中国政治舞台上。只是再难有人信他了。他在国内朋友很少，但在他有限的朋友里，大家都对他的评价很高。冯玉祥过去是，现在仍是一位无私的爱国英雄。一些人认为他是正直的人，为百姓奔波劳碌、鞠躬尽瘁。但更多的人持相反意思，当他是无耻之徒，不讲信义，是一个伪装得很好的土匪。同一个人，在不同人心中，是截然不同的两个极端，他到底是个什么样的人呢？在我看来，一定是个隐藏得很深的人。

如果不是自己见过这个人，听过大家对他的评价，甚至和他在一个圈子里，你怎么能相信上面说的是真的呢？大善与大恶，有时候是一体的。狡猾和狼性是对他客观公正的评价。

1929年有个倒冯组织，列出了冯玉祥的十大罪状，宣称："冯玉祥有十大罪状，罪无可恕，死有余辜。"例如把外蒙古让给俄国，扰乱已故领袖孙逸仙先生的丧礼，大肆破坏交通等。该组织认为他是一个叛国者，"一头狡猾的狼"，是罪孽深重的北方军阀。

关于冯玉祥还有一些民间传说。

1920年，冯玉祥有位基督教朋友分享了一件奇事。有回天下大旱，冯玉祥请附近的佛教徒和道教徒祭天祈雨，无果。后来自己去祈雨，"没多久，天下大雨"。

但十年后，陕西人却认为冯玉祥是"旱魔"，认为他所到的地方，就会发生旱情。一家在中国的英文报的记者写了篇报道："冯玉祥结束了在陕西的统治，旱灾也就结束了……冯玉祥在1927年来到陕西，接下来又是三年大旱。在他正式宣布辞职的时候，天竟然下了一场倾盆大雨。陕西再也不愁雨啦！"这到底是巧合还是冥冥中的安排呢？

冯玉祥在莫斯科的日子，或许过得比较舒适，因为在那里，他又成了"播雨人"。

我不去评价这位奇人的品性。当我写这本书时，冯玉祥正在中国著名的圣山——泰山，待在一座佛寺里度日，一肚子气还没有消呢。大自然的连绵青山、风景秀美，可以教化人心。那是一个能够让人新生以及重新思考的地方。人在那里有足够的时间面对天地，面对自己。几千年来，无数的诗人、圣贤、隐士、皇帝等，都视泰山为灵感之源，在这里净化自己的灵魂。

泰山的游历或许会让冯玉祥成为一个全新的人。剑桥大学神学教授威廉·拉尔夫·英奇博士说："登过圣山，才能看得见远处美景。"或许彼时的冯玉祥真的能看见不一样的风景。但愿如是。

逃难到使馆区的溥仪，在刚开始的三个月里，同样遭受了严重的人身攻击。经常有人把莫须有的罪名加在他头上。例如推翻共和制、腐朽堕落等。流言很多、很广，以至于大家慢慢相信他就是传说中的那种人。

不少外国记者以蔑视的口吻称他为"亨利·溥（或溥仪）先生"。"优待条件"规定，大清皇帝保留"皇帝"称号，称他为"先生"是不应该的。

反清同盟也一直在不断煽动、促成一些反对皇室的活动，他们强烈提议把"优待条件"中的残余部分废除。反清同盟的人厉害到什么程度呢？皇室的敌人们于1925年下半年在紫禁城皇帝寝室的木箱里发现了一些信件，他们随即公开了信件，并宣称这是复辟帝制的阴谋证据。其实这些信件只是别人寄给溥仪的信件，他看完之后，不过是随手一丢，把信件与他从前的一些文稿堆放在了一起，就这么一个偶然事件，那些人却将此认定为罪证，还把这封信与旁的文件加印了许多，并派人散发到中国的每个地方。

谣言多了，很多人也就信了。

1925年8月11日，一家英文报纸转载了《民报》的中文报道，里面有对我的指控。

退位皇帝到达天津之后，他的老师庄士敦先生以皇帝的名义在欧洲各国的驻华使馆中活动。据说，他以扩大租借为承诺，说服使馆支持复辟活动。他甚至控制了英国的代办。上海"五卅惨案"后，庄士敦先生与英国代办的联合合作，在帝制阴谋中作用非凡。

这种可笑的行径之后，英国大使收到了反清同盟在北京的公开信。反清同盟要代表中国的四万万同胞把我赶出中国境内，还要把所有的皇亲国戚一并处以死刑。

我因为他们的捕风捉影就要被赶出中国？谁给他们的权力？谁给他们的胆子连皇族都要处死。他们对溥仪是有多恨，有的人一辈子也没有见过溥仪，他们的爱恨，即使再浓烈也只是因为内心的执着。

如此可笑的行为，我不想理。但也有为我不平的人，段祺瑞政府私下给我一个建议，让我拿出一个回应出来，这样也是帮他们。他们想以此为机会，限制反清人士的活动。8月12日，我用英文在《京津泰晤士报》等外国报上发声，另外用中文在一些有影响力的中文报上也发了一样的声明。引用如下：

二十岁的天子就算退隐到了天津也难得平静生活。政敌不满于退位条约赋予溥仪的权力和优待，辛辣而下作地攻击着溥仪。他们准备剥夺去年11月政变时强加的权力和优待，他们会使用一切手段达到目的。这些手段包括，最近持续不断地出现有关他复辟帝制的阴谋论指控。凡是能扯上关系的事件，都能成为他们支持这些无稽之谈的证据。

反清同盟用尽各种手段向段祺瑞政府施压，要求段祺瑞政府逮捕所有帝制分子嫌疑犯，并判处他们死刑。但段祺瑞拒绝采取行动，这引起他们极大的不满。反清同盟中著名的发言人杜啸石（音译）曾经于1925年8月在中英报刊上发表阐述组织立场的文章。

当时盛传段祺瑞打算把没收的部分财产还给皇室，这更激起了反清同盟的强烈义愤。杜啸石在他的文章中说道："政府意图何在，实在令人费解不已……就算这种行动不会让人们产生联想，但也足以让人们知道政府与复辟有关。"

1926年，我回英国处理"庚子赔款"的管理事宜。这是我在中国居住了二十八年后第二次回国。1927年年初，我以英国驻威海卫专员身份回到了中国。英国政府承诺归还中国领土，此后四年我都待在中国，这期间一直和溥仪保持联系，还去探望过他几次。

我去威海卫上任之前，在天津陪溥仪待了几天。

2月14日是溥仪的生日。在那天早上，康有为和他的跟随者徐良来找我。那是我和康有为的最后一次见面。我们谈论着溥仪的过去和将来，又一起去日租界的住所张园探望溥仪。那一天，溥仪非常高兴。

庄士敦(左一)、溥仪(左二)、婉容(右一)与威灵顿夫妇在天津张园

3月8日，康有为的七十大寿。溥仪送了一些礼品，还特意派徐良代表自己给他贺寿。几天之后，康有为再次北上青岛，我们约定，夏天他到威海卫小住几天。可是我再次等到的，却是他离

世的噩耗。那是1927年3月31日的凌晨，正是我抵达威海卫，开始履新的日子。

此生，是溥仪将和我康有为联系在了一起。如若不是从小学英语，他能够对康有为的变法这般支持吗？他们能成为朋友吗？有时候我觉得，此生我不过是帮溥仪打开了扇窗户而已。

梁启超是康有为最得意的门生。他在康有为的丧礼上，发表了感人肺腑的演讲。他称赞康有为是伟大的改革先行者，是最早看清中国形势，并坚持认为如果中国不选择现代化道路，将会走向衰朽和崩溃的超前人物。

梁启超说："无论谁撰写将来的中国历史新篇章，都会把1898年的维新变法，写进史书的第一章。"不幸的是，不久后梁启超也随着恩师康有为离开了这个纷扰的世界。

1928年7月初，我在威海卫上任时，皇陵（东陵）遭人盗墓，皇室的尊严遭到了冒犯。

是土匪或是军阀，已没有意义。盗墓者是谁，给后人造成的伤害和痛苦都是一样的。

皇室贵族或达官显贵的陵墓内，往往会有琳琅满目、价值连城的陪葬品。盗墓者主要的目的是图财。当在残忍地炸开陵墓之后，无耻的盗墓者撬开棺椁，扔掉尸骨，曾经无上尊贵的乾隆皇帝和"老佛爷"慈禧太后的尸身被盗墓者乱砍成一个一个的碎块，尸骨撒在地上。世上多少皇帝英雄，最后还不是这样成了黄土枯骨，甚至，死后也难以保持尊严。后来，有人奉溥仪命令去皇陵查看，现场十分凄惨。

当时政府为此还专门成立了特别法院来审这个盗墓案。但不知为什么，最终只轻判了几个无关紧要的人，真正的幕后黑手毫发无损。这些人心安理得地私吞了皇家的财产，还将这些财宝散到世界各地。中华民国政府也曾信誓旦旦地表明会继续保护皇陵，可惜最后再无下文，不了了之。

溥仪仁厚，但这不等于他就可以受欺负。他的确可以原谅很多，包括威胁、羞辱，甚至还有背信弃义，但是他不能够原谅，任凭谁也无法原谅对他的祖上先人不恭敬。

皇陵的失窃和被毁，中华民国政府的处理态度让溥仪失望了，他再次出现在我面前时，我已然从他身上看到了改变。那种改变有着淡淡的忧伤和重重的失落，还有一分不甘。他似乎听到了，不，一定是听到了，那些蒙羞的先祖的哭诉，他们劝导他回到满族最初建国的地方，那里曾是他们的领土。孩子，回去吧，回去一切都会好起来。

当时，北伐军队取得了一个又一个胜利，捷报连连。整个华北地区，其主控权都在张作霖之手。张作霖的确非常有优势，他的部队是当时国内最精英的部队，但他一直怀疑有人会趁他与南方部队作战时偷袭他，于是打算带领军队撤回东北。结果就在他自己的势力范围附近，张作霖遇害了。

一个这么聪明的人，还是敌不过一个死字。

张作霖的儿子张学良也是一个非常优秀的将才。他在接替了父亲的职位后，才向外界公布张作霖的死讯。当时的东北政权并不听从中华民国南京政府的，所以张学良继位无须南京政府批准。

南京政府不战而胜占领了北京，许多官员做了逃兵。这些逃兵中就有外交部部长顾维钧。一份南京政府的逮捕令上有十几个安福系人员，顾维钧也在其中，这些人已经没有什么权势。7月21日，顾维钧取道天津乘船来到了威海卫。这已经不是他第一次来这个地方，他之前也曾为躲避政敌的追捕，选择来到威海卫避难。这次他停留了五个月之久。12月，他从威海卫前往欧洲，远走异国。

之后几个月，南京政府仍然在逮捕他。然后，精明如顾维钧取道加拿大，最后顺利回到了东北，并受到了张学良的隆重礼遇，成为他的座上宾。在他的影响下，张学良也调整了政策，开始承认国民党以及南京政府。

最终南京政府撤销了对顾维钧博士的逮捕令，并将之前没收的资产"完璧归顾"。后来，顾维钧再次在政府部门任职。聪明的人即使在乱世，也会活得很好。

我即将离开，归期未知，与溥仪重逢更不知会是哪年哪月。

我和溥仪的关系，早已超越师生，更像朋友。我到天津向溥仪道别，溥仪说，他即将结束在天津的这一段流亡生活。

1930年9月15日，是一个别离的日子。溥仪很早就到我当时的旅馆来了，他要亲自为我送行。

我要走了，坐船回英国。但是他想多陪我一会儿，就直接到了旅馆。我们一起乘车到了码头，依依不舍，但又不得不别离。

我们都知道，这乱世，再见不知几时。

溥仪甚至陪同我上了船，一起坐在船舱里聊天。船要开了，他又坐在码头的汽车中，他说他要看着，看着轮船载着我远去，目送我。

他做到了。他一直看着轮船，看了很久很久，久到一直到船和我都消失，消失在他的视野里。我的目光再也看不到我的皇帝学生了。我们都很清楚，这可能是我们的最后一次见面。

溥仪和婉容在天津

那天溥仪将一把扇子送给我，这是一份格外珍贵的礼物。因为这也是他给我的最后的礼物。扇子上有他的字迹，溥仪抄录的两首离别古诗，那是他的亲笔。

行行重行行，与君生别离。

相去万余里，各在天一涯。

道路阻且长，会面安可知?

胡马依北风，越鸟巢南枝。

相去日已远，衣带日已缓。

浮云蔽白日，游子不顾返。

思君令人老，岁月忽已晚。

弃捐勿复道，努力加餐饭。

步出城东门，遥望江南路。

前日风雪中，故人从此去。

我欲渡河水，河水深无梁。

愿为双黄鹄，高飞还故乡。

帝师之外，我还参与了中国当时的很多大事件。

1930年10月1日，我作为英国代表，亲手将威海卫的主权归还给了中国。1898年以来威海卫一直处于英国的统治下。仪式一结束，我就回英国了，因为在中国，我越来越像个客人。在这里我曾生活三十多年，已经是半个中国人了。我和这个地方的联系也一直都有，一年后，我又来了中国。这次是也是作为英国代表，来参加"太平洋会议"讨论"庚子赔款"的相关事务。

"九·一八事变"爆发时，我正在路上。到达中国后，我立刻赶往天津。

1931年10月7日，溥仪一名侍从在天津车站等我。我知道他一直希望我能够再度回到中国，他希望我在他身边。当时，他又在谣言风暴的中心。天津全市流传着溥仪即将回到满洲的谣言。

在天津，我陪了溥仪两天，我和他像从前一样，聊了很多，我了解并预测了一些事情，也确定了他的想法。那天晚上，溥仪留我、郑垂、徐良和陈宝琛吃饭。我们一直在讨论风暴中心的那个问题。8日，我到北京同张学良见面。他当时已经被日本赶出了东北。

张学良得知我与溥仪见过面，他很想从我这里探听溥仪的计划。不过，我什么都没有说。在北京期间，很多对溥仪有情义的人纷纷来拜访我，我不得不一一向他们解释，我这次回来和"九·一八事变"一点关系都没有。但是我的解释根本没用，他们觉得我是有意在隐瞒什么，他们内心里都激动并期待，又不得不压抑着。其实，那不过是他们自己对于溥仪的幻想罢了。

10月15日我返回天津，并在那里和溥仪深聊了一次，关于他的未来，关于中国的未来。10月21日，我到上海出席"太平洋会议"。这段时间，报纸上都在造势说溥仪受我的影响，要去满洲当皇帝了。

一些中国人想要我劝溥仪放弃皇位，回心转意。但是我怎么能左右溥仪的想法呢？我不过是以前做过他的老师，可他是皇帝的事实永远无法改变啊。就算是个普通人，我也要尊重他自己的意愿。

11月10日我在南京接到一个紧急通知，中国财政部部长、外交部部长的宋子文先生要见我。宋子文先生转告我，溥仪需要我的帮助。可以猜到，这是中华民国政府的意思，他们也希望我能阻止溥仪回归满洲。

我对宋子文先生说，这不是我能力范围内的事，假如溥仪需要我提供援助，只要他亲自对我说，我就立即采取行动。我的意思很明显，我尊重溥仪，像对任何一个平凡普通的人一样。

11月13日我回到上海，那个时候，就得到消息说溥仪已经动身去满洲了。他终于还是回到了他的故土。

当时，中国民间正流传溥仪被人强行扣留的说法，很多西方人也相信，可这并非事实。又有人说，位于南京的蒋介石以及位于北京的张学良收到了溥仪和婉容的电报。电报说，溥仪和婉容请求他们的庇护和帮助。这是莫须有的，还有人说溥仪不会称帝，他宁愿与婉容一死，也不会在满洲称帝。

假如溥仪真需要他人庇佑，他也不会求助于蒋介石和张学良。假如溥仪并非自愿到达满洲，那么只要他能逃到开往英国的轮船上，他就可以脱离危险。溥仪去满洲是他自己决定的。那些忠于溥仪的官员，包括郑孝胥等人也跟随他去了满洲。

溥仪在辽东半岛以及汤岗子温泉休息了一段时日，之后他收到邀请函，请他担任伪满洲国政府的临时领导人。这个职位等同于段祺瑞在1924年的职位，都是临时性的。这次运动是为了推行帝制。溥仪乘坐专列驶向满洲，中途因为地方官员的致敬而多次停车。这些人一边喊着皇帝一边下跪行礼。其间发生了一件令人感慨的事情，列车经过沈阳清朝祖先的陵寝时停下了，溥仪向祖先祭拜之后才继续北上。

我很骄傲，我的皇帝，我的学生，是个有情有义的人。

一身戎装，却不知何去何从

溥仪最终回到了他的故乡。他已从少年天子成长为一个成熟的男子。

沈阳的陵墓中，有一座是太宗皇帝的。太宗皇帝于1643年驾崩。1644年，清兵进入北京，明朝覆灭，大清国建立。二百多年后，太宗皇帝的继承人回到了这里。这里可谓是太宗皇帝一族的家。

溥仪要在这里领伪满洲国皇帝的称号和地位。唐绍仪在1925年就已断言，宣统皇帝会重新获得这份"合法财产"的所有权。

大难不死，必有后福。对于溥仪也一样。一路走来，他克服了太多的艰难险阻。

中国革命带来的危机，袁世凯野心称帝，张勋鲁莽复辟，军阀争战不止，冯玉祥无情的暴行，反对清朝的狂热分子进行的暗杀计划，忠实支持者的热情，1931年11月的某个夜晚后，溥仪就一直处于种种阴谋诡计中。

他不得不离开他眷恋的出生地。他在那里成长，享受荣华富贵，也在那里感受到了世态炎凉。从登基到退位，从孩子到少年，天子初长成。虽然他不再有天子之名，但他的确是中国最后一个天子。

终于，他回到了自己的故乡。他所遇到的危险还有很多是看不见的，人心的黑暗，制度的腐败，道德的沦丧都会让他的身心遭受伤害。当他经历这些的时候，他还只是一个孩子，一个少年，不过，他勇敢地克服了这些困难，健康地成长起来。假如圣贤们所言非虚，那么他即将有一个光明的未来。当他从皇位上退下，从皇宫里走出，他还是一个少年人。他还是叫皇帝，却不再是君主。世界把他赶下了龙椅，他却打开了一扇窗户，渐成一条真正的龙。

皇帝，是我这一生认为最可耻的称号。

——溥仪